品读武汉风景园林

PINDU WUHAN FENGJING YUANLIN

武汉市政协文史学习委员会
长江日报报业集团
华中师范大学历史文化学院
武汉出版集团公司

武汉出版社
WUHAN PUBLISHING HOUSE

(鄂)新登字 08 号

图书在版编目(CIP)数据

品读武汉风景园林/武汉市政协文史学习委员会,长江日报报业集团,
华中师范大学历史文化学院,武汉出版集团公司编著.
—武汉:武汉出版社,2015.12
ISBN 978-7-5430-9528-1
Ⅰ.①品…　Ⅱ.①武…　②长…　③华…　④武…
Ⅲ.①园林-介绍-武汉市　Ⅳ.①K928.73
中国版本图书馆 CIP 数据核字(2015)第 220245 号

编　　著:武汉市政协文史学习委员会
　　　　　长江日报报业集团
　　　　　华中师范大学历史文化学院
　　　　　武汉出版集团公司
责任编辑:廖国放
装帧设计:沈力夫
出　　版:武汉出版社
社　　址:武汉市江汉区新华路 490 号　　邮　　编:430015
电　　话:(027)85606403　85600625
http://www.whcbs.com　　E-mail:zbs@whcbs.com
印　　刷:武汉市金港彩印有限公司　　经　　销:新华书店
开　　本:787mm×1092mm　1/16
印　　张:18　　　字　　数:360 千字
版　　次:2015 年 12 月第 1 版　　2015 年 12 月第 1 次印刷
定　　价:78.00 元

品读武汉风景园林

PINDU WUHAN FENGJING YUANLIN

编委会名单

序言

园林改变我们的生活

金秋时节，武汉市举办第十届中国（武汉）国际园林博览会。作为武汉建市以来举办的层级最高、规模最大、影响最深远的国际型展会，城市将绽放最美的风景。

这道风景，看似表现为园博会汇聚117个不同风格、不同流派的园林大观，但实则是武汉园博会选址的张公堤，从原生态到破坏再到恢复生态的回归风景。

一

张公堤，是1904年湖广总督张之洞修建的一条城防大堤。筑堤之前，这里一片田园风光，后为了推进工业化、城镇化，张公堤变成了一个垃圾填埋场。尽管市民投诉“异味刺鼻，灰尘四溢”，但承载城市防汛抗洪的功能却让人无从下手处理。

是园林建设改变了这一切。2012年，依托张公堤开建29千米的环城森林公园。第十届中国（武汉）国际园林博览会选址张公堤禁口垃圾场。“变废弃为宝地”的思想赋予了张公堤新的历史使命。

如今，绿色明珠园博园和城市绿道铺陈在这条百年老堤上。张公堤又以新的姿态重现莺飞草长、生态祥和的景象。

这，或许就是园林的魅力。

二

武汉，自然资源优越，历史悠久丰富。从早期的聚落、军事要塞到明清时期的商业重镇，近现代都会，城市涌现出许多类型丰富、风格显著的园林。唐宋时的黄鹤楼、古琴台、卓刀泉，明清时的葵园（归元寺）、洪山，民国时的西园（中山公园）、琴园（沙湖公园），以及解放后兴建的解放公园、青山公园等园林，都已成为城市不可或缺的自然人文景观，吸引着无数游客和市民。

在这些风景宜人的园林里，那些构筑园林景观的植物、山石、水体、建筑，那些蕴藏在平面、线条、色调、材料里的文化意境、生活方式、审美情趣，以及那些透过园林所展现的社会价值取向，无不散发出园林的魅力。

如何赏析武汉风景园林的魅力？需要走进“园林”，用心品味。去透析历朝历代园林里人的生活、故事和梦想，去探究园林的发展脉络，去深描园林所处的时代特征，去发掘园林中的文化意义，去探讨园林在现代社会中的境遇和未来。在虚实间徘徊游走，在动静中沉醉，鉴赏、寻找、发现、感悟……唯有自品，方解其味。

三

品读武汉风景园林，能了解城市园林发展演变。武汉园林的起源最早可追溯到汉朝。汉初，讲学之风盛行。时任淮南王的刘安在今武汉北部的一座孔庙中讲学和著书，这座孔庙，也就是后来的问津书院，成为了武汉地区书院园林发展的起源。隋唐二朝，佛教鼎盛，经营佛寺园林艺术应运而生，武昌文昌门内五代时建报恩寺（后改名铁佛寺）成为武汉寺院园林的第一个代表。唐朝，武汉以承载公共游玩、文人聚会、宴客的公共园林诞生，鹦鹉洲与黄鹤楼成为人们游赏活动地。明清时期，汉水改道，汉口、汉阳、武昌形成三足鼎立之势。三镇园林竞相发展，熊园、葵园、霭园等私家园林相继建立。晚清民国，在近代中国传统园林变革的大趋势下，首义公园、中山公园和其他一些小公园替代了久负盛名的传统园林，武汉园林经历了由私园走向公园的转型。可以说，园林是城市建设发展的印迹。

品读武汉风景园林，能发现城市具有深厚的文化底蕴。看上去，园林是亭台楼阁、山石树木等构筑物的堆砌，但在造园中，园林往往与诗词、绘画、音乐、书法等艺术相结合，承载了丰富的中国传统精神文化。“一镇商人各省通，各帮会馆竞豪雄。石梁透白阳明院，瓷瓦描青万寿宫。”这首流传至今的汉口竹枝词，既描绘了山陕会馆、江西会馆等园林形制，更彰显着这座城市具有“崇尚自然，兼收并蓄”的精神和个性。唐代诗人崔颢一首“昔人已乘黄鹤去，此地空余黄鹤楼”，不仅描绘出黄鹤楼耸入天际、白云缭绕的壮观，更表露出岁月不再、古人不可见之憾的情感。还有祢衡的《鹦鹉洲赋》、高山流水

序言

遇知音的传说等，城市特有的“三国文化、黄鹤文化、木兰文化、知音文化”都与园林有着千丝万缕的联系。它们在园林中历经千年的储存、积淀和拓展，以一种独具的媒介方式传递着这座城市地域文化的信息。

四

由表及里。

品读武汉风景园林，实际上是在探究城市发展、社会进步的新思路，新方法。

党的十七大鲜明地提出了以科学发展观为指导，建设“生态文明” 的发展方向。如何创建出符合时代精神，符合社会与人需要的生态文明，园林或将破题。

让园林来改变我们的生活方式，改变我们的思维模式。园林是中国人与自然和谐相处的一种方式。面对城市规模的日渐扩大以及城市生活压力的日益增大，人们更倾向于回归自然，寻找生态的诉求。利用园林崇尚自然的特性和意境，可以提升市民的幸福指数。2001年，公园免费开放，还园与民，市民在公园里畅快晨练，散步。2009年，建设蔡甸后官湖、汉口江滩、东沙连通等绿道，市民在绿道上慢跑、骑行、登山。园林景观融入百姓生活，让百姓享受社会发展的红利，都已说明园林不只是一个城市景观，而是成为了我们日常生活不可或缺的载体。在以人为本的当下，品读武汉风景园林，重新审视人类在自然界中地位，强化对自然，对生存环境的人性关照，才能创造出美好的生活。

让园林引导城市的社会风气，改变城市面貌。园林是社会经济、政治、文化的载体，它随社会的发展而改变；但反过来，园林也刺激和完善社会各方面的发展与进步。上世纪80年代，《武汉文史资料》征集了民国政要吴国柄的一篇《我与汉口中山公园及市政建设》的“三亲”回忆录。在回顾中山公园修建起因时，留英设计师吴国柄这样说道：“建一座公园，让人民出来见见天日，一般人民抽鸦片、打牌、白天睡觉，没有公园、树木，百姓甚至春、夏、秋、冬四季都不晓得。”他力排众议，修建了汉口中山公园，成为了市民游玩、相亲的好地方。城市死气沉沉的世风得以改善。1938年，蛇山警钟楼下，爱国群众组织抗日救亡等宣传活动，激发了无数市民抗战到底的信心和决心。近些年来，组织园林志愿者护园，树木认养、植树活动，让更多的市民融入城市园林建设，参与城市绿色复兴行动，这些都是园林与社会发展相互影响的见证。在社会经济高速发展的今天，品读武汉风景园林，探究园林发展的价值取向，才能更好地促进城市的经济、文化的发展，才能更好地促进物质文明与精神文明的提高。

有鉴于此，武汉市政协组织了我市专家、学者编写了《品读武汉风景园林》一书，希望能借此推进武汉的风景园林建设，提高人们对风景园林的认识，增强人们保护风景园林的意识，以期更好地对本市的风景园林加以保护、开发和利用，增强复兴大武汉的信心和热情。

品读园林，古今对望，大美归来。我们相信，园林能让城市的生存空间变为更加慷慨、更加宽厚、更加包容，让我们的生活更美好。我们的城市会越来越美丽。

2015年9月15日

目录

● 美丽的紫阳湖景

紫阳湖因荷而名，紫阳公园由湖而生。

紫阳湖是美丽的，更是充满魅力的，“多情于春，绚烂于夏，含蓄于秋，宁静于冬”，宛如一靓丽少女，亭亭玉立于市井坊间，无论何时看去，她总是那么一番碧玉风情，因而也便有了口碑：“虽无弱水三千里，不是仙人不到来”。

紫阳湖波平如镜，湖荷岸柳，花木扶疏，“夏以荷胜，可资游赏”，为历代达官贵人所向往，文人墨客多会于此。

宋代，大诗人陆游、黄庭坚均曾泛舟湖上，分别留下了“十里亭阁菱荷香”“凭栏十里芰荷香”的佳句。

紫阳公园正门（七彩中原 摄）

至明清两代，紫阳湖更是声名远播。

明代，兵部尚书熊廷弼曾在湖旁建“熊园”，“横六七里，宛一幽僻乡落，浚小溪九曲，每曲一亭，沿溪奇卉杂檀……”

紫阳桥

清代，湖广总督张之洞则于湖心设茶座、酒亭，有曲桥相通，张常在此宴请宾客、题词吟赋，饱览湖光秀色。湖中之曲桥“紫阳桥”尚存，为明万历年间修建，是当时通往楚王宫的要道，有文官下轿、武官下马之说。

1 紫阳湖公园：“虽无弱水三千里，不是仙人不到来”

【紫阳湖公园大事记】

明代，兵部尚书熊廷弼曾在湖旁建“熊园”。

明万历年间修建“紫阳桥”。

明末，张献忠攻占武昌时，礼部尚书贺逢圣及全家在此投湖自尽。

清代，湖广总督张之洞于湖心设茶座、酒亭，有曲桥相通。

1911年，位于紫阳湖畔的湖北新军工程第八营打响了武昌起义第一枪。

1951年，紫阳湖公园始建，因园内紫阳湖而得名，是武汉市武昌区唯一一处有自然湖泊的公园。

1952年，武汉市第一任市长吴德峰发动市民每人捐款1000元（相当于现在的一角钱），修建以紫阳湖为主体的紫阳公园，并亲书“紫阳公园”匾额。

1952年，被市政府辟为以湖为主体，兼具浏览观光、休闲娱乐的城市公园——紫阳湖公园。

2005年五一节，这座当初由市民捐资建成的公园开始免收门票。

2012年，经湖北省旅游局报请国家旅游局批复，包括紫阳湖在内在“武昌首义文化旅游区”成为4A级旅游景区。

夏日紫阳湖

紫阳湖位于武昌蛇山之南，东邻首义路，南至津水闸、石灰堰，西接紫阳路（现名张之洞路），面积约20公顷，紫阳湖古称滋阳湖，每至夏日满湖荷花呈紫色，故名紫阳湖。明末张献忠率农民起义军攻占武昌，礼部尚书贺逢圣及全家在此投湖自尽，因此，清初督学高世泰又名其为亚相湖。

● 美丽的紫阳湖景

紫阳湖因荷而名，紫阳公园由湖而生。

紫阳湖是美丽的，更是充满魅力的，“多情于春，绚烂于夏，含蓄于秋，宁静于冬”，宛如一靓丽少女，亭亭玉立于市井坊间，无论何时看去，她总是那么一番碧玉风情，因而也便有了口碑：“虽无弱水三千里，不是仙人不到来”。

紫阳湖波平如镜，湖荷岸柳，花木扶疏，“夏以荷胜，可资游赏”，为历代达官贵人所向往，文人墨客多会于此。

宋代，大诗人陆游、黄庭坚均曾泛舟湖上，分别留下了“十里亭阁菱荷香”“凭栏十里芰荷香”的佳句。

紫阳公园正门（七彩中原 摄）

紫阳桥

至明清两代，紫阳湖更是声名远播。

明代，兵部尚书熊廷弼曾在湖旁建“熊园”，“横六七里，宛一幽僻乡落，浚小溪九曲，每曲一亭，沿溪奇卉杂檀……”

清代，湖广总督张之洞则于湖心设茶座、酒亭，有曲桥相通，张常在此宴请宾客、题词吟赋，饱览湖光秀色。湖中之曲桥“紫阳桥”尚存，为明万历年间修建，是当时通往楚王宫的要道，有文官下轿、武官下马之说。

紫阳湖之景观十分独特，“外与江通，长堤为限，长街贯其中，四旁居民蚁附”“荷叶弥望，……其上皆列肆，两旁有水阁极佳”。此乃《方舆纪胜》与《入蜀记》中的记叙与描述，将湖、江、堤、街市、民居、建筑等融为一体的自然与人文风貌展现出来。

紫阳湖公园雪景

丰富的历史文化底蕴

紫阳湖除了美景外，紫阳湖的美丽，值得一提的还有它的“历史含金量”。

明末，张献忠攻占武昌时，礼部尚书贺逢圣及全家在此投湖自尽。因此，紫阳湖又被称作亚相湖。

清末，震惊中外的辛亥革命武昌起义，就是在位于湖畔的湖北新军工程第八营（现湖北省总工会机关所在地）打响第一枪的。辛亥革命成功推翻帝制，结束了我国长达两千多年的封建专制统治。

而今，工程营旧址立纪念碑一座，碑高4米多，上立步枪雕塑，正面刻“辛亥武昌起义工程营发难处”12个大字，两侧为九角十八星旗，背面阴刻碑文，记述工程营发难经过。距此20米处建有纪念亭一座。

胜利亭

湖东南里许，便是楚望台军械库和中和门（今名起义门），民国以来即被史家誉为“首义胜利的开端”。

湖以西，循着尚存的历史地名保安门正街、王府口，可以找到当年的湖广总督署遗址。说来感叹，当年的“首义”，其实就是要攻占这里。如今此地为武昌造船厂。不用说，一个人即使想象力再丰富，恐怕也难以想到一个世纪前这里曾是统领两湖的政治中心。

湖北里许，则是紧靠蛇山的红楼。它是1910年建成的湖北咨议局，“首义”成功的第二天上午，革命党人就在这里成立了“鄂军都督府”，宣告废除满清年号，建立中华民国。

“龟山苍苍，江水泱泱，烈士一死满清亡”。紫阳湖西北角，建有胜利亭一座，亭内立“民军起义国庆碑”。这里还有一口霸王井，相传饮此井水者，力大无穷，可惜今不复有井水供游人畅饮。

湖斜对面，过张之洞路，不远处则有烈士祠（今已迁移），纪念那些为国捐躯的烈士。

凡此种种，使紫阳湖成为集湖光秀色、园林建筑、历史风云、民居街市之

霸王井

大成者。正因为独具魅力，紫阳湖于1952年被市政府辟为以湖为主体，兼具游览观光、休闲娱乐的城市公园——紫阳湖公园。

2005年五一节，这座当初由市民捐资建成的公园开始免收门票，从而结束了其35年的收费历史，使之回归人民，成为名副其实的“人民公园”。

而今，慕名而来的“仙人”，除了全国各地的观光客外，更多的则是本埠市民。他们兴致各异，或成群结队，或单人独骑，来到这里，形成各具特色的活动“角”，不仅让这座闻名遐迩的公园青春焕发，充满活力，更为之增添了具有时代气息的新篇章。

● 迈向新的发展阶段

湖北素有“千湖之省”称号，武汉也被称为“百湖之市”，到上世纪60年代，市内尚有大小湖泊127个，成为市民极佳的休闲场所和远方来客的游览胜地。然而，近几十年来，武汉市内湖泊数目和湖水面积锐减，目前只剩下大大小小的湖泊27个。即使这些仅剩的湖泊，也面临着填湖造房、修建工厂的步步紧逼和鲸吞蚕食，面积不断缩减。因此，与那些已不复存在、甚至连名字都逐步从人们记忆中消失的湖泊相比，紫阳湖无疑是幸运的。

1952年，武汉市第一任市长吴德峰发动市民每人捐款1000元，修建以紫阳湖为主体的紫阳公园，并亲书“紫阳公园”匾额。这是武昌区唯一一处自然湖泊公园，水陆面积共30多公顷。修建紫阳公园，既为市民提供了一个休闲娱乐的场所，也让紫阳湖得到了较好的保护。

经过50多年的发展，紫阳公园在园林布局上初步形成了民族特色和水上特色，小中见大，园中有园，景随步移，步移景换。公园选定荷花为“园花”，大力种植荷花、睡莲等水生植物，既净化了水质，又让市民领略荷池泛舟的乐趣。目前湖中种植50多个品种的荷花8000余枝，面积达4000余平方米，其中以花色呈深紫红色的“紫玉莲”为最多，人们希望借此再现往昔“朝霞夕阳映紫

紫香长廊（七彩中原 摄）

荷”的胜景。

2005年金秋时节，武汉市政府展示了规划中的首义文化区总体布局。在未来六七年时间里，武汉市拟投资4.89亿元人民币，重新整合辛亥首义历史文化资源，将其打造成中国历史文化的国际品牌。建成后的首义文化园，将利用现存的辛亥革命历史遗迹，以蛇山—红楼—首义广场—紫阳湖公园—起义门为贯穿南北的首义景观轴线，通过“山、楼、场、园、门”五大景区的综合建设，建成一个以彰显首义精神为宗旨的辛亥首义文化旅游景区，总占地面积达八万平方米。其中，作为文化区三大板块之一的紫阳湖板块，包括紫阳湖公园和起义门两大景区，占地近45公顷。

近年来，武汉市、武昌区政府又投入巨资，清挖湖底淤泥，截断排污口，兴修亲水平台、曲桥，兴建水阁、凉亭、长廊，栽种茶花、桂花、银杏等50多个品种苗木，新建时空隧道、溜冰场、露天舞场、一级方程式赛车等一批大型游乐设施。如今的紫阳湖，波平如镜，亭阁相望，桃红柳绿，花卉簇拥，湖光树影，相映如画，成为人们观光旅游、休闲娱乐的好去处。为此，有人还写了一首诗："柳荫湖畔一琴翁，西皮流水乐融融。对岸小童垂钓晚，沙鸥振翅夕阳中。"这还不够，武汉市政府还对紫阳湖进行改造，花巨资修缮了起义门，紫阳湖公园也进行全面改造，设陈列馆、碑林等纪念性景点，并利用现公园大门与烈士祠牌楼，统一建设公园入口广场，树立纪念塔。紫阳湖优美的自然景观将与浓厚的历史人文景观和谐共融，相得益彰，以崭新的容貌迎接来自四面八方的嘉宾。

（阮晶晶）

2 从葵园到归元寺：繁世中的禅音

【归元寺大事记】

明万历年间，曾任华州知州和成都府丞汉阳人王紾（字章圃）的私家花园——“葵园”，于王章圃逝后传给其子王紫函、王紫宿、王松生三兄弟。

清顺治十四年（1657年），王氏兄弟将“父置西关葵园、田地、房舍基地”卖给张龚存。

顺治十五年（1658年），白光、主峰和尚主持修建普同塔。

顺治十七年（1660年），建成了禅堂；1661年建成了大雄宝殿、斋堂、上客堂。

康熙元年（1662年），建造了祖堂；1664年建造了前殿并方丈室。

康熙八年（1669年），兴建了藏经钟鼓楼；1674年请回藏经，并兴建观音堂、云水三祖塔院、内外寮舍和三门各寮等。

光绪十三年（1887年），光绪皇帝敕赐“归元禅寺”四字匾额和《龙藏》一部。

1911年10月，武昌首义爆发，清兵摧毁大雄宝殿等建筑；1912年寺庙募化重建，黎元洪带头为归元寺捐钱，并亲书“归元古刹”、“盛大宏阔”两匾相赠。

1922年，归元寺恢复了原貌。

1998年，在原址上重建了斋堂、客堂、外三门、方丈室、般若堂、藏经阁、罗汉堂，并对大雄宝殿、韦驮殿、大士阁等进行修缮，寺庙格局保存至今。

圆通阁（影中笑 摄）

归元寺大门

汉阳是一座工业之城亦是一座充满人文气息的历史名城，这里不仅遗留了许多工业遗产，如享誉中外的汉阳铁厂，它们见证了武汉近代历史的变迁；还流传着高山流水遇知音的动人传说，知音文化世代相传，成为中国传统文化的重要篇章；此外，位于汉阳翠微路西端的归元禅寺是这一地区最著名的宗教圣地，它的前世今生给这座禅院增添了历史厚重感与宗教神秘感，成为人们的向往之所在。

● 追源溯流，葵园伊始

葵园为归元禅寺的旧址，明代万历年间属于汉阳名士王章圃的私家园林，与凤栖山萧氏园林、王章圃山水明楼和鲁山李氏西园并称汉阳四大园林。园主

大雄宝殿

名王衸，字章圃，曾任明末华州知州、成都府丞。据《汉阳县志》记载，王章圃曾随萧良友学习诗文，萧良友在明万历八年中进士第一名，少有“神童”之称，曾在史局工作15年，任过国子监祭酒。此外，王章圃还与明代著名的“三袁”——袁宗道、袁宏道、袁中道有密切往来，他们亦官亦友，清流尚节，名噪一时。为了能与文人墨客一起赋文论诗，王章圃“辟葵园于汉阳城西关二里，招致雅流，觞咏其中。”

葵园位于汉阳府城西关外二里许，《续汉口丛谈》记载：“园中亦有奇石，绉秀殊伦，题曰翠微峰，峰旁有井，号翠微井。”归元寺碑记中也有关于葵园的描述，如“风动葵园，葵本无目，向日而繁，蕉本无耳，闻雷而荪，无根树子，盖世如云……”据史料载，汉阳西关上莲塘基地做了房屋、庭院，辟若干亩水田围着基地形成了葵园，馀者种稻。打井、挖池、堆山、造林、建亭，于是成就了“汉西一景”。

葵园在建设方面依据了中国风水文化，因其是在“三瑞”（枕山、环水、面屏）之平阳之地上建造，故以“紫气东来，南来凯风”之“坎宅巽门”为高标。无论葵园园门楼，还是房前门楼，均开门巽位，即东南正向，夹角45°，

放生池

屋宇整体约与长江平行，朝向为东南偏东，夹角为15°。从当时名士歌咏葵园诗文可见房屋、庭院各占一半。房为三进五大间，院为前、中、后三庭；屋有正厅、耳房、后厅、住房；庭有岁寒傲雪的松竹梅、高洁清雅的兰菊荷、凤栖琴裁的三桐无不巧布其间。走出后门北上，可登翠微峰、水明楼，或饱览山水，或吟诗泼墨、对弈抚弦；南下，可进家庙佛堂、燃香顶礼，或鱼磬诵经、趺坐习禅。园内水木清华、疏密有致，不仅有奇石堆砌的假山、翠微峰和翠微井，还有水塘、小溪；园之西是突兀的土丘，瓦房茅舍错落其间，菜圃、竹林、松柏布局有序，兰荷竹菊依次芬芳。整个格局布置得幽雅别致、古朴清秀，禅林清韵萦绕其中。其友人温纯在《寄题葵园》诗中写道："沁园春色盖倾初，日涉因成趣有余。排闼清来山峰兀，当轩碧拥树扶疏。忘却迹与鸥相狎，卫足心仍藿共舒。况是侯王同姓者，何如藜杖夜雠书。"袁宏道写《汉阳过王章圃葵园和二仲韵》《早春过葵园》等，诗云："高斋只在郭门间，世外佳人共往还"。如此山水间的生命宝地，成为明代万历年间名流雅士在汉阳诗酒觞咏之佳处，为古文献所记载。

● 时过境迁，购园献寺

王章圃后，葵园传给其子王紫函、王紫宿、王松生三兄弟。王氏兄弟感到“今因兄弟公管不便”，遂于清顺治十四年（1657年）五月二十二日，找了两位中人王弥公、吴尽臣说合，将“父置西关葵园、田地、房舍基地”等以270两纹银卖给了张恭存老先生。一年之后，当时定南王、镇守粤西大将军孙延龄的麾下孙耀先、戴天成等居士“偶到及楚地”，他们有意为正在汉阳兴国寺阅藏的白光、主峰和尚捐资创立梵宇，以“嘉其操之艰苦”。孙等人卜得汉阳凤山门外王氏葵园可建梵刹，于是他们与张恭存先生商议，以原价购得葵园，并约定“基址、田地、房屋自卖之后顺从孙、戴等舍作丛林，改庵建塔”，让“白光兴造丛林”。

在这转变的期间，如今的老街坊们流传着这样一个传说：当年白光僧人云游四方，一日站在翠微峰的山头上，一眼相中了这块宝地，为了求得这块宝地，不得不求助地主张恭存。幸运的是汉川人张恭存是个虔诚的佛教信徒，要地多少为宜，二人有点谈不上劲，无奈之下，张恭存向白光僧人承诺：“将其身上的袈裟抛上天，袈裟下有阴的地方就是建寺之地。”得知这个消息后，四邻八乡的街坊几乎挤满了这条路，众人只见白光僧人脱下了他身上的袈裟，站

归元寺

汉西一境（南书房 摄）

在翠微峰的山顶，双手合十，东南西北分别参拜。此时正好中午时分，僧人突然将袈裟抛向天空，这时，不知谁向围观的人们发出呼叫，快向天上吹气，袈裟随着众人吹出的热气慢慢向空中飘去，袈裟下的阴影越来越大，不久袈裟就悬于天空，再也不向上飘了。随后张恭存将地下有阴影的地方全部无偿送给了白光僧人。为了使寺庙建成后，和尚们有粮食、有蔬菜吃，张恭存另外又将现今平田南北二村的所在地一起送给了白光僧人。有了建寺庙的地，又有了四邻八乡百姓捐的钱，白光僧人就在此地兴建了一所寺，取名归元寺。

旧时园林，今之禅院

白光、主峰是归元寺的开山祖师，1655年到汉阳，1658年他们受赠葵园后将其改建为寺，首先建造普同塔。其初衷是为那些穷苦百姓死后不至于没有归宿，所以白光、主峰将那些因无钱安葬而抛露于荒野的尸骨火化后存放于塔内，以慰亡灵，这是创寺之初的一大善举。如今归元寺的普同塔院仍坐落在寺内的一排寮舍附近，为创寺之初的第一座寺庙标志建筑。它赢得了众弟子对白光、主峰的认同，也为归元寺尔后的发展奠定了一个良好的基础。在众多施主的帮助下，加之寺内僧众的艰苦努力，归元寺从1660-1664年的五年间相继建起了禅堂、大雄宝殿、客堂、斋堂、方丈室等，至此归元寺初具规模。

从创寺之初经过十多年的建设，到清康熙二十九年（1690年），归元寺香火日盛。当年清翰林院庶士周金然撰《归元寺记》，文中写道："归元寺之中殿宇辉煌，寮廊深邃。凡说法之堂、栖禅之室、香厨浴舍，以及往来宾客憩息之所，无一不备，更三师普同有塔，鳞甲放生有池，而笋园、蔬园、井臼亦位置秩然，楚楚清洁，四面云树……，晨钟暮鼓，梵呗泠泠，白月风清，时恍疑身在瑶天矣。"读罢，似一幅雨花深处，曲径通幽之画境呈现眼前。

归元禅韵之曲深幽静得到葵园先天厚赐，归元建筑文化的源头是葵园建筑文化。园主王章圃是位学佛习禅之贤士，所置葵园，无论建房舍安禅，造庭院闲步，创家庙礼佛，辟园林习禅，还是塘池荷莲，土垅林木，无不幽静曲深，尤其是种四季之葵，明向阳卫足之志，更显明末士人报国文化之深邃。在白光、主峰的经营下，归元寺内形成了著名的八景：烟岚叠峰、黄鹤迎门、龙吟

翠微苑

八腊、虎啸双眉、鹤州涌玉、凤市来仪、半月吞虚、柏林拱瑞。归元寺不仅保持并发展了原葵园的园林景观，还兴建了许多佛教风格的殿堂楼阁。时人称其为“汉西一境”，并勒石刻碑镶嵌在翠微峰的石岩上。后因清咸丰年间兵燹之乱，归元寺内诸建筑遭受严重破坏，这块石碑也被毁。到清同治六年七月，由汪家政重新用隶书写“汉西一境”，并刻碑嵌于翠微峰石壁中，直至上世纪90年代中，寺庙大修，“汉西一境”石碑自后移至寺内前院“翠微苑”中，供游客观赏。

如今，归元禅寺已成为享誉中外的佛教圣地，它不仅留存着翠微峰、翠微古池、翠微亭、普同塔、“汉西一境”石碑等宝贵的景观，还承载着传承中国民俗文化的重任。每逢新春佳节之际，大批香客齐聚寺中，争相前来祈福，已成为归元寺一道亮丽的风景线。不仅如此，归元寺庙会也是远近闻名，被称为世俗与宗教的完美结合。每年腊月三十晚上至初一，人们排队等待上头香，祈求平安吉祥；农历正月初五，财神爷诞辰也吸引不少人前来求拜。在这期间，归元寺附近热闹非凡，由汉阳庙会借助归元寺的名声和影响，吸引众多的香客、游人前往观光。不仅安排了舞龙舞狮、踩高跷、猜灯谜、剪纸贴花、泥人刺绣等民俗文化活动来体现浓郁的楚风汉韵，还推出了一系列佛教文化活动，如归元寺方丈昌明法师禅书展览、佛教知识展览、品尝佛教素食和书刊展销等，与此同时法师还会率领僧人和居士举行祈福迎祥法会，撞击吉祥钟，以祈求祖国繁荣昌盛、人民幸福安康。

从葵园到归元寺，已不仅是名称与性质的变迁，二者的继承和发展形成了新的归元文化。归元文化既是“海纳百川，有容乃大”的文化，又是“壁立千仞，无欲则刚”的文化。归元寺经岁月沉淀，时至今日亦不仅仅只是秀丽的园林和幽静的寺院，更是一个宣扬民俗文化的绝佳之地。在这个民俗文化渐被遗忘的年代，归元寺的文化内涵与民俗活动显得尤为重要，若以此来加深人们对优秀民俗文化传统的认知，唤醒人们对其保护与传承的意识，就能够让我们最珍贵的民俗文化遗产生生不息，代代相传！

（杨 颖）

3 澹园：昙花一现的刘家花园

【澹园大事记】

明永乐二年（1404年），明楚王五子被封崇阳靖简王，因山建王府。此山获名“崇府山”，俗称崇福山。后改称花园山。

乾隆五十八年（1793年），刘居士修建澹园。

刘锡嘏作《澹园铭》。

咸丰年间，澹园毁于战火。

石瑛故居（童汉芳 摄）

历史和记忆是一个城市名片、一个城市的灵魂，也是一个城市的根。武昌就是这样一个充满记忆的城市。武昌最早有城，始于三国时期东吴黄武二年（公元223年）。是年吴主孙权在江夏山（今蛇山）东北筑土石城，取名夏口城。该城方圆仅二三里，实为地形险要的军事堡垒。武昌自古而今都是县、州、府、郡和省治所在地。历史上的古夏口城亦几经变迁。汉代设有沙羡（音夷）县，治涂口（今江夏区金口）。至晋武帝以后，沙羡县治移至夏口城，故武昌一度称为沙羡县。后来因辖区扩大又改称汝南县。南朝宋孝建元年（公元454年），孝武帝在夏口设置郢州，并在夏口城的基础上进行城垣的修葺和扩建，这就是古郢州城，至今遗址尚存。武昌在那时又称为郢城。齐梁时期，梁将曹景宗（后任郢州刺史）攻打郢城，在紫金山与小龟山北筑土石城堡，此堡北临沙湖，南距郢城约二里，后世称为“曹公城”。

隋开皇九年（公元589年），隋文帝改郢州称鄂州，改汝南县为江夏县。州、县治所均设于城内。自此武昌又有鄂州、江夏县之称。唐敬宗宝历元年（公元825年），牛僧孺为武昌军节度使，改建鄂州城，原来的夯土结构改成甓砖结构。武昌城第二次大规模的改建并基本定型是在明洪武四年（1371年）。时任江夏侯的周德兴增拓武昌府城，周围二十余里，墙体为陶砖砌就，墙高二至三丈余不等。据《湖广图经志书》载，明代的武昌城，里巷阡陌，衙署丛集，府学、贡院、文庙等文化建筑遍布，文人学士会聚，俨然一座政治中心的城市景观，为当时南方的重要城垣。1927年武昌城开始拆除，保留有历史纪念意义的起义门一小段城墙，其余在1929年全部拆完。武昌是首义之地。近

文华书院

代中国进步的闸门从武昌开启。在新文化运动、国内北伐战争和抗战初等时期，武昌曾成为革命中心。

武汉在政治、军事、商业、交通、文化等方面都有着极其光辉的历史。自汉末以来，在古城武昌的园林风景线上，历经晋、隋、唐、宋、元、明、清等朝代历史上兴建过许多（至今绝大多数已不存在）王府花园、私家宅园和寺院园林。除了黄鹤楼与晴川阁、古琴台并称武汉三大名胜之外，武汉还有历史名园，例如乃园、豫成园、刘园、杨园等，而位于昙华林的翯园无疑也是其中的佼佼者。

● 武昌名胜昙华林

昙华林是武昌区粮道街的一个老街区，位于武昌城东北部，地处城墙内的

昙华林

花园山北麓和螃蟹岬之间，随两山并行，呈东西走向。1946年，地方当局将戈甲营出口以西的正卫街、游家巷与戈甲营出口以东的昙华林合并统称为昙华林，并沿袭至今。“昙华”二字：传乃印度梵文译音，“林”即“居士林”简称。郭沫若先生曾在其著作中提过这一街名可能与佛教有关。有关昙华林的传说，有两种，一说是巷内有花园，大多种植的是昙花，因为多而成林，加之古时花与华是通假字，故而得名。第二种说法，巷内多住种花人，一坛一花，蔚然成林，后来“坛”讹为“昙”，遂有昙华林。

明清时期，这里曾是湖北全省各县秀才下榻于此、苦心研读备考的地方，是清廷负责地方军事衙门的所在地，并有以戈甲命名的营盘。1861年汉口开埠后，昙华林一带逐渐形成华洋杂处、比邻而居的地域特色。先后有意大利、英国、美国和瑞士的传教士在此传教、办学、施医。受西方文化及资产阶级自由、平等、博爱思想和价值观的影响，中国第一座公共图书馆学科在此建立；一批民主战士在此组成了湖北最早的反清反封建的革命团体。吴禄贞领导的“花园山聚会”、刘静庵领导的“日知会”、熊十力领导的“黄冈军学会”、梁耀汉领导的“群学社”相继在这里诞生。这些团体催生了一大批辛亥武昌起义的仁人志士。

武汉的许多园林和胡同多分布在昙华林和汉口老租界。而今，穿行在昙华林蜿蜒的小巷深处，数十处百年以上的近代历史建筑尽收眼底，林则徐、张之洞在这里留下了历史痕迹，徐源泉、石瑛公馆，修旧如旧，圣诞堂、仁济医院、瑞典领事馆、文华学院等外国经典老建筑，让人仿佛伸手即可以触摸到历史老人那鲜活跳动的脉搏。在昙华林，经常可以见到远渡重洋的老外，以及饶有兴致的“武汉胡同游”的本地人和外地人。昙华林，俨然武汉民间一日游的热门首选地，也是惟一可以穿越时空回望千年老武昌的处所。昙华林文化街区，能保留至今且不断发展修旧如旧，不能不说是一种现代版的传奇。在这个“重开发轻保护”的大环境下，“保留”就意味着有关单位和部门要放弃开发所带来的巨大利益，这背后的冲突和艰辛不言而喻，它凝聚了武昌区历任领导和各界有识之士长期不懈的努力。武昌区政协副主席刘翔感慨地说：“武汉三镇中，武昌的老地名数量最多，历史最为悠久，也最具历史文化特征，保护昙华林文化街区，就是让后人能亲身游走在老武昌1700多年的悠久历史中，了解我们这座城市的深厚历史底蕴，激发热爱武昌热爱武汉的凝聚力和创造力。”

昙华林古街图

●幽邃静逸的佳山草堂

在昙华林街区的腹地有座花园山，花园山曾名崇府山，东西走向，西麓临近得胜桥的全安巷，西望凤凰山，东北有螃蟹岬作为屏障；南与胭脂山相峙，全长900米，海拔45.8米，面积9万平方米。明清时期为武昌城内名山之一，也是游览胜地。清同治年间的《江夏县志》早有记载，它的名称由来可追溯到明朝初年。明永乐二年（1404年），楚昭王朱祯第五庶子朱孟炜被封为崇阳靖简王，因为在这里建过王府，此山便有了“崇府山”的称谓，俗称崇福山，如今山的西麓还保留有“崇福山巷”的地名。明末王府被毁，这里成了百姓用地。

到了清代中叶，有位姓刘的居士在此王府的旧迹上，修筑了一座花园式的别墅。在落成的那天，当时的学政道台吴白华给别墅起了一个雅号叫“霭园”，并有门联“江城画里，崇岗杭香”。接着武昌府粮道刘锡嘏为此作铭记胜，题为《霭园铭》，从此名声大振。可见，这个刘居士在官场上混得不错。“霭园”俗称刘家花园，占地十余亩。在这篇《霭园铭》中记载：“辛丑春，新筑草堂落成，居士请记其梗概……”说明此园落成是在“辛丑春”，刘锡嘏是乾隆己丑年进士，因此文中所说辛丑春应是乾隆五十八年，就是说刘居士的霭园可能是1793年建成。但是周围住的老百姓并不怎么叫这个“霭园”雅号，而是习惯叫刘家花园。

园内的堂榭亭轩、树木花草皆依山而建而植，自然幽雅；园四周筑有鹿眼之篱、虎皮之垣。每当春暖花开或金秋九月，游客络绎不绝，园内最引人注目之处要数建在山麓高处的“佳山草堂”，若登高小憩，可坐览山川之美，可眺观江湖之胜。刘家花园园林广数亩，因山而建，以三门将全园分为三部分。山水、池台、亭堂、花木，布置得体，内宜避暑，外利借景。“园不宏敞，而幽邃静逸，愉然尘外”，为鄂州胜地。草门联“挹朝爽西来，杯底岚光飞隔岸；望大江东去，檐前帆影度遥空”就是佐证。只是非常遗憾的是霭园于咸丰年间因兵祸被毁，而只为“崇府山”留下了个“花园山”的俗称。

今天的花园山上，霭园早已成为历史的陈迹，但是记忆还在，昙华林还在。昙华林已经是一条静静坐落在武汉的复古小街，各式各样的咖啡小店等着你进去坐一坐，去品味。还有各式各样的店，都有着自己独特的性格，比如有名的鲜花饼店、独具特色的咖啡馆、创新的热干面馆。在一个有着温柔阳光的

昙华林老街（百载视觉 摄）

仁济医院

下午，你坐在咖啡店里，看着墙上的明信片，看着来来往往的游人，看着时间慢慢从过去流向未来。

这里，不仅有花园。

（张荣伟）

4 百年乃园：乃一园哉

【乃园大事记】

清光绪年间，湖北臬台衙门建成乃园。

光绪九年（1883年），湖北按察使黄彭年增建学律馆，修缮园治。

民国初期，乃园成为湖北省财政厅后花园。

1924年，湖北督军萧耀南建陈友谅墓，归乃园为首义公园一部分。

1953年，因修建长江大桥，乃园建筑大部被拆迁，旧址为今首义公园一部分。

乃园遗留的“江汉先英”牌坊

武汉的地名经得住琢磨，六渡桥、司门口、昙华林、同兴里，有太多例子足够吊起人的胃口，让人愕然惊奇这一个个典雅的名字下无一不藏着一段淡忘在岁月的悠久记忆，犹抱琵琶半遮面，等着后来人去慢慢发掘，细细品味，而得以发现脚下这座城过去的美。在今天的武汉，从蛇山转下来，沿着大成路，漫步到黄鹤楼街，如果足够细心，会惊奇地发现，这一带附近的小巷，有一个典雅至极的名字——没错，这里的所在，就是乃园。先不提过去如何人文荟萃，即便时至今日，百余年过去，这一方土地仍是武汉最具风情的街巷之一。如今街巷交织，房屋林立，而谁又能够想象，百余年前，这里可一度是武汉规模最大的园林呢。

●何命之以一“乃”字

乃园的位置大致在今武昌区蛇山以南黄鹤楼剧场以北的区域内，东起文庙（今武汉市第十中学），西至乃园巷，北止陈友谅墓，南临大成路乃园遗址附近。面积约数十亩。乃园巷原名臬水巷，因近臬台衙门而得名。乃园最早就是湖北臬台衙门的后花园。

乃园为什么要命名为“乃”呢？这要从它的创建者说起。

乃园最早什么时候构筑，尚无定论。据武汉市乃园遗址的展板资料解释，乃园是清末刘姓按察使（臬台）主持修建，因其号中有一“乃”字，而命名为乃园。另一观点则认为，乃园布局依山势转折而下，花园围墙随山势起伏，形似“乃”字，故称乃园。且“乃”字有缓、难之义，表达出建园虽难，然徐徐图之，虽缓亦可达成之意，道出了建园的艰难。

今日乃园巷（虚中寻 摄）

另外在乃园遗址附近的武昌房地产公司女厕所的围墙中发现了一块勒于清光绪十二年的“乃园图记”石碑，中有乃园的文字描述和绘图，表明至迟于光绪十二年乃园已经存在。该碑由清末著名教育家、学者、官员黄彭年撰文，由时任湖北江夏县令的书画家诸可权题图。

笔者查阅清代学者

乃园遗址（虚中寻 摄）

陈定祥编写的《清黄陶楼先生（彭年）年谱》发现，光绪九年，黄彭年调任湖北按察使，入主臬台衙门。是年夏秋，黄会同当地官员、名流，三次宴集乃园，游园赏景，诗文唱和，并嘱当地孝廉画图以记之。在其任上，对乃园广修园治，增植花木，并增建学律馆，进一步扩大乃园的规模。今存有黄彭年录赠友人的诗文集《乃园小集》。黄彭年其时恰任湖北按察使，在臬台衙门的花园中留下丰富活动自然合情合理。这些记载在内容上和逻辑上都禁得住考证，因而是真实可信的。因此我们可依据此推断，至迟在光绪九年（1883年），乃园即已初具规模。

基于以上推断，乃园的营造事实应该比较清楚。其大致建于光绪年间，修建经历了一个比较长的过程，其中作出较大贡献的包括但不限于刘姓臬台和黄彭年臬台。因为乃园的修建经费由衙署费用节余而来，所以其艺术风格并不铺张，承担修建任务的工匠也主要是按察使司的役属。从性质上来看，在这一时期，其主要是供中高级官员使用的私属花园。

●乃园的景色与艺术价值

据现有资料显示，乃园占地面积并不大，受制于建筑经费，其风格也并不华丽。园内建筑并无过于繁琐的装饰，治园所需，多就地取材，朴实无华却以风景的营造见长。原来的园址中采用土、石、竹、木材料修建各类建筑十余座，同时因地制宜，匠心巧用，于院内各处植有梅、枇杷、芭蕉、翠竹、朴树、垂柳等四时花木。

主要建筑有用于祭祀太平天国三次攻陷武昌时殉节的按察使之“四忠祠”，用于教授地方官员学习政令的“学律馆”（此在黄彭年之年谱中有记载）。在此两处建筑和按察使司衙署之间穿有风雨回廊“七曲廊”。乃园缘蛇山而上，铺有上山石阶，于半山腰有眺望江景之“见江亭”一座，拾级而上，栽种梅树三百株，于山势陡峭处辟有“鹤梅堂”，甚得赏梅之便。山顶置一“高观台”，乃是览江望远之处，其西又有“西升台”，登临可远观鹦鹉洲和白沙洲。由此而下，山中一块平坦之地便是武士习艺射箭的“射圃”。圃外栽植修竹，穿竹而下，有清泉一池，是为“竹池”。山水相酬，竹林掩映，足见其环境之清幽，营设之费思。经池水而下，半途设一小亭，名之“跻绿亭”，以供休憩之用。至山脚辟有“小圃”，栽植四时花木，间有“暂亭”“沤舫”。邻有池塘，塘面点以绿荷，中有假山一座，山有小亭，东西各以小桥接岸，其东有一台曰“竹深荷静”，其西亦对设一台曰“般若台”，绕植百年之朴树。

整所园林布局巧妙，依山就水，方寸之间容纳天地，足见匠心不凡。据《清黄陶楼先生（彭年）年谱》记载当时盛景，曾有“曲廊间步、高亭遐观、新塘补梅、旧畦灌荣、律馆课吏、忠祠读碑、沤舫藕香”之乃园八景。文化名流和当地官员常于此集会闲游，诗词酬和，为一时之盛事。乃园的具体设计者难以考证，但其体现出来的超凡的园林艺术价值反映出园主抑或设计者一流的造园水准和思想境界，其中不得不提黄彭年本人。黄彭年本身作为一个学者型官员，擅书法，工诗文，精于堪舆之学，每到一地必然兴办教育，本身具有非常之高的文化素质，同时对山水之乐十分热衷。在其江苏任上，曾与沧浪亭之外另筑可园，在其主持保定莲池书院之时，亦十分注重书院环境的营设。结合其曾撰文《乃园图记》并勒碑，加之其曾经数度任职湖北地方，笔者倾向于认为黄彭年本人对乃园的营造曾做出具体的设计工作，当然这一猜想需要更多的资料加以证实。但无可否认，乃园在清代的私园史上必然占有一席之地，是武汉不可多得的优秀私家园林实例，艺术价值有目共睹。

●百年乃园

乃园作为清末园林，历经时局动荡、社会变迁，一直较完整地保存到了上世纪50年代。

民国时期，乃园划归湖北省财政厅，继续作为机关花园存在。1924年，萧耀南任湖北督军时，为了纪念辛亥革命，在今蛇山南麓设立首义公园，乃园作为其中的一部分并入，其四周围墙被拆除，面向市民大众开放，其性质始转变为公共园林。同时当局于乃园原址北侧修建陈友谅墓，其墓冢至今仍存，位于长江大桥南侧引桥附近，墓前矗有一座四柱三门石质牌坊，至今保存完好，正面书题“江汉先英”，背面题额“三楚雄风”，今已成为识别乃园所在的主要标志物之一。

抗日战争和解放战争期间，乃园原有建筑遭到不同程度的损毁。至1953

陈友谅墓

陈友谅墓

年，武汉长江大桥规划从此处通过，原乃园内建筑被彻底拆迁搬离，乃园作为一个整体性的园林不复存在，仅留下部分基址。其原有地域除架桥和居民区占用之外，其余部分仍作为今首义公园的一角继续为广大市民提供休闲健身的好去处。

如今新一代的武汉人成长起来，宽阔的马路修建起来，高耸入云的大楼矗立起来，各式各样的公园和娱乐场所遍地开花，登高望远蛇山已经略显视野不足，登山览江早已并非文人墨客的风雅之事，时代的发展如同蛇山脚下波涛汹涌的长江一样，无可阻挡而滚滚向前。也许没有人会记得当年一个小小的园子里曾经有过多少让人称道的盛景，也许没有人会怀念大武汉曾有一个精致的足以媲美苏杭风情的园林，也许匆匆的脚步从来没有停下来看一看路牌，肯花一点心思去咂摸那一个个大雅之极的地名之后动人的故事，但无论怎样，城市的肌肤记录着一切，保留了所有时代里的人们赋予她的一切记忆。某天被哪个读者有幸翻到了，能够唏嘘一番，便是足够。

百年乃园，历经一个多世纪的风风雨雨，历经清末、民国、新中国，由私而公，又因公而殁，亭台之不存，花木之改颜，上承一代楚雄陈友谅，历刘、黄、萧、李数代人杰，而寂于楚天人民，沐风栉雨，起于山水之乐，归于桥桁之便，起高楼兮，宴宾客兮，饮弹雨兮，燸炮火兮，承路泽兮，百年江城，百年乃园，真真是应了一个“乃”字。

“虽难矣，然缓缓图之，亦徐徐可达也。”

百年乃园，乃一园哉？岂乃区区一园哉？今日我们在此品味大武汉的园林，在此品味大武汉的街名巷记，何尝不是品味了整整一座城呢？

（关晓武）

5 药王庙别院豫成园：慧斐之园，太崇之馆

【豫成园大事记】

药王庙建于康熙二十八年（1689年），位于汉口药帮巷侧，初名“怀庆会馆”。

18世纪中叶，覃怀药商于会馆东侧修建一座别墅，名为“豫成园”。

1767年，河南怀庆会馆更名为“覃怀药王庙”，供奉“药王”孙思邈。

清嘉庆十九年（1814年），汉口著名诗人程秉为豫成园作“记”，文体严整，辞藻华丽，轰动一时。药王庙将此园记刻于碑上，嵌在墙内。

至晚清，豫成园毁于战火，后又被民居取代。但今人们在六水街口路侧，仍可看到残留的汉白玉雕花石柱础，尚供人考其遗迹。

“慧斐之园，离垢自辟畦町，太崇之馆，逍遥别有天地”。昔有覃怀药王庙东厢之豫成园，花木扶疏，别饶幽致，覃怀人所修，为汉上寓公别业，酒旗戏鼓。敦盘之会不绝。清代程秉为之记文，文体严正，辞藻华丽，称赞备至，为一时之盛景。

●汉口怀商帮的兴衰

早在明末崇祯年间，有一批来自河南怀庆府的药农携带当地出产的地黄、山药和其他中药材来汉口摆摊销售，他们在汉正街的保寿桥附近的一条僻静巷道居住下来，就地出售中药材。在此地交易的时间一长，一些药材商贩都聚集到这里做药材买卖，广为人知。由于他们能吃苦耐劳，生意越做越好，名声越传越远，从河南怀庆府（今沁阳一带）及邻近地区来的药农也就越来越多。从怀庆府来汉的人定居后，集资兴建了怀庆会馆，久而久之便自然形成一个“帮口”，人称“怀帮”。这就是汉口最早的“药帮”。清代末年，汉口已有药材行20余家，年贸易额白银三百余万两。

社会稳定、经济发展，才会有商人的崛起。一旦发生战乱，商帮就失去了发展的最大基础。清末民初，战乱频繁、兵匪猖獗，药商遭遇抢劫的事时有发

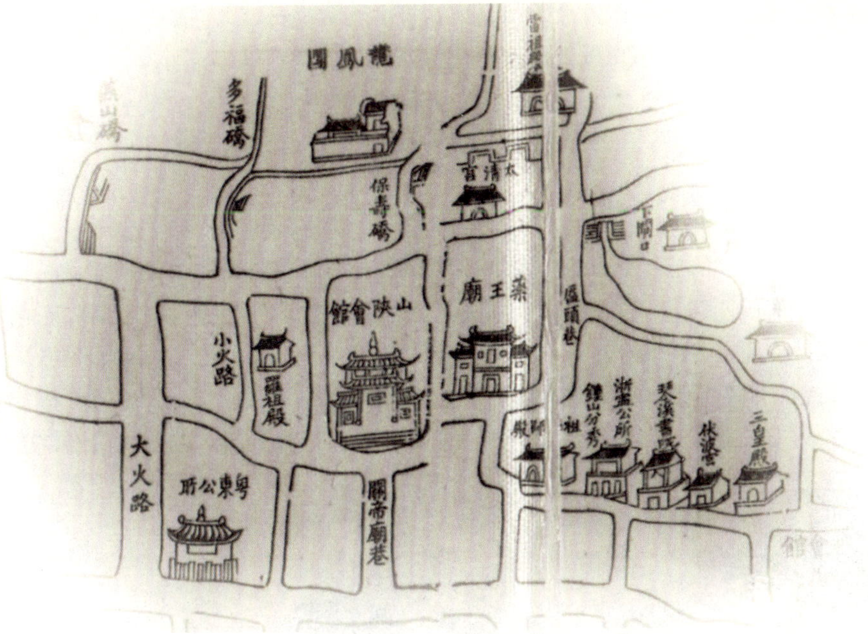

药王庙地图

生，中小药行纷纷停业，药材市场日渐萧条，再加上怀商主要依靠怀药贸易，资本较弱，在官僚资本的冲击下显得难以招架。后来，西药逐渐进入中国市场，怀药的销售更是备受冲击。1900年，八国联军侵略中国，本地怀药滞销，价格惨跌。怀商研究专家程峰认为，怀商没落更有其自身的原因。东家不干涉掌柜的经营，既有先进的一面，也存在一个问题。东家的子弟不参与经营，便在家坐享其成。商场如战场，怀商后代逐渐失去了在商场上生存发展的能力，再加上有些人贪图享乐，尤其是抽大烟，这也成为怀商衰败的一个原因。史载，沁阳市一怀商在开封设6家连锁门店，生意兴隆。后来，该怀商的长子到开封经营，整日花天酒地、吸食大烟，仅三年时间便将6家门店赔得精光。民国初期，虽然怀商整体显露颓势，但仍有一定的发展空间。史载，1923年，温县人张子杰联合温县、沁阳、济源、孟县、武陟各大怀药商家，成立怀药股份有限公司，首开民间整合怀药资源之先河。由于垄断怀药经营且触犯省政府权贵，张子杰后来被中小怀商控告至北洋政府，公司被迫停业。后来，张子杰回到天津继续从事怀药贸易，1935年逝于天津。1937年，日本发动全面侵华战争，怀商再受重创。其中，怀商著名商号杜盛兴在全国各地的许多分店都毁于日寇侵华战火，其他实力较小的商号更是倒闭无数。

●药王庙的兴建和结构

汉口为武汉三镇之一，占有得天独厚的地域环境，市场繁荣，百货纷呈，再加上交通便利，“江湖连接，无地不通，一舟出门，万里唯意”。因而在本省及外省商贾，群集于斯，商业行帮组织如雨后春笋。其中，最有力量者为八大行帮，即盐行、茶行、药材行、粮食行、棉花行、油行、广福杂货行、纸行。其中，药材行始终在八大行中占有重要地位。清初诗人描绘汉口经销的货

药王庙戏台

物便说其中“药料香过岭”。药帮商人认为，他们的生意兴隆，应感谢药材采集的开拓者——孙思邈，因而共同捐资建立了一座药王庙。汉口药王庙旧址在今硚口岸区药帮巷侧。方志记载，距今约三百年前，现药帮大巷西侧，离长堤街不远处，有一座规模宏大的药王庙。药王庙的兴起与变迁，同汉口的药材业经营密切相关。《夏口县志》写道，药王庙是在清康熙二十八年（1689年），由怀庆府河内县、武陟县、温县、孟县在汉口的药材商集资兴建，主持其中的是贾椿园与陈荆山。初名“怀庆会馆”，乾隆年间重修时，改名“覃怀药王庙”。其性质“纯粹怀药营业”，凡西货、西药、京杂货商号不准入帮。到了乾隆年间，汉口药材业更为发达，成为汉口商业一大行帮，称为“药帮”，尤以药王庙四周药材行更多，故庙附近的一条街叫“药帮大巷”，附近小巷也分别叫药帮一巷、二巷、三巷等。

汉口药王庙历史悠久，建筑宏伟壮观，红墙、黄瓦、绿剪边，绘有云头小狮花纹。庙分为前大殿、后大殿和花园三部分。前大殿对面有一座戏台，戏台前是弧形看台楼，楼上设女座，楼下设男座。前大殿门前宇轩昂，门上有镂金浮刻的“药王殿”三个大字匾额。门口两侧蹲伏高约2米、宽约1米的一对大石狮，形象栩栩如生。大殿卷棚前，石台阶中间是甬道，卷棚两边是钟楼，楼旁均建有石碑亭。大殿两厢，左是更衣室、浴室，右是怀帮药材堆栈。前大殿的正中靠壁，摆着一个大型紫檀木的供桌，上放一个神龛，龛内供奉有药王孙真人的牌位，设有神像。牌位前放着一个大型紫铜香炉和一对铜烛台。神龛两侧和殿内的盘龙大柱旁各挂着一副紫檀木刻金字的对联，墙壁上挂着明朝董其昌等名家字画。大殿周围挂有宫灯48盏。后大殿有一个大阁，名“覃怀阁”。阁内摆着一个供桌，供桌上小神龛里供奉着药王的牌位。四周摆放着精致的红木桌椅和茶几，大阁上面挂着20盏琉璃纱灯，壁上挂着很多名人字画。

由于覃怀药商在汉口人数众多，而又颇饶资财，故在乾隆年间（1736-1795年）除了重修药王庙外，还在药王庙东侧修了一座别墅叫“豫成园”。

●汉上寓公别业豫成园

豫成园在药王庙东厢，占地面积广阔，是主要的宴客之所。园内有山、池、亭、楼，以池为主，亭配之。亭多座，方圆不等，以廊联之，园东南有假

药王庙戏台

山隔墙，植以薜荔藤架，北为药楼，地势起伏有势，岗峦迤逦。山岩玲珑，古槐漫天，另有大女贞数株，冬夏常青，花香四溢，籽可入药，甚为壮观。其余植物，配植得体，以至园中四时有景，“春则东阁红焉，夏则北窗绿净，秋则月娟山馆，冬则雪聚林皋”。四时不改其乐，轩窗明媔，花木扶疏，别绕幽致。园内不仅水清木灵，生色盎然，更有“绀榭镂楹，朱甍碧瓦，摩天百尺，踏云一梯。”登楼远眺，山色青黛，落日余辉葱郁，院落参差，确为“慧斐之园，离垢自辟畦町，太崇之馆，逍遥别有天地”。清嘉庆十九年（1814年）汉口著名诗人程秉为豫成园作记，是一篇篇幅较长、文字华丽的骈文，文体严整，措辞华丽，轰动一时，药王庙特地将这篇园记刻于碑，嵌于墙内。《汉口丛谈》《汉口小志》都全文收录下来了。古覃怀地域，辖今洛阳、嵩山一带。以程耕云之见，豫成园的风格，称得上是“江皋图画，嵩洛精神”的融会。进入豫成园，可以收到“不乏古欢，都忘羁旅”的效应。对于客居他乡身心疲惫的士商来说，这里的确是一个“借山水以消尘务，亲泉石而豁性灵”的理想休闲之地。山东的程耕云于嘉庆二十二年（1817年）来汉，小住园中，临走时对黄心庵说："此来得程君所作，不负楚游矣。"临走他还带了一本程耕云的《宝缄斋诗稿》。到晚清的时候，豫成园毁于战火。盛极一时的药王庙，也历遭劫难，火灾烧毁了后大殿，日军拆毁了戏台和看楼，毁坏了大量文物。今天，已经看不到当年的东花园、西花园和后花园了。

汉口辟为通商口岸后，西药渐渐运入汉口，中药材行业便不如过去那样兴旺，药王庙也逐渐开始冷落。进入民国后，药王庙改为"覃怀小学"。解放后，学校更名为"药帮巷小学"。因原有的建筑物及药王大殿年久朽败，将其拆除，兴建了教学大楼与办公楼。在修理操场时，原有的大殿前浮雕龙台阶，也被埋下入地了。庙东的豫成园，除建了一些宿舍楼房外，还在附近修建了第四十四中学。如今，只有少数老居民知道"药王庙"的历史，而知道"豫成园"的就更少了。

现在这里是武汉财经学校分部。在当年戏台的前面，有两株常青树，从树身的疙瘩上，可以看出庙宇的墙上镶嵌的两块石牌，涂满白石灰，看不清字迹。在大殿和院落的夹角处，有座花坛。花坛里有株玉兰树。这里的一位喻姓

原药王庙小学内保存的碑刻

老校工告诉我，当年覃怀会馆创办了一所覃怀小学，创始人孙老师在10年前逝世。这株玉兰树，是孙老师的子女所植，树下埋有孙老师的骨殖。每年清明，孙老师的子女都要来这里祭扫，缅怀父辈的业绩。

（李鹤群）

6 刘园：一代地产大亨的私人名园

【刘园大事记】

1901年左右，刘歆生建刘园于循礼门附近，成为其财力、权势的标志。

1911年，刘园在辛亥革命的炮火中蒙受巨大损失。

1913年，刘园由建华公司租赁，经过修葺，恢复旧观，对外开放。一时间车水马龙，游人如织。

1918年，北洋军阀曹锟率第一路军南下，强设司令部于此，刘园遭到蹂躏，尔后虎去狼来，了无宁日。

1925年，吴佩孚自任十四省联军总司令，司令部设在与刘园毗邻的查家墩，刘园成为附舍。

1931年，叶蓬任警备司令兼警备旅旅长后，对刘园进行了较大改建，新建了大门和办公楼。

1938年后，刘园被日军侵凌了7年，作为吃喝玩乐，招降纳叛之所，使名园蒙受莫大污垢。其间，为防美军空袭，于园内增设防空洞。

1945年后，刘园为国民党军事法庭所占，防空洞改为水牢，关押重要人犯。园墙围铁丝网，四角建炮楼，办公楼后建有简易飞机跑道。至此，刘园已有名无实了。

刘园现存最后一栋建筑

刘园，又名刘家花园、歆生花园、爱国花园，是清末民初汉口著名的游憩胜地，也是武汉历史上的名园之一。1915年出版的《汉口小志》一书中介绍："刘园在循礼门车站旁，主人为本镇殷商刘君歆生。"又有《刘园夜游记》一文中写道："出歆生路近循礼门车站有刘园焉，汉口名胜地也！"刘园占地约25万亩，在汉口的私人宅院中是比较大的。它从实际出发，以新颖的布局而造成比比皆景的境界，使游人流连忘返，因此成为民国初年名蜚全市的一代名园。

●汉口地产大亨，刘园主人刘歆生

刘歆生（1857–1941年），名祥，字人祥。汉阳县泉水刘家嘴村（今武汉市东西湖区柏泉）人。清末民初著名的商人、地产业主、实业家、买办，人称"汉口地皮大王"。

刘歆生1857年出生于汉阳县柏泉乡刘家嘴村，少年时放过鸭、喂过牛，饱尝艰辛，但生活的磨砺使其立志出人头地。因祖父、父亲都是天主教徒，刘歆生也受洗入教，与汉口天主堂神父金宝善相识，因此学会了英语。不久，刘歆生通过天主教会的关系进入汉口太古洋行当练习生，后升为写字兼跑街，月薪纹银10两。刘歆生为人机变灵活，善于交际，很受教会法国神父的赏识。后来他以法帝国主义在汉口的侵略势力作为政治上和经济上的靠山，在洋行业务之外，兼搞自己的工商业，是一个炙手可热的买办资产阶级人物。

光绪年间，汉口市区仅限于今中山大道的硚口至一元路与长江、汉水之间的狭长地带，除江汉关以下沿江正在发展的租界外，几乎全为一片湖淌地所包围。刘歆生预测到汉口开埠后必将日益繁荣，市区也会相应发展，土地行情将随之见涨，于是将自己的大部分资金加上从东方汇理银行以优惠条件借来的现款，大量贱价收购土地。几年内，他收购了上自舵落口，下自丹水池，西至张公堤，南至租界方圆60平方公里之内的大量湖淌地，几乎掌握了市区可能发展的土地。

光绪三十一年（1905年），湖广总督张之洞为防水患，筑成张公堤，堤内的湖淌地尽成良田。拥有最多土地的刘歆生成了最大受益者。他除缴纳税款之外，还认捐了纹银50万两。1907年，官府拆除旧城墙建成后城马路（今中山大道）。他则利用自己开设的填土公司和雇用河南来的廉价劳动力，将接近市区的土地填平，再修路建房出租，使极低价格购进的大片湖淌地变成了寸土寸金。这样，刘歆生成了汉口最大的房地产主，名副其实的"地产大王"。

刘歆生晚年与家人

●一代名园兴衰，汉口盛景地刘园

在旧社会，私人园林是园主财力、权势的标志。

刘园，是刘歆生在他的事业的全盛时代建成的。估计最早不会超过光绪二十七年（1901年）。这一时期，刘歆生是汉口屈指可数的工商业巨子，他交游广阔，与很多军政要员、洋商巨贾有来往。他本人平时生活简约，但宴客酬宾却不惜讲排场，逞豪富。为此，需要一个既华丽又幽雅的私人花园。刘园，就是在这样的背景下诞生的。

现武汉船舶工业公司的大围墙，就是园的主体，不过要向西北延伸至解放大道纺织品大楼东北，再过马路包括红艳村，相当于今青少年宫的面积。刘歆生建园时因势利导，就高处垒山，依低处挖湖，形成湖山之胜。从大门进园，首先进入眼帘的为“翠寒亭”，亭周花木扶疏，苍翠欲滴。穿亭向前，是一道伸入湖中的半岛，尽头处有“清研亭”，倚栏小憩，“苏堤春晓”的梦幻联翩而来。再沿铁路一侧湖边道路徐行，前进80米即到“浮碧轩”，这是园的中心。轩呈浅绿色，歇山式重檐翘角，玻璃窗玲珑剔透，三面浮水，晴日湖光潋滟，妩媚多姿，夏至莲花摇曳，香远益清。轩堂前后两重，中间正堂，左右隔以月亮门、百花屏，遍设琴棋书画，古瓶玩物。华而不腻，雅致宜人。轩后一个大花圃，千红万紫，一派芬芳。过此绕湖环游，沿途杨柳垂青，松桦并茂，冬梅秋菊，处处飘香。还设围养豹，偶逢怒吼，全园风动，给游人带来一种幽谷深山的感觉。在中山公园尚未兴建前的30年间，它是汉口最佳的现代园林，堪称三镇一绝。

然而“自古红颜多薄命”，刘园这样的秀色美景也难逃脱多舛的命运，因战乱频仍，数度蒙尘。辛亥革命时，清军南下反扑，黎元洪任命何锡番为汉口临时总指挥，设司令部于刘园。何受伤后继任指挥官张景良避战受到军法处决。姜明经再任指挥，在歆生路接站，刘园成为清军主攻目标，损毁过半。王葆心在他著的《续汉口丛谈》中写道：“至今日，通镇所传只一刘园，在铁路外，辛亥之变半已摧毁，尚待规复云。”1913年，刘园由建华公司租赁，经过修葺，恢复旧观，对外开放。不久隔铁路相对的老圃大戏院，进入隆盛时期，名园艺苑，互相攀举，一时之间车水马龙，游人如织，盛极一时。可惜好景不长，1918年，曹锟率军南下，强设司令部于刘园，惨遭兵乱，尔后虎去狼来，了无宁日。1925年，吴佩孚自任十四省联军总司令，将司令部设在与刘园毗邻的渣家墩，刘园成为附舍。随后夏斗寅、叶蓬相继任武汉警备司令，占刘园为司令部，移山塞水，增设大门和办公楼。武汉沦陷后叶蓬成为汉奸，为防美军空袭，于园内增设防空洞。抗战胜利后，刘园被国民党军事法庭占据，防空洞改为水牢，关押重要人犯；围墙围铁丝网，四角建炮楼，办公楼后建有简易飞机跑道。至此，刘园便成为有名无实而沦于湮灭了。解放前夕，刘园已是一片病树萧瑟，衰草弥漫的凄凉景象。

●园艺巧妙别致，三镇一绝寓公乐

刘园的选点以交通便利和接近闹市为主，不考虑向外借景。为了弥补无外景可借和环境给园林带来的不利干扰，刘园在布局上力求创新。首先，在地貌整理上是固高就低，挖湖堆山，组成山水园林的基本骨架，使园内地貌自成体

刘园遗址所在地，武汉船舶工业公司

系。山的位置选在地势近江汉路和铁路一侧，既可节省土方量，又能有效地减少街道和铁道对园内环境的干扰；水体则在低洼的另一侧。这种南山北水的处理方法，一反传统的北山南水式，十分符合本身的具体条件。水面的处理则利用半岛湖分成大小两部分，使之既分割又有联系。水面更富变化，驳岸曲折，源头隐蔽，增加了水面的深远感。园外沿界掘出明渠调剂园内水位，又能起到隔离作用。在两个水面上，各设一座水榭式亭阁，凌水而起，平台卧波。小水面为清妍亭，大水面为浮碧亭，两者主次分明又互为对景，游人入园先进翠寒亭，隐见清妍亭临水；循步道进清妍亭，又见浮碧亭，更为佳丽。入浮碧亭俯瞰全园；西北湖光潋滟，莲荷田田，沿岸亭台掩映，垂柳依依；东南山石突起，蹬道盘旋；各处景色一览无余，堪称全园风光的妙境。把建筑物这样排列形成景观序列，可形成步移景开、引人入胜的境界。其中清妍亭和浮碧亭的朝向均面湖而开，敞开西北而隐去东南，这就更有效地把游人的视线从铁路、公

刘歆生故里柏泉为其立像

路一方引开而集中于湖面和沿湖；虽犯朝向不妥之忌，但这样处理既不影响夏季东南风的对流，又可隐疵就佳，仍不失为成功之作。

在建筑风格上，沿用了武汉宅院中常用的卷棚歇山屋面，屋架雕梁而不画栋，刷以绀色国漆；一律青瓦粉墙，使建筑显得朴素、淡雅。

围墙的处理也很别致。东、南两方地势高爽，人流、车流频繁，则用砖墙；西、北两方地势低洼，又有明渠环绕，则用竹棚，既经济又雅致、自然。

在植物配置上，则是沿墙多栽高大园林，形成障景色，加强全园空间的独立性。沿湖植柳，水中栽荷，富有野趣。园内自辟花圃，又增园内风韵。

最后值得一提的是刘园圈养动物。且不说那水下鱼、笼中鸟，单说饲豹赏玩就是惊人之举。豹房周围堆山叠石，小道险峻，健豹一吼，曲径震荡。游人见其形，闻其声，莫不骇然。虽居繁华闹市之中，且有深山丛莽之感，确实别具风格。

如今重游刘园，但见其门前高挂“武汉船舶工业公司”招牌，院内高楼耸立，林树森森，在火车呼啸、汽车隆隆声中，尚不失为一处清幽雅静之所。一代名园，虽然已香消玉殒，但她留给我们的文化财富必将永存。

（李鹤群）

7 杨园的前世今生：逝去的秘密

【杨园大事记】

1914年，英国人在武昌桥梁村修建“洋园”。
1922年，成立粤汉铁路湘鄂段诊病所。
20世纪30年代，为张学良行园。
抗日战争时期，潘文郁在此牺牲。
1953年，成立铁道部第四勘测设计院。
1954年，成立武昌区人民政府堤街办事处。
1961年，“洋园”改名为“杨园”。
1996年以来，连续三次被市委、市政府命名为市级文明街道。

在武昌区桥梁村居民社区中，隐藏了一个鲜为人知的私园——“洋园”。由于它存在时间之短、隐藏之深，所以洋园在国人的脑海里无多少印象，甚至很多武昌人都不知道它的来龙去脉。现在的杨园已改为杨园街道，它位于武昌北大门。临江大道、和平大道和友谊大道，纵贯辖区南北，连接内环线，直通武昌城区和青山区。武汉长江二桥武昌桥头耸立于杨园南端。纵然历史的车轮掩盖了昔日洋园的秘密，但是一些蛛丝马迹总会揭开其神秘的面纱，那么它的前世今生又是怎样的呢？

●“杨园”的由来：京广铁路的摇篮

“杨园”最初叫做“洋园”，关于它的由来，有两种说法：一是1914年英国人修粤汉铁路时，在武昌桥梁村修建了四栋西式楼房，四周种有花木，该庭院称为“洋园”。另一种说法是上世纪50年代许多苏联专家居住于此，故称为“洋园”，意为洋人居住的庭院。但武昌人大多认同第一种。在“洋园”的小洋楼与办公建筑环抱中，有一个极为考究的内花园。园中一条走廊连接两栋一层楼别墅，别墅前后分别种有石榴林、松柏林和枇杷林，林子四周用冬青树墙隔离。松柏林中有个小亭，亭子里有石桌石凳。其中一栋别墅前栽有紫薇，花开时节，满树紫色分外妖娆。这个内花园后改为“武北幼儿园”和“四美塘幼儿园”。

“洋园”在国人的脑中没有多少的印象，但谁又知道它曾是京广铁路的摇篮。1895年前后，随着京汉铁路的兴建，京汉铁路筹建的红线圈定“洋园”。随着京汉铁路竣工，粤汉铁路开工，一批又一批的工程师们在“洋园”里设计着他们的图纸。如今在桥梁村老“洋园”地面上唯一保留的一处老建筑，就是过去的武昌铁路医院门诊部，遗憾的是这里曾经的辉煌只能靠后人去想象了。

张公亭

那京广铁路设计为何选址在“洋园”呢？京汉铁路刚开始筹备，五国租界的领事们就企图把铁路扩进自己的租界，特别是法租界，从中山大道开始一路扩界，想把京汉铁路汉口总站大智门车站扩进自己地盘，最后在张之洞坚决制止下，才停止在离铁路一百多米远的地方，可见当时争夺路权的激烈程度。张之洞及其幕僚想方设法与洋人交涉，保护路权，把“洋园”作为设计地点应该就是避免领事们纠缠的策略之一。1957年以前，长江上没有大桥，杨园的江面上十分繁忙。

杨园旧址上的老建筑

武汉火车轮渡是我国第二个火车轮渡，自京汉铁路与粤汉铁路连通后，从北京开出的火车经武汉乘船后直接到达广州。

●“杨园”的三次成长

洋园的成长是缓慢而漫长，其过程见证了近现代中国的沧桑辉煌。可以说一部洋园史便是一部近现代化史，其历史地位值得后人重新评估。

它的第一次“成长”应该在粤汉铁路湘鄂段通车前后。那时铁路局成立，大量铁路职工需要安置。这次“成长”把桥梁村与粤汉里之间的水域填平，建成现在的杨园村，当时这片新地与桥梁村并在一起叫“洋园”。然而“洋园”好像温馨的鸟巢，工程师们却似迁徙的燕子。粤汉铁路通车后，工程师们便从“洋园”消失，像南飞的燕子，一去就是30年。正当人们以为工程师们的身

曾经的火车轮渡

影不会再回来时，他们又像南归燕，成群结队地飞了回来。1953年人民政府把“洋园”的小洋楼全部拨给铁道部第四勘测设计院，于是工程师们又开始在漂亮的小洋楼里构思铁路建设宏伟蓝图。工程师们办公的小洋楼是“洋园”的地标性建筑。今天，工程师们的办公楼同样是杨园的地标性建筑，这座富丽堂皇略带欧式风格的摩天大楼，充满自豪地矗立在杨园的中心地带，高贵典雅的设计风格充满时尚理念，向人们展现出雄厚的设计底蕴。

第二次“成长”是1961年以“洋园”之名成立街道办事处，使“洋园”成为街道辖区。新中国的国人很讨厌“洋”字，“洋糖”“洋火”“洋油”统统改名，于是乎“洋园”的“洋”字被纯中国姓的“杨”字替代，成为现在的杨园。这次“成长”，杨园把“粤汉里”“四十八栋”等几个居委会都收到名下，使杨园的面积扩大了好几倍。当然，杨园街并没有独占杨园这个名字，其辖区内的杨园村依然保留原名。十一届三中全会以来，杨园地区城市建设发生翻天覆地的变化，昔日的芦苇荡变成了工业区。柴林头东区、四美苑小区、四美新村、杨园新村、江南公寓等花园式小区成片开发和建设。四美塘公园、江滩公园景色宜人。展现在人们面前的是一个洁绿亮美的现代化新杨园。

第三次"长大"应该在20世纪90年代，杨园周边的田地大量开发，新的小区不断涌现，并不断并入杨园。如今的杨园有十几个社区，其面积比当初的"洋园"扩大了几十倍。杨园社区发展速度之快，受到当地政府的高度赞扬，20世纪90年代以来，杨园街办事处连续10年被区委、区政府命名为文明街道。1996年以来，连续3次被市委、市政府命名为市级文明街道。

●红色间谍故事

杨园曾经作为张学良的行园，其中掩藏了许多不为人知的秘密。1935年春，在寒风肆虐的傍晚，一曲与寒风极不和谐的圆舞曲，从张学良公馆徐徐传来。公馆里，军官们与一些旗袍华丽的女子正在舞池里跳着华尔兹。一位不速之客走了进来，此人就是"剿总"武昌行营参谋长钱大钧，此刻特意从20里外武昌城内的"剿总"司令部赶到"洋园"。钱大钧不是来参加舞会，而是执行蒋介石电令，监斩"共党间谍"潘文郁。

据《档案春秋》记载，1934年冬，"中共北平地下市委机关遭到驻北平的宪兵三团毁灭性的破坏，20名特科成员遭逮捕。宪兵三团逮捕特科成员贺善培的时候，在北平西城南千章胡同15号他的家里搜出了大量情报材料，其中就有那份核心机密文件。""文件先是到了宪兵三团团长蒋孝先的手上，又火速报到了南京蒋介石那里。这份文件本该在潘文郁负责保管的机要组的文件柜里，却跑到了北京特科成员的手里，潘文郁很可能是'共谍'。"年轻精干的潘文郁曾在张学良行园陪其工作，与张学良关系甚好。然潘文郁被查出是"共谍"，满心愧疚与无奈的张学良，满足了潘文郁最后的要求，让他写了一夜的遗言。第二天黄昏，潘文郁英勇就义，年仅29岁。

●重塑逝去的记忆

从1914年"洋园"的修建，到重新取名的"杨园"，再到现代的"新杨园"，无数的记忆被淹没在历史的尘埃之中。如今屹立在"洋园"旧址上的是高大巍峨的中铁第四勘测设计院集团有限公司大楼，历史上的"洋园"及其附近一带都被改成了居民区。走在杨园街居民区，我曾经遇到过一些年过六十

如今的铁四院

如今的铁四院

的老年人，询问关于“杨园”的历史，他们或摇头不知，或词不达意地反问道：“你要找哪个小区，找哪栋楼”，恍若不知该园的存在，令人哑口无言。面对这种现象，我们应加大对这些消失的历史进行回忆，并重塑当年的辉煌。本文认为，应从如下几个方面着手。

其一，加大对当地文化的认识。经过实地考察，我们发现当地很多老人尚且对本社区的历史不甚了解，更别提年轻人能详知这些了。政府可以利用社区的社会功能，组织相关工作人员进行对本社区历史文化的普及，如做一些不定期的社区历史知识课的宣传，张贴社区历史图片并配上适当的文字。

其二，组织相关的娱乐活动。由于社区居民的空闲时间较多，居委会可以号召居民自行组织一些纪念性的娱乐活动，如纪念“洋园”修建100周年，“潘文郁”牺牲80周年等，以便我们能对历史人物有更加清晰的了解和缅怀，不至于让这些人物彻底消失在时代的风波中。

其三，重建消失的建筑。现代人对于“洋园”的记忆相对较少，如没有实体建筑展现在人们面前，仅仅靠文字和图片的宣传，便难显现它的文化气息，更别说实现当年的辉煌。曾经的“洋园”在历史上扮演了重要的角色，为中国的铁路建设作出了重大贡献。

杨园的前世今生给我们讲述了一个生动的历史故事，作为新时代的武汉人，我们有责任有义务牢记这些历史故事，牢记历史上曾经的奉献者，并一代一代地传承下去。

（汪玉玲）

8 汉口中山公园：承百年历史，载万民记忆

【中山公园大事记】

1910年，中山公园的前身——西园建成。

1927年，汉口市国民政府将西园收归国有并确定建为“汉口第一公园”。

1928年，原汉口市政府倡导建中山公园，李宗仁先生等认可，将汉口第一公园改名为“中山公园”，并于1928年10月12日开工扩建。

1929年10月10日，中山公园正式揭幕对外开放，汉口各界人士及市民5万余人参加开幕大会。

1938年4月9日，郭沫若领导的“三厅”在中山公园举行万人抗日歌咏活动，郭沫若、田汉讲演后，由冼星海、张曙指挥，抗日歌声响彻云霄。

1945年9月18日，在公园受降堂（原张公祠），举行第六战区战区受降仪式。

1950年5月1日，武汉市第一次运动会在中山公园举行。

1951年4月起，中山公园改建、扩建工程动工，全市19万人参加义务劳动，历时2月。于同年7月初步完成，公园面积扩大至600亩左右。

1956年，在公园对面修建中苏友好宫时，亦将公园门楼改为检阅台。每逢武汉重大庆典活动在此检阅和集会。

1986年，公园在后区建设武汉市儿童游乐中心，成为全省最大的儿童游乐场所。

2001年元月，市政府筹资8000万元，完成了拆迁、贯通、亮化、碧水、景点设施、管理服务等六项改造工程，于同年9月26日建成开放。

2008年9月12日，汉口中山公园被列入第二批国家级重点公园。

中山公园大门

棋盘山

1910年，汉口“地皮大王”刘歆生建起一座私人花园，面积三亩多（约2000平方米），因它在汉口双洞门刘歆生的住宅“刘园”以西，故称“西园”。园内除花圃林木外，不过一座小喷水池、一座茶社——它便是汉口中山公园的前身，当时在汉口名噪一时。其后数易其主，1927年国民政府将其收为国有，取名“汉口第一公园”。1929年10月10日经扩建，公园建成正式对公众开放，为纪念孙中山先生而命名“汉口中山公园”，成为百姓难得的消闲去处，素有“汉口名园无几家，植树栽花堪争夸。夏来官署浑天地，百姓纷向吃夜茶”的赞誉。

民国期间的汉口中山公园是重要的城市公共空间，为城市的游憩、体育运动、集会等提供社会活动场所。公园在水灾、沦为日军兵营和园内修筑“国防工事”的磨难中几经损毁，又在不断的修整和重建中在公园规模、景观文化内涵和游憩内容等方面都得到丰富和提升，呈现东西糅杂的造园风格。

新中国成立后，在“人民公园人民建”的思想指导下，公园规模扩大一倍多，并将造园目标转向集体化、大型游园活动的组织，因游客数量猛增而成为“汉口第一公园”。进入21世纪，汉口中山公园在完善公园体系、切实改善人居环境、结合城市山水和人文资源的思想指导下进行了大规模整修，新建大型游乐项目，成为全市性综合公园。

●科学规划，错落分区

从总体格局上看，中山公园早在私园时期园林可分为私家宅园和西园景区两部分。园内造景以假山、水系为主，空间曲折有致，具有中国传统园林意趣。到国民政府时期，由于公园被看作体现民主新政、使社会更加平等的休闲娱乐场所，从而促使私家园林发生根本性的空间结构转变。建筑专家吴国柄受到英国伦敦市郊的如海德公园、圣詹姆士公园以及美国纽约中央公园等大型自然风景园的启发，在园内增设了湖山景区、几何式花园和体育运动区，具有英式园林风格。在新中国前期，公园的总体规模得到大规模扩充，空间格局分为前、中、后三区：前区仍保持解放前基本布局形式不变；中、后区以山水为骨

四顾轩

湖心亭

架，造景风格转向自然式园林。公园中区以湖水环抱出空间较为独立的文化活动场所，并新建园中园“撷翠园”，展出各类观赏植物；后区则分为动物园和大片的草坪林地，为大型游园活动提供场所，表现出综合性公园的空间特征。8090年代直至21世纪，公园的空间结构没有出现大的变化，空间布局基本延续上一时期格局，但是园林造景上主题更加明确，前区为园林景观区、中区为人文纪念区、后区为林荫游乐区，成为具有休闲、娱乐、教育、生态意义的综合性公园。2001年，武汉市政府对公园进行了新的规划、整修，并采取开放式管理模式，免费向公众开放。公园新的规划设计在保持原有设计特色的基础上，通过水系及空间布局的梳理、植被修护、场地铺装、景观雕塑及休闲娱乐小品设计、增添新的游乐设施等手法，从二维与三维向度刷新了公园的整体面貌，使公园既保持着历史文韵的儒雅，又焕发出现代生命的活力。

中山公园所处的解放大道，历来就是汉口的交通要道，随着经济的发展，该路段成为城市中的黄金地段，商厦林立、人车流量巨大，在这块商家必争的弹丸之地上，市民终日面对攒动的人群、嘈杂的噪音、扑面的灰尘、源源不断的废气……公园的介入，使城市中划出了一片绿洲，水体与绿化植被的强大滤化作用使该区域的环境质量有了明显改观。同时公园周边区域又是居民密集区，居民经年累月奔走在喧闹的都市与鳞次栉比的“筒子楼”之间，在家的周围几乎没有一个可以放松情怀、空气清新的自然去处；没有便于孩童嬉戏玩耍的自然空间；没有便于老年人群消遣时光和便于居民真正方便自由、轻松地开展社区活动的场所。中山公园的免费开放，为周边居民营造了一个和谐的生活空间，为游客和市民提供了一个自由开放、环境优美的休闲场所，同时它也成为重要的人流疏散地，成为集艺术、文化和城市管理等综合职能于一体的多功能城市公共活动中心，宏观分析中山公园的场地规划，对促进城市整体自然生态、社会生态的良性循环都具有积极的现实意义。

中山公园从私家花园发展至今，历经数次扩建面貌剧变，但是场地总平面却始终保持着最初的中国古典园林式布局。设计师在新的场地规划中保留了这一布局特征，实现了设计的科学性，又为公园乃至城市文化生态的循环圈完成系统闭合创建了新的链接。

张公亭

公园原本一马平川、形态单一的地貌特征非常不利于实现景观的多样性与丰富性，设计师充分利用既有的形态元素，以中国古典园林堆山、叠石、理水的营造手法丰富场地形态；通过亭、台、榭、轩、岛、桥、山、水、树木自然地将整体空间分割，明确功能区域的划分，在每个区域单位内布置休闲娱乐设施与标志性景点，在山重水复中实现游乐、休憩、社区活动等功能需要；以不同的地面铺装交代交通流线，引导游览路线；绿草茵茵的人工坡地、登高望远的高地与亭台建筑形成远近高低、参差错落的视觉审美效果，使公园成为一个视觉上富于冲击力和变化的立体公园，同时改变观者的视角，扩大了景观欣赏视域。

自1946年扩建以来，中山公园便形成了前、中、后三大区域的基本规划形态，新的规划方案中，以经过梳理的两条水系为节点进一步强调了三大区域的划分。与此相应，园内小石桥、亭榭、湖心岛——中心广场、鸽林、溜冰场、游船、石桥—茶园、啜茗轩、过山车的游览路线，形成慢板—快板—狐步舞曲的美妙组合，轻重缓急，富有节奏感。游人漫步其中，移步换景，感受公园内动静相宜、轻松宁静而又不失欢快活泼的氛围，产生或清幽、或静谧、或平和、或激越的不同体验。在有限的场地中，中国古典园林的空间布局、近代历史遗迹、现代休闲空间与最新物质文明实体和谐共处，各自作为不同时代的文化因素，成为城市历史文脉中的肌理，形成了一个完整的文化生态循环系统，以物的形式推动、见证文化的进化历程。

●记载历史，传承文化

汉口中山公园在建园初期是以纪念孙中山先生为主题的公园，“中山”作为政治象征符号，是国民政府将意识形态向民众传输的一种重要方式，用造园艺术去暗示三民主义精神的内在意义。园区内还建有多处纪念性景观场所，纪念的意义在于使人们的情感通过景观的空间表象建立起关联而获得宣泄和表达，它们不仅是为了公众审美需要而设，更是为了帮助公众通过回顾革命历史、挖掘人内心深处的文化认同感，增强人们之间的文化凝聚力。随着汉口中山公园的发展，纪念性景观还集中展示了武汉近现代历史发展变革中重要的事件和人物。汉口中山公园的纪念性景观主要是通过人物或事件纪念性建筑物、构筑物和园林空间来共同营造。

在建园初期，汉口中山公园内建有总理纪念堂、奉安纪念碑和中山纪念亭，以表现孙中山作为民族民主革命精神领袖的地位。从某种意义上说，总理纪念堂、中山纪念亭与奉安纪念碑一样都具有公共纪念性，建筑的功能意义不大，而更加强调观瞻的严肃性。总理纪念堂由民生茶亭改造而成，规模较小，

孙中山宋庆龄双人铜像（木木懂懂 摄）

堂内筑小台，上置总理遗像并在堂前绕以柱杆。中山纪念亭则建造于假山洞口之上，以山为台、因势求高，使“游人至此无不动其景仰之忱”。在建筑造型上，为表达民主革新精神，纪念景观多采用中西合璧的式样并吸纳我国传统建筑的优秀元素。总理纪念堂的墙面为白色水泥浮雕，屋顶呈穹形以增光线，而中山纪念亭则为六角形并盖以玻璃，造型简洁、朴实，与院内其他中式、西式传统建筑形成对比。这些纪念性建筑在中山公园的多次损毁中湮灭，直至21世纪，公园才重新恢复对以“孙中山”为主题的纪念空间的营造，但营造方式摆脱了早期纪念堂、纪念碑式肃穆的表达方式，转向较为亲民、平和的场所营造，例如，在孙中山先生诞辰143周年纪念日，一座高10米的孙中山与宋庆龄夫妇双人铜像在中山公园圆形广场落成，这是迄今国内唯一一座孙中山夫妇双人塑像，作为中山公园的“镇园之宝”，大气而又不失亲近之感。

园区内在民国时期还设有纪念清末湖广总督张之洞的主题建筑——四顾轩、张公亭和张公祠（后改为受降堂）。由于张之洞在湖北兴洋务、办新学，通过思想和产业变革促进武汉社会空间结构的近代转型，因而吴国柄在设计中

受降堂

采用了罗马式建筑风格，通过中西方传统建筑风格的碰撞来表达西方思想对我国传统文化的冲击。

另一方面，汉口中山公园的初创期正值抗日战争时期，中山公园成为激发市民民族主义精神、纪念民族主义事件的场所。公园的受降纪念碑和受降堂为纪念、展示1945年国民政府在公园内接受日军投降而设。到新中国成立之后，公园的纪念空间营造发生转变，并将历史事件纪念性展示场所进一步发展为给市民提供纪念性活动空间，胜利广场的开辟就是为了满足这一需求。该地块原为民国时期市民体育活动场地，日军驻园时改作屠杀武汉百姓的“慰灵祭场”，成为公园发展史中的耻辱，1951年此地改建为“人民会场”，2001年改建为胜利广场。从运动场到祭场、到会场再到广场的发展历程体现了公园作为社会性场所的历史变革。

●生活舞台，社交天地

汉口中山公园最初是由市政当局兴建而起的，因而官方的意愿会有形或无形地在公园里得到体现，以实现其政治教化和民众教育的意图。

政府利用公园在纪念日召集民众集会，以养成民众的政治情操。“凡当国庆、总理生忌两纪念日，及其他一切扩大宣传周”，市民到公园参加集会，聆听大人物的讲演。静立聆听，演讲之声反射于耳鼓，训诫之词萦绕于脑际，加上以数万人的名义和奏乐的隆重形式，足以让台下的市民对台上的演讲者产生敬畏之情，不经意间认同其宣讲的内容与精神，把对孙中山的敬仰之忱转移到与之一脉相承的国民政府身上。

政府在公园举行公益活动，促进民众养成健康文明的生活方式和公共精神。政府掌握着权力，因而容易举全市之力，开展各种公共活动，以养成市民健康文明的生活习惯。政府将足球义赛赈灾放在公园举行，吸引市民前往观看并慷慨解囊，鼓励市民参与救济事务，养成社会责任感。为在民众中倡导崇尚体育的习惯，政府在公园举行市运动会、溜冰比赛等公共体育竞赛活动。政府还在公园常设一般教育机构，如图书馆、民众补习学校、博物馆，对民众进行日常生活教育，开阔了民众的眼界，启迪了民智。

武汉市民以汉口中山公园这一公共活动空间为社会生活与展示自我的舞台，寻找自身所看重的价值，追求愉悦与满足。

小商贩借公园谋取生计。公园具有群聚功能，“一定时间内人口的大量聚集给公园内外带来了商机”，小贩“在公园门口摆满卖水果、小吃的摊子”。苦力免费进公园以恢复体力。园商租赁公园地基经营，以谋取利润和维持家人生活。年轻男女利用公园恋爱约会、展示自我。他们或漾舟湖上，“划入垂杨深处，任卿卿我我，恋恋依依，细语呢喃，情话绵绵，都不知夜深人静矣”；或“不胜其烦，携手走向灯光暗处，密林丛中，往来徘徊”，乐而忘返。

一般平民百姓到公园休憩、游玩、娱乐、喝茶、聊天、交流感情。汉口中山公园是“武汉三镇人士唯一游憩场所和消夏胜地”。夏日，“中山公园晚风凉，五五三三坐道旁。”作为公园的主要游乐项目的游划，往往供不应求。夏日到中山公园游泳成为市民的又一享受。公园更是孩子们的乐土。公园的游划和体育场，是孩子们最钟爱的地方，公园动物院里的老虎、狐狸等动物也能引起孩子们的兴趣。大人们则相约到公园茶社喝茶聊天。还有些市民进公园仅仅是为了看热闹，开眼界。对于这些市民来说，公园是他们了解这座城市、城里人们和社会的最好窗口，因而他们到公园除了凑热闹、“看竞赛以外，不免在园中兜兜圈子”。

各种社会团体也充分利用公园的公共性开展公益活动。学校在公园进行游泳比赛，免费参观动物园，采集标本，开展童军夏令营。正义力量利用公园开展抗日宣传。抗日战争期间，汉口中山公园成为抗战宣传的强大阵地。1938年4月9日，郭沫若、田汉等人在汉口中山公园召集万人歌咏日活动，由冼星海担任万人大合唱的总指挥，歌声震撼三镇，激发了各界人民抗日救国的战斗热情。

总之，汉口中山公园是近代武汉市民参与社会生活与展示自我价值的空间，一个供人分享、同欢、看和被看的所在。

汉口中山公园历经数载沉浮，几经创伤，却仍然在人民的坚持和保护下走到了今天。从最初的西园，到今天的中山公园，它富含历史的味道，也散发现代的气息。中山公园是无数武汉人心中难忘的记忆所在，见证了一代又一代人的欢歌笑语，每每经过中山公园门口都不禁有一股愉悦欢快之感油然而生。相信在以后的日子里，中山公园也会伴随我们一起，走向更加美好的未来。

（何璐）

9 从琴园到沙湖公园：江风不作波，天宇旷以迴

【沙湖公园（琴园）大事记】

1917年，任桐修建琴园。
1924年，琴园完成修建。
1927–1928年，琴园鼎盛时期。
1928年，军阀的败兵进入琴园内，大批建筑被毁坏。
1931年，琴园被洪水浸淹。
1938年，日军入侵武汉，琴园成为日军兵营，惨遭涂炭。
2009年，武汉园林建筑规划设计院设计二所开始对沙湖公园进行整治与重新设计。
2013年5月，沙湖公园正式对外免费开放。

沙湖公园正门风景

新柳岸边风动，醉入春草湮雨，锁烟听雨；翠意石桥观鱼，吹皱荷叶连连，蝉声清幽；歌笛沙湖泛舟，萧肃平沙雁落，霜叶出尘；渡春桥边弄香，幽染冷梅清树，问春三叠。此玲珑景致在武汉也许只有沙湖公园才可以看到。沙湖位于武汉武昌老城区东北部，东邻中北路，南至小龟山，西抵武昌

沙湖公园（董宏伟 摄）

至大冶的铁路线，北达徐东路，是武汉市仅次于东湖的第二大“城中湖”。伴湖而建的沙湖公园最早是修建于清末的私人园林“琴园”。它陪伴着武汉的发展默默地走过了近百年的岁月。

●琴园与任桐

任桐（1868–1932年），字琴父，浙江永嘉人，清末时期湖北道员。任桐生长于江南水乡，对园林艺术尤为喜爱。“幼时钩游，每与山水为缘”，喜爱名山大川，嗜画山水，“遇一丘一壑必纵览而毕登”。清光绪庚子（1900年），于鄂为官，曾任职于武昌商埠局，与友人筹建盐业公司。在沉浮渡尽的晚年移居沙湖，不闻时事，寄情于山水，自号“沙湖居士”。他曾写文著书抒发自己“在乎山水之间”的闲情逸致，“枕石以听泉声，迎风而寻松籁，鸣琴在天，画图入目，旷然写远，乐以忘忧，此余之志也。”琴父之于沙湖，是极其喜爱的，不仅仅因为沙湖的景色秀美，更是甚觉有缘。任桐将其对沙湖一生的热爱都倾于《沙湖志》一书中，此书乃是第一本专注于沙湖景色的传世佳

沙湖公园

作，记载了任桐对于沙湖怡人景色的由衷赞美和其人的枕石听泉、迎风寻松的忘忧之志。

民国五年（1916年）八月初五，已经不问世事寄居武昌沙湖的任桐，本是到歌笛湖一带视察商埠，这时，北门外忽然跑来一条狗，口衔一个女婴，慌张中吐在任桐的眼前。任桐热爱自然，至善仁德，立即将女婴抱回家中，叮嘱其妻邱氏全心抚养。其妻喜爱有加，给这个孩子取名“我改”，即是任桐次女。此举感召苍天，进而不断赐福，于是任桐时来运转，此后全是坦途。次年春，任桐满怀感念沙湖赐女之恩，在武胜门外五里之遥、黄鹤楼之北、歌笛湖之西的沟口一带购地百亩，大兴土木修筑了“琴园”。那棵发生狗吐女婴的柏树保留在琴园里的“渡春桥”旁边，任桐留作永远的纪念。

中国的私家园林早在魏晋时期就出现，到了唐宋时期趋于成熟，明清时期发展到了顶峰，各种风格样式尽备。私家园林作为一种中国凝固的艺术形式代表着各代的文人绅士的审美情趣。民国时期，仅武昌地区就有私家园林十处之多。任桐认为江南园林过于局狭、北京园林又太过富贵。而武昌沙湖以浩淼之姿拥环山之壮，巧借已有之势则可融人工与天然于一体，加以开发，将此美景分享于人。任桐打造琴园，不但有雄厚的财力支持，而且最重要的是他擅长绘画。他深谙中国画的绘画技法和理论，并将之活用于琴园的建造。

但事实上琴园的建造并没有想象中的顺利。天灾人祸的频发使得琴园修建

沙湖公园夜色

屡屡受挫。建园之初，工人们开始按任桐的设计建一座楼。不巧，任桐有事要去北平。等他在北平处理完事务返回工地，令人无比惊诧的事情发生了：眼前出现的楼阁完全不是他设计的带有中国传统、古色古香的楼，而是一座地地道道有异国风情的西洋楼。原来是负责的工匠自作聪明为赶时髦擅自更改了设计。这座楼显然与全园风格相悖，必须拆除重建。按理说应由工匠负责赔偿，但任桐非常大度，不仅按定价白白支付了4000大洋，还给工匠们发了不少的补贴。1918年冬，任桐派人到各地采购了几百种名花，将这些名花放入刚刚建好的6间花房中过冬。就在放花的当晚，花房突然着了火。6间花房和几百种名花统统被烧得一干二净。这一次损失达6000大洋，比前一座楼的损失还大。任桐却只是淡淡一笑，把被烧的花收集起来，埋到一处，还作了一篇《花冢记》，文中记述他梦见有12个花神穿着华丽的服装到家里来拜谢他，说是若不是他的好意，名花就无葬身之地而任人践踏。随花神来的使者还献上了一根装饰有桃花的藤杖。花神对任桐说，这根藤杖可以帮你延年益寿，万万不可扔掉。任桐梦醒之后，在园内建了一座“十二花神宫”。又过了不久，任桐遭到第三次厄

沙湖公园 银装素裹（杨健 摄）

运。琴园西南区的主体建筑“桃园春晓”在刚刚建成之际突然倒塌。这一次损失又达四五千元。工匠们非常害怕和担忧，任桐反而加以劝慰，并给工匠们加工钱。

任桐始终秉承着“积财不如积德”的家训为人处世，琴园在他的精心构筑下于1924年左右形成规模，1927–1928年达到鼎盛。

琴园初建占地60余亩，坐北朝南。大门有横额，书“琴园”二字，另有任桐自书楹联：

伯牙鼓琴，子期听琴，琴台原不远。得三五知己共此优游，曷让古人谈风月；

简斋随园，荫圃曲园，园圃本无他。有一二林泉可以楼止，莫从异地念湖山。

琴园景色在自然之美与巧夺天工之间相映成趣，在任桐的《沙湖志》中有详细生动的记载。其一，叠山理水，山水相通。琴园内“叠石为山，凿池为沼”。所谓“林木花鸟之佳，清幽潇洒之致，悦目怡情，起然无忧。”湖、峦、谷多种自然风貌借用土石营造而成。其二，突出季相，物种丰富。进园沿河西行是春之所处，天朗气清之时有长堤名曰花柳堤，柳暗花明处见一屋

沙湖公园

名曰桃春晓，燕语莺歌不绝。堤之东西各有一亭一桥，回环曲折。中东部为夏景区域，荷花亭亭可听夏雨，竹林幽幽可纳风吟。北边乃秋景一隅，梧桐深处一偏屋名曰客窗。“一天秋榭”“平沙水榭”多有落雁之声，“霜桥”“香雪亭”犹闻桂花之浓郁。西北部便为冬季景，红梅、白梅冷香浮动，卧雪轩听雪品茶。有亭名曰“问渔亭”，任桐题曰“白云深处”，因“回望山头云影，林树参差，似云里有人家朝夕过此，望云思亲。”四季之景浓缩于一园，情趣相宜。其三，布局自由，形式多样。园中亭台廊阁，水榭池桥，高低错落，造型极富变化，与山石林木皆有交映。其四，诗联盈目，充满文气。任桐精通曲律，雅好书画。园中设琴瑟娱乐处名曰乐乐厅。各建筑物上都悬有任桐自己撰写的对联，评景乐趣，怡情抒志。近代文化名人康有为也为琴园撰有一联：“琴谱茶经，扶轮风雅；园花池月，悟彻禅机”。国民党元老、南京国民政府主席谭延闿署题了“园林春色”四字。谭氏为“民国颜体第一人”“民国四大书法家”之首，黄埔陆军军官学校、中山陵都为他所题。此四字为琴园增色不少。

自琴园建成后，它又经历了三次更大的厄运：第一次在琴园建成不久的

沙湖公园

1928年，军阀的败兵进入园内，毁坏了大批建筑。乐乐厅、留香水阁、香雪亭、卧雪轩、问渔亭等都已不存。第二次在1931年，被洪水浸淹。第三次在1938年日军入侵武汉，琴园成为日军兵营，惨遭涂炭，后彻底湮没。

1932年，任桐病逝于上海。

任桐用其毕生心血建造了近代东湖风景区的第一个公众性游乐景点琴园。并且在打造琴园的同时修筑了琴园路、湖山路等道路，为今天徐东路、环湖路的形成奠定了基础。任桐历时几十年从残碑断碣、陵墓寺观、手抄藏书中搜集沙湖的文化史料，撰写了一部3万余字的反映大沙湖地区山水地貌、历史文化、名胜传说等的山水志书——《沙湖志》，是当今沙湖开发项目的重要指导资料。

90年前，国学大师黄侃游武昌琴园写了一首五言古诗——《偕门人咸宁唐祖培（季申）、黄冈严绂蕙（士采）游武昌琴园》，从其中我们依稀可见盛极一时的琴园原貌：

长夏苦溽蒸，相偕理烟艇。

江风不作波，天宇旷以迥。
何人倚乐郊，占此地一顷。
葺治尚未半，游者不可屏。
爱闲在我曹，触处心已领。
归途迎夕晖，健足夸先骋。
此诗二子和，共约追逋景。

●从琴园走向沙湖公园

任桐在领略过沙湖美景后，将“沙湖”定义了三个不同的概念。一是其《沙湖志》中写道的“小沙湖”，便是后来与东湖断开，今天的武汉人称之为“沙湖”的水域，方圆十余里；二是以东湖、白洋湖、沙湖等连通的水系组成的“沙湖”，方圆三十余里；三是“大沙湖”，即包括东湖、沙湖四周的洪山、九峰、灵泉山、梁子湖在内的山水地貌，方圆二百余里。

现在武汉人所称沙湖位于武汉市武昌东北部，东邻中北路，南至小龟山，西抵武昌至大冶的铁路线，北达徐东路。清末修筑的粤汉铁路穿湖而过，路西为小沙湖，又名内沙湖，现已近乎湮没；路东为大沙湖，又名外沙湖，即现在的沙湖。按武汉市水务局最新公布的测量数据，内沙湖现实有面积0.134平方公里，外沙湖现实有面积3.197平方公里，是武汉市仅次于东湖的第二大“城中湖”。

沙湖又名“歌笛湖”。相传明朝时，明太祖朱元璋的第六子朱桢被封为楚王，居住在自己的藩地也就是现在的武昌地区。楚王甚喜听人吹竹笛。楚王宫便修建在黄鹤楼旁，传说曾有仙人在楼上吹笛，李白还写过“黄鹤楼中吹玉笛”的诗。吹奏竹笛需要在笛孔上贴上笛膜，为了弄到上等的笛膜，楚王便命人在城外的湖边种上芦苇。所以此湖便被称作“歌笛湖”。歌笛湖与长江相通，有人往湖边采沙，人们便改称此湖为沙湖。任桐在其《沙湖志》中浓墨重彩地描写了沙湖之美景。

2004年，武昌积玉桥曾拆出了一个古沙湖船埠头。这个修建于明朝洪武年间距今有六百多年的古船埠石墩上，数道船缆绳勒出的槽痕依稀可见，深浅不一，默默记录着沙湖沧海桑田的历史变迁。当年的沙湖面积近万亩，行船无

沙湖公园

数，是农民依靠的交通工具。晚清时期，张之洞为缓解水患，修建了武丰闸、武泰闸、万年闸等闸坝，湖泊面积有所缩小，但仍达7000余亩。1900年，为了建设粤汉铁路，当地政府将沙湖人为地一分为二，分别为沙湖（又称外沙湖）和内沙湖。到了抗战期间，沿湖居民骤增，围湖造田、造房增多，湖泊面积大幅萎缩，船埠头也逐渐废弃。随着湖泊水面的缩小，水质越来越差，湿地环境遭到了严重破坏，一些珍稀鸟类在湖湿地也越来越少。城市的发展迅猛，城市规划变化繁多，沙湖逐渐沉寂衰暮，淡出人们的视线。

随着人们环境保护意识的提高，武汉政府对于沙湖的治理势在必行。2002年12月，沙湖勘界立桩工作完成88处护湖桩，通过GPS（全球定位系统）明确界桩位置和水域面积；2004年3月23日，武汉“瑞典日”确定将借助瑞典的资金和经验治理沙湖。按照中瑞双方初步确定的方案，持续3年的沙湖治理总投

沙湖公园（董宏伟 摄）

资将达800万美元。当年，武汉市政府还决定：为了逐步改善沙湖水质，促进生态环境保护与建设，实现环境的可持续发展，将定期开展湖泊巡查，禁止填湖现象，对其进行综合治理，将在沙湖西北角水岸线旁建设以沙湖水面为主体的面积近8万平方米的沙湖公园。此外，还将沿整个沙湖周边建一条环湖公路，沙湖环湖公路建成后，不仅可畅通交通，还可“圈护”沙湖不被蚕食。

随后，沙湖公园作为大东湖生态水网工程的一部分，总投资约八亿元，建设占地面积3.67平方公里的大型公园。2013年5月，沙湖公园正式向公众免费开放。整个公园分成历史人文、市民休闲、文化艺术、湿地观赏、运动游乐五个区。

历史人文区，紧邻秦园东路，命名为新琴园，将打造纯古典园林，集中恢复琴园景观；市民休闲区位于楚河汉街东侧、沙湖大桥南岸，建有古典与现代结合的仿古建筑，并恢复“雁山晨钟”的雁山、雁荡之景；区内堆砌起12米高的人造假山，将喧闹的城市隔离开来；其次，文化艺术区为公园主入口，与公正路相连，供市民休闲游乐，类似江滩。广场下方将建设拥有300余个停车位的地下停车场，还包括800多米长的亲水休闲带；再次，湿地观赏区紧邻五九铁路，10余个人工岛屿与道路相连，占地9000多平米，这里将是喜欢垂钓市民的理想场所。该区域还包含一个独立的湖心岛，将吸引各种鸟类，方便市民观赏；另外，运动游乐区靠近长江隧道武昌出口，运动游乐区根据成年青少年及

沙湖公园

儿童分成两个运动游乐区，设置运动游乐设施，建设亲子乐园，搭建小木屋、小花架，供父母与孩子认养、种花种菜，成为名副其实的“开心农场”。

任桐曾在其《沙湖志》中总结了“沙湖十六景”，而新建成的沙湖公园选取了其中的十景，包括石壁龙湫、泉亭松韵、琴堤水月、东山残碣、雁桥秋影、兰岭香风、九峰晨钟、寒溪渔梦、沙湖放棹、鸥岛浴波，通过传统或现代的造景手法，再现任桐所描绘的意境。

● 感受沙湖文化

从琴园到沙湖公园，数百年的风风雨雨，经历过战火纷飞的年代、寒暑洪旱的季节，最终以全新的姿态展现在人们面前，成为江城武汉的一道优美的风景线。漫步在沙湖公园里，打太极的老人们、跳广场舞的阿姨们、溜着轮滑的小孩子们、坐在树荫下相依偎的情侣们……这一切的一切让人如此真实地感受着武汉这座现代城市的魅力与激情；然而，置身于那亭台楼阁、花鸟佳木之中，游人们又仿佛重叠在历史的时光隧道，与百年前的文人雅士同游共赏，听雨赏雪。

走进大门，精心规划的树木花草与娱乐设施吸引着来此处锻炼郊游的人们。往深处走，便可见亭台倒影在湖面，飞鸟栖息在岸边，一派人与自然和谐的景象。桥与水的相遇，亭与柳的邂逅，现代与历史的融合，即便是当年的沙湖居士任桐也无法料到这沙湖畔的变迁与发展。若是任公见此景象，怕是要忍不住挥笔再写就数万言的“新沙湖志”了吧！

歌笛湖、琴园——那些沙湖的传说可能会在一代又一代的武汉人的传唱中渐渐被遗忘，但是沙湖的历史中那些蕴含的文化与精髓总是在我们的生活中不知不觉地延续着。在繁忙的都市生活中放慢脚步，在沙湖畔行走、静思，这种从容、和谐的意境竟能与百年前沙湖居士惊人的相似，也许这便是一方水域、一座城市的记忆与传承。

（张若雨）

10 汉口的微观世界：老圃花园

【老圃花园大事记】

1900年，武汉“地皮大王”刘歆生在汉口修建歆生路。
1914年，胡明洲等人集资修建娱乐性场所爱国花园。
1916年，先后由金维英、沈月来分别在院内修建新泰舞台、汉新舞台。
1917年，张谷樵邀朱双云以及众汉口实业家修建新舞台，后改名为老圃游艺场。
1918年，停园修葺，扩大经营规模。
1929年，《老圃》创刊，日刊。主编朱双云，老圃游戏场主办。
1931年，遭受水灾，无力修缮，最终消失。
1935年，木材商人王松山在旧址修建新圃夜花园，但开业不久也最终停办。

老圃花园

流变：关于名号的一些事儿

古有云：“北则京师，南则佛山，东则苏州，西则汉口”，汉口，这个拥有独特风貌的城市，同时作为长江中游最重要的一个城市，它常常被与上海、成都所并称，也受到了来自大江南北的关注，文人、富商、外来者为这个城市增添了许多别具风情的色彩。

而老圃花园就是这样一个融合了新与旧、民众与精英、市民与异乡人的妙处。这座承载了汉口近代历史的花园同时见证了汉口的兴衰荣盛，因为刘歆生这位修建人的特殊身份，在最初就赋予了其特别的风貌。在这个时期，它是作为露天茶园而存在，但它的具体构造与发展其实并不为人所知，我们只能从文献中搜寻它的身影。据记载，老圃花园东界在江汉路，西界东民巷，北界湖北一路，北接循礼门车站，园内建筑较多，树木甚少。刘歆生打造这个花园，作为笼络权贵、结交势力，彰显实力的一个工具，关于这个时期的老圃花园，已经几乎被化作了尘埃，浮于广袤的天空中，无迹可寻。

在不甚明朗的记忆中，时间走向了微妙的分界点，民国三年（1914年），胡明洲等人在老圃修建起了一座名为爱国花园的新式游乐场所。与老圃不同，此处亭台精致，树木苍翠，奇异动物点缀其中，令人赏心悦目。新时代带给人们的绝不仅仅是新的花园，更是新的思潮和观念，地方精英们试图在爱国花园内修建新式剧场以吸引市民们观赏游玩，同时传播新思想，起开化民智之功用。因此在1916年春，由金维英主持在园内修建了一座中型剧场，命名为新泰舞台，邀聘京剧“坤班”来演出。同年5月，沈月来在园中又建了一座汉新舞台上演“文明戏”（即当时的“新剧”），可惜两者营业均不佳，很难维持。

在这之后，由张谷樵重新规划修建，拟仿上海新世界格局，将爱国花园办成集戏曲、电影、曲艺、杂技等于一园的大型游艺场，打造汉口的新世界。这个设想的确非常新颖也符合当时的潮流，但是如此大规模的建筑计划在实际操作上却有相当的难度，在1917年由新剧名家朱双云先生加盟，邀约汉口商界集资，在园内修建了可容200多观众的大型剧场——西舞台，同时还修葺了均系板木结构的中型剧场为东舞台、南舞台、笑舞台，园内另设茶廊、小吃部、写真馆、小卖部等，招商经营。老圃开张的时候，轰动三镇。歆生路上人来人往，久久不息，圃内笙歌飘扬，座无虚席。1918年，老圃再次停业修葺，扩大经营规模，俨然老汉口一大最时尚最新潮的游览之处。

好景不长，1919年，汉口另一座大型综合性游乐场所新市场（今新民众乐园）落成开张。二者形成相触之势，在竞争获利与非自愿共存的过程中，双方各有所长，一时形成了新风潮的良性推广，也成了老汉口不可多得的美丽风景。

可惜的是，1931年的武汉大水灾却让老圃遭受了灭顶之灾。老圃所在之地地势低洼，在洪水中浸泡日久，坍塌甚多，毁损不堪。水退以后，老圃一片废墟。后因股东们无力增资重建，汉口文娱史上最早的大型娱乐城，终是消失

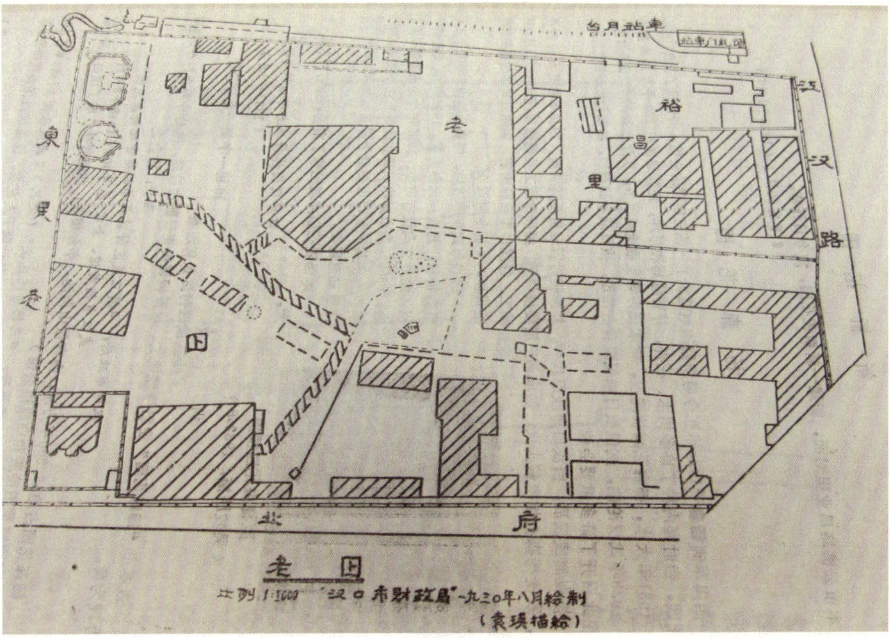

1930年绘制的老圃花园平面图

在了历史的版图中，空留曾经不绝于耳的咿咿呀呀的梨园之声，似乎还回荡在那依旧澄澈的天空中。

老圃，这个被虚无抹杀的地方，曾经矗立在这个拥有中国近代诸多记忆的城市，向我们诉说着许多许多的故事，奈何听者有限，无数动人的篇章终究沉寂于历史之中。让我们回到历史，再一次找到那些或者哀怨，或者美丽，或者欢喜的记忆。

● 茶园：喧哗而珍贵的记忆

关于茶园，实际上是对于早期用于演出的小剧场的称呼，既不是茶馆，也不是戏园，我们姑且将老圃里这个关于茶与戏的场所称呼为茶园。

说到茶和茶馆，它永远是一个城市中最微小但却最微妙的物品和地点。茶馆，自古有之，可是随着社会的全面变革，这个承载了普通市民最多娱乐生活和公众生活的好去处，自然而然发生了许许多多的变化。例如老圃花园在最初，就是一处集合了饮茶与游园多重休闲娱乐的好去处，有记载，每到夏天的夜晚，这里就改为夜花园，入园游览者，须得交纳百二十文入园费。老圃在这个时候就是一种季节性的露天茶园，开设在花园的平台上，主要供客人夏季消暑，为客人提供价格相对高昂的茶水，客人们在其中饮茶观景两不误，因而这种经营方式收到了大众的喜爱。每当夜幕降临，宾客云集，品茶纳凉，聊天吹牛好不快活。在此处，有钱的人们可以花个几块钱叫局票来陪伴或者取乐，这样的风景似乎已经司空见惯，不足为奇了。

再看茶园的形成，新时期的茶文化与伴生的诸如社交等许多功能许，也逐渐不再那么受到人们的关注。老圃作为茶园的原本功能已经渐渐被人遗忘在脑后，新式的“戏”逐渐取代了早已不再新鲜的“茶”。出入此处的人也由有钱的“有闲阶级”扩大到整个城市的居民。要知道，老圃游艺场开张之时，去那里听戏、看杂耍、娱乐游园也是一件非常热闹的事情，而渐渐的，去到这个充满乐趣的地方娱乐也成为人们的日常。

在老圃游艺场里，主剧场西舞台主要由郑正秋领衔的新民社上演新剧，演出的《空谷兰》《张汉祥刺马》《祸水》等剧， 备受欢迎。这样的氛围里有一个不能忽视的因素和一个不得不提及的人。说到氛围，适时整个汉口的风气是一种积极而且娱乐的，人们乐意参与拥有乐趣的戏剧中——尽管这是一些比较新鲜的东西，那为何这些新鲜事会被人们如此轻易而愉快地接受了呢？这就要感谢为人们打造了娱乐环境的朱双云。作为清末民初新剧倡导人，中国话剧创始人之一，他将新剧引入了老圃，带给民众的不仅仅有更丰富多彩的舞台，更多的是一种对新事物的认可和向往，同时推动了老圃的良性发展。普通民众对于新鲜事物是有着相当大的兴趣和好奇，那么通过优秀的新剧和新鲜的形式样式，引导他们对于“新”产生正确的认识，挖掘他们心中对于美的发现和认可，这的确是一种很成功的导向。因此才有了受到众人追捧的老圃。

南舞台由京剧坤班石家班演出， 其主要演员有石素英、石素蓉、石素华和石素莲等人，她们每天清晨还在南舞台中训练学员练功， 可算是一个不为人知的小小科班。坤班在戏曲系统中是个很有意义的形式，按其惯例，不分行当，生、旦、净、丑各行角色，都由女演员扮演。坤班还有个通俗的称法：“髦儿戏班”，她们的故事很多。而武汉的髦儿戏班是全国最完整的、存在时间最长的，后来上海的坤伶专班都退出舞台了，武汉还有一个叫银都的髦儿戏班存活着，在全国仅此一家。这之中，孟小冬曾经在汉口连唱三个月，红得发紫；花脸云中雷，真的是声震如雷，传说她在老圃唱戏，四官殿都听得见。坤

老圃花园在报纸上登的广告

班的演员们虽然没有出过很大的角儿，但是技艺扮派，样样不输，而且有亲和力，不摆谱，很受戏迷、玩家和达贵们追捧，票房和影响力一度有超越男班的趋势。笑舞台则是杂技、曲艺演出的阵地。天津市民间艺人骆彩武来此表演戏法时，将幼女小彩舞（即骆玉笙）携来上演京韵大鼓。在此献艺的艺人还有演出双簧的高鑫泉、相声的戴质斋等。

关于骆玉笙这位拥有传奇人生的曲艺大师，她的童年神奇地与老圃联系在了一起。据其本人回忆，在她6岁的时候（1920年）跟随养父骆彩武来到汉口，“汉口夏季闷热……不到夜里三四点钟就别想睡觉……每逢这个季节，老圃花园和民众乐园就有夜戏可看，从夜里十二点一直演到第二天早晨才散。”而养父骆彩武则和姚文斌搭上北方曲艺班子开始在老圃花园演出。据骆玉笙自述，“汉口时期，我们在当时的新市场（民众乐园）和老圃花园演出……这时我才开始在后台、在侧台接触到正式的曲艺演出。”“京津一带的名艺人，先后到汉口搭班的可真不少，这也是我接触曲艺，熟悉曲艺，学习曲艺的开始。”骆玉笙7岁的时候，在汉口跟养父骆彩武学唱京戏，经常随同养父一起去老圃花园和民众乐园演出或出堂会，清唱二黄，同时也经常在老圃花园和民众乐园看各种戏曲和曲艺演出。1922年，也就是骆玉笙8岁的时候，正好京剧大角，人称“冬皇”的孟小冬在汉口演出，尽管当时的骆玉笙自己也已经是在汉口名声大噪的传奇小神童，心里却还是对孟小冬充满了崇拜与羡慕。

可是世界和人生的奇妙之处就在于你永远无法想象以后会发生什么。1923年，孟小冬来到汉口，应邀演出新编历史剧《宣统招亲》，但是有那么一个小但却非常重要的角色，始终没有觅得合适的人选，直到开戏的前几天这个人选仍然没有确定下来，烦闷之际，孟小冬在汉口街头信步闲逛，无意中她来到了老圃花园附近，看到了墙上耷拉着的一张海报："四岁小怪物清唱二黄"。带着怀疑和期待她找到了这位小主人公——当时9岁的骆玉笙。接下来，骆玉笙用《空城计》中诸葛亮的一段唱词完全征服了孟小冬，让她没有任何犹豫地就拍板定下了这个天才般的小女孩。事实证明，这部《宣统招亲》获得了空前的成功，在汉口演出了100多场。这段奇妙的缘分让我们不得不感叹境遇和时间的神奇。

与戏剧、曲艺等并进的还有影戏场，这个时候放映过上海联华电影公司出品的默片《牛郎与织女》《游园记》、美国影片《飞车大盗》等。随后也放映过用大唱片发音的《歌女红牡丹》，都受到了大众的热烈欢迎。

在1919年5月，汉口另一座大型综合性游乐场所新市场（即新民众乐园）落成开张。场内主剧场大舞台邀请了由顾无为、王无恐领衔的醒民社上演新剧。新市场为了与老圃西舞台竞争， 一开始便将一笔资金投到机关布景的制作上， 彼此对擂， 一段时间内， 堪称平手， 倒是在武汉三镇掀起了新剧高潮。

老圃西舞台感受到了严重的危机感，遂从北平邀来芙蓉草（ 赵桐珊）、盖天红、周五宝等京剧名家到西舞台上演。谁料新市场大舞台也从上海聘来江南名伶陈筱穆、良艳芳、张月亭等来上演。

老圃西舞台仗着芙蓉草主演的《红蝴蝶》、全本《十三妹》等剧， 卖座很盛。新市场大舞台则由陈筱穆推出连台本戏《狸猫换太子》， 以广招徕。老圃西舞台立刻由盖天红主演连台本戏《薛刚反唐》以应对。从营业上看，老圃总是显得略占上风。

● 荣枯：向往而不得的瞬间

在老圃存在的不太长的时间里，我们总看到的是关于它娱乐的一面，殊不知在那个混乱而又激荡的年代，又怎么可能有纯粹的娱乐。我们总归是生活在尘世之中，而不是舞台之上，戏曲之中。

民国八年（1919年）11月16日，福州惨案（闽案）发生，在全国范围内掀起了一阵反日斗争高潮，学生和各界群众与商会等团体联络，于16日下午2时，在爱国花园召开10万余各界人士参加的国民大会，恽代英等发表了沉痛的演讲声讨了日本帝国主义的暴行。

民国十二年（1923年）3月10日，北京政府照会日本，声明取消“二十一条”，并要求收回旅顺、大连两个租借地。日本政府却拒绝接受中国政府的交涉，这立即激起全中国人民的义愤。4月21日，董必武和陈潭秋等人组织领导了武汉三镇各界人民团体、学校等百余个单位共计5万余人，举行示威游行，分赴汉口歆生路老圃花园集合开国民大会，同北京、上海、南京等地人民的反帝爱国活动相呼应。会上，代表们的激昂慷慨的演说、会后举行空前的反日大示威，对于动员湖北人民进一步开展反帝反军阀斗争有极大的影响。

民国十五年（1926年）5月，中共武汉地方执行委员会为纪念“五卅”运动，动员武汉各学校停课3天，组织宣传队，进行群众宣传。5月30日，汉口9所学校师生、罢工工人和其他民众4000余人在老圃后坪（现水塔街道辖区）集会，提出“恢复五卅运动精神”等口号，号召援助罢工工人，反对英帝国主义。是年11月，武汉学联等团体分别在汉口老圃等地举行“汉案”（即汉口“六一”惨案）周年纪念活动，与会者共6000余人。

以上仅是有关于老圃的斗争案例，我们已经离那个动乱的年代相去甚远，总是难以想象，那些年轻的面孔是怎样高呼着口号，完完全全奉献了自己。

草木荣枯，时光碾碎了那些荣光的岁月，可是直到现在我们还在追忆那些已然逝去的荣耀。尽管我们能抓住的只是一个个散落零碎的片段，一个个转目即逝的瞬间，甚至是只存在于文字和图像中的那些记忆，尽管当初的那些人都已经永远逝去，不管是朱双云、骆玉笙抑或是恽代英、董必武，但是他们为我们留下的是一份独特而珍贵的财富。我们向往却不能循环，因此要用自己的风度创造自己的骄傲，这才是老圃给我们的启示。

文行至此，关于老圃花园或者说盛极一时的老圃游艺场，终只能感叹，如此盛况，却最终湮灭得悄无声息，别样风貌，却淡忘于繁华的世界中，种种激烈，总归在碾压中定格为无法寻回的万千尘埃。有诗赞曰:

歆生路上娱乐城，
轻歌曼舞满园春。
波摧浪打顷刻消，
如今犹存老圃名。

站在今天的老圃旧址，这里依然是整个大都市最为繁华而喧嚣的地方，或许老圃留给我们的也不只是一段段荡气回肠的回忆，一些只言片语的和谐，和一份向往曾经的情怀。看着周身的纷纷人流，感受着城市喧闹的生气，我们似乎能在心中勾绘出那个激情时代的图景，好像又听到那些嘈杂而和谐的声音，还有各种荡气回肠的故事——不管真假，是在戏台之上，还是在真实上演，是为了生计也好，青春喧哗也罢，这样的故事仍在我们的身边发生，我们并不曾忘却。

武汉，这个新的城市一直未曾遗忘自身，也就让我们带着关于老汉口，关于老圃的那些记忆并肩前行吧！

（陈筱雯）

11 黄鹤楼公园：占尽天下好江山

[黄鹤楼大事记]

三国吴黄武二年（公元223年），黄鹤楼始建。

南朝梁朝（公元502–557年）史学家萧子显《南齐书》记载了黄鹤楼传说。

唐朝，诗人崔颢（？–754）的《黄鹤楼》问世。

1927年春，毛泽东写下了《菩萨蛮·黄鹤楼》。

1981年10月，黄鹤楼重修工程破土开工，1985年6月落成。

2011年，“黄鹤楼传说”被评为国家级非物质文化遗产名录。

黄鹤楼全貌

● “昔人已乘黄鹤去，此地空余黄鹤楼”

在秀山起伏、湖波荡漾的美丽江城武昌有一座如仙如画的千年古楼，它就是高居蛇山之巅的黄鹤楼。千百年来，白云环绕其上，滚滚长江从它的脚下流去。黄鹤楼与岳阳楼、滕王阁并称江南三大名楼。唐代诗人崔颢“昔人已乘黄鹤去，此地空余黄鹤楼” 和李白“故人西辞黄鹤楼，烟花三月下扬州”的诗句，让黄鹤楼声名远播。自盛唐以来吸引着历代文豪名士登楼吟诵，如：崔

奥略楼

颢、李白、宋之问、孟浩然、王昌龄、王维、白居易、刘禹锡、贾岛、杜牧、苏轼、黄庭坚、陆游、范成大、戴复古、王十朋、岳飞、辛弃疾、姜夔、方孝儒、王阳明、王世贞、张居正、袁宏道、洪亮吉、毕沅、姚鼐、赵翼、沈德潜、黄遵宪等。这些满腹经纶的文坛大家们，登楼后才情激荡、兴致勃发，留下了众多咏颂黄鹤楼的瑰丽诗文。历代来自各地的文化名人和所作诗文丰厚着黄鹤楼的文化积淀。悠久的历史、丰厚的文化积淀和独特的文化内涵为黄鹤楼赢得了“天下江山第一楼”的美誉。 但是，在历史上黄鹤楼却命运多舛，历代屡毁屡建。仅明清两代就被毁7次，重建和维修了10次，因而有“国运昌则楼运盛”的说法。

黄鹤楼不见江南烟雨楼台的纤巧，可尽显灵秀飞动；不似北方殿宇的高大威严，却通体雄伟。这是一座记事千年风云际变的楼阁，游者在与黄鹤楼的心神感悟之中仿佛时光倒流，从现时代回到了群雄争霸的三国时期，穿越了中华文明的多个时段。

放眼亘古四海，一座楼阁，历经千年的雨雪风霜、电火雷鸣和兵荒马乱而

清代同治年间的黄鹤楼

屡毁屡建不能不说是一种人间奇迹。千百年来人们寄予黄鹤楼的情感愈来愈深厚，形成了一种难以言表的文化情结。那么，究竟是一种什么神奇的力量让黄鹤楼有如此穿透时空的生命力呢，是如诗如画的迷人景致、超越世俗凡尘的动人传说还是居山临江的险要位置？早在南朝，祖冲之、任昉和萧子显等就用跨鹤成仙的传说解读黄鹤楼。自盛唐始，无数名人大家用诗文表达对黄鹤楼的感悟。特别是崔颢的《黄鹤楼》让斗酒诗百篇的诗仙李白都不敢下笔。不过，“江山代有人才出，各领风骚数百年”，李白以后有很多人“斗胆”题诗黄鹤楼，这也正是黄鹤楼文化的魅力所在。

● 黄鹤楼的由来

黄鹤楼的修筑源于夏口城“得之则存，失之则亡”的战略位置。夏口城位于长江和汉水交汇之处，倚山控水，自古以来便是咽喉要冲之地，具有重要的战略价值，被称为“自古必争形胜地”。每逢群雄逐鹿、烽烟四起的时期，这

黄鹤楼与编钟表演

里就成为各种势力争夺的焦点。东汉末年，天下大乱，各路诸侯你征我伐，为了实现一统华夏的雄伟抱负，纷纷抢占战略要地。赤壁大战后，统一了北方的曹操、占据东吴富庶之地的孙权和控制天府之国的刘备各自占据了湖北的一部分。

赤壁之战后，孙权把鄂县（今天的鄂州市）改名为武昌，作为国都和陪都，先后达45年之久，与国都建邺（今天的南京）并称“东都”和“西都”。“武昌”寓意吴国凭借强大的武力统一天下，让天下太平昌盛。今天的武昌在汉代叫做沙羡。汉高帝刘邦在他称帝后的第六年（前201年）在这里设置了沙羡县，县城就设在今天的武昌金口一带，隶属于当时的江夏郡。

处于战略要冲位置的沙羡成为各自争夺的战略要地。为了控制这个战略要地，孙权便在江夏山的近江处修筑城防。江夏山也称黄鹄山，就是今天的蛇山。城防方圆达二三里之广，城的对面是夏水入江口，名夏口城。夏水就是今天的汉江，古代把沔阳（今仙桃）以下的汉江称为夏水。二十四史之一的《三国志》记载了孙权修筑夏口城的史实。《吴书·吴主权传》载：“（吴黄武）二年春正月……城江夏山。”黄武是吴主孙权称帝后采用的第一个年号，从公元222–229年，沿用了八年。吴黄武二年就是公元223年。

夏口自古就是兵家必争的形胜要地，是水陆交通的咽喉要道。古代的交通以水陆为主，夏口位于长江和汉水的交汇之处，所以无论是来自南北还是东西，都必须由此经过。在以马和船为交通工具的冷兵器时代，控制了夏口也就控制了战争的制高点。夏口的地势险要，易守难攻。上据险要的高山，下临激流的大江，居高临下，来敌只能乘船到山脚下，要想攻克山上的城池实非易事。所以孙权称帝后首要的大事就是修筑夏口城。

秦汉时期，修筑城池形成了在城角的城墙上建角楼的惯制，用于登高远望，瞭望敌情。依照这种筑城惯制，孙权修筑夏口城时，在城西南角的黄鹄矶

夕阳下的黄鹤楼

上修建了一座角楼，命名为黄鹤楼。黄鹄矶是长江边上突出的岩石，位于黄鹄山上。黄鹄矶是夏口城的最为险要之处，其上的黄鹤楼就具有重要的军事地位。如果从始建的年代，吴黄武二年（公元223年）算起，黄鹤楼距今已有1780多年的历史了。黄鹤楼建在尤为险要的黄鹄矶上，是一座用于军事瞭望和指挥作战的军事角楼。可见，黄鹤楼是三国时期吴与魏蜀争霸天下的产物。

● 黄鹤楼的气象

独特的地理环境，生动的民间传说，精美的诗、词、文、联，使黄鹤楼成为千古名楼，而传说是这座历史名楼的灵魂，是黄鹤楼赖以生存和发展的根基。这些美好的传说与诗文，通过南来北往游人的口耳相传，通过文献书籍的传抄传阅，使黄鹤楼享有“人间仙境”之美称，并具有“仙气”之气象。

人们认为黄鹤楼有“五气”，这五气与黄鹤楼的文化价值融为一体，相互辉映。

第一，是地气。黄鹤楼的地理位置非常独特，它处在长江与汉水的交汇点上。人们可以从黄鹤楼上看到两江交汇、泾渭分明的奇观，这在世界上各大城市中，是非常稀见的自然景观。黄鹤楼东接洞庭，西连匡庐，北望中原，南临潇湘。当年的湖广总督张之洞在这里写过一副对联：“昔贤整顿乾坤，缔造多从江汉起；今日交通文轨，登临不觉亚欧遥”。意思是说：登高才能望远，有好眼光才能办大事。

第二，是仙气。黄鹤楼建立时正逢三国群雄割据，战争连年，老百姓苦不堪言，道教开始盛行。中国最有名的道教理论家和炼丹术家葛洪，就曾在黄鹤楼周边炼丹、传教、给人治病。黄鹤楼临江高耸，离天最近，是道教教徒心目中最理想的修炼之处，也是传说中的道教神仙们来往天地的休憩之地。黄鹤楼下江中的沙洲是天鹅的故乡，天鹅被幻化为仙风道骨的黄鹤，它供仙人们乘驾。于是，黄鹤楼从诞生不久开始，就被蒙上了厚厚一层仙气。一个又一个的神仙故事产生了。

第三，黄鹤楼具有文气。黄鹤楼地处“惟楚有材”的三楚腹地，在它还没有修造的几百年前，屈原曾在附近的江边行吟。黄鹤楼周边的道教文化、佛教文化、水文化、桥梁文化、码头文化、饮食文化、军事文化、三国文化、辛亥

蛇山与黄鹤楼

文化、抗战文化等等，都各具特色，十分丰富。有关黄鹤楼的传说、故事、诗文、绘画、戏曲、曲艺、音乐作品比比皆是，从古至今，生生不息。

第四，黄鹤楼具有名气。大家知道，五千年的中国文明史被浓缩成“二十四史”。这二十四史中，有五史记载了黄鹤楼。没有哪一座楼阁有这种殊荣。1700多年来，历代众多名人与黄鹤楼颇有因缘。孙权、王羲之、崔颢、李白、王维、苏东坡、黄庭坚、岳飞、辛弃疾、朱元璋、李时珍、张献忠、张之洞、康有为、严复等等，举不胜举。近现代革命先贤孙中山、陈独秀、瞿秋白、恽代英等都光临过黄鹤楼遗址。毛泽东更是与黄鹤楼有不解之缘，他曾17次在黄鹤楼下的长江搏击风浪，极目楚天，还用“白云黄鹤”四字来代称武汉。

第五，黄鹤楼具有福气。黄鹤楼主体像一只金黄的鹤，金黄是色中最为尊贵的色泽。楼下是蛇山，对面是龟山。这样，中国古代生物观中最有灵气、最为吉祥长寿的三种文化生灵，自然地、绝佳地搭配组合在一起。许多游客慕名而来祈福。

● 黄鹤楼的建筑风格

黄鹤楼的形制自创建以来，各朝皆不相同，但都显得高古雄浑，极富个性。与岳阳楼、滕王阁相比，黄鹤楼的平面设计为四边套八边形，谓之“四面八方”。这些数字透露出古建筑文化中数目的象征和伦理表意功能。从楼的纵向看各层排檐与楼名直接有关，形如黄鹤，展翅欲飞。整座楼的雄浑之中又不失精巧，富于变化的韵味和美感。

唐代的黄鹤楼，由于年代久远，缺乏详细的文字记载，后人只能根据阎伯理的《黄鹤楼记》临摹出建筑的形制特征。唐朝时期黄鹤楼的位置同三国时一样，位于鄂州城也就是现在武昌的西南角。据山临江、巍峨高耸、直插云霄，同周围低矮简单的建筑相比，位于黄鹄山上的黄鹤楼高入天穹。当时的楼楼高两层，飞檐翼角，四面的门十分宽敞，登楼望远可一览全城景致。根据王维等大诗人的描述，我们知道了当时的黄鹤楼四面均有门扇朱栏，这显然是从一座军事瞭望楼逐步演变成游览胜地，并经过多次装点与修饰，才达到这样富丽壮美。唐楼毁于何年，目前尚无史料可考。但正是这座楼，不仅留下了“故人西辞黄鹤楼”“烟波江上使人愁”等千古名句，更是深深地印上了李白、王维、

长江大桥与黄鹤楼

白居易等文坛巨子的足迹。

宋代黄鹤楼重建于建中靖国年间，约在1101－1125年之间。当时有一个重大突破即宋“界画”的问世。“界画”是一种用直尺画的工笔画，也可以说是一张二维平面设计图，尺寸比例是非常规范的，当今的建筑设计师拿着这张“界画”就可以制作出实物来，而且这幅画卷让人们从平面的角度就可以观赏到当年黄鹤楼雄伟壮观的规模。这座宋楼模型基本上是根据这张“界画”制作出来的。

大家可以看到，宋楼主要是由楼、台、轩、廊组合而成的一个庭院式的建筑群体，加强了突出主体建筑的空间结合，强调了纵轴方向的陪衬，充分利用地形和空间来陪衬主体的建筑形式。它雄踞于城墙高台之上，与唐楼相比已经完全从城墙的一角分离出来了，形成了一个独立的建筑景观，且有附楼环绕，能容纳更多的游人。

明代黄鹤楼命运多舛，前后毁、建达七次之多。明楼最早建于朱元璋时期，最后毁于崇祯年间，总趋势是越建越高，越修越大。从明代的黄鹤楼建筑中，我们可以真切地感受到集南北文化精髓的建筑风格，虽不及唐、宋楼的舒

白云阁（湖边人家 摄）

黄鹤楼西门

展开朗，但建筑群的布置更为成熟，装修得更加富丽堂皇。既不失北方园林的雄浑壮观，又显现出江南园林的秀美。

清代的武昌是湖北省省会，黄鹤楼作为闻名遐迩的传统名胜，在顺治初年便得到重建。这时的黄鹤楼，不仅是游览胜地，还在人们心中起到太平盛世的精神作用。据称，乾隆皇帝还亲笔为黄鹤楼题写过“江汉仙踪”的匾额，足以说明黄鹤楼在当时的影响力及地位。遗憾的是这座建于1868年的楼阁在1884年的一场民房失火中化为灰烬，仅存世15年。自那以后，清朝国势已走向了衰弱，内忧外患的它再也无力修建黄鹤楼。清同治楼是我国封建历史上的最后一座楼阁。

1955年，为修建武汉长江大桥，对蛇山上的一些名胜古迹进行了搬迁、拆毁，确定奥略楼拆毁后不予重建。从那以后，奥略楼消失了。但由于100多年来它一直矗立在黄鹤楼故址上，武汉人早已经把它当作心目中的黄鹤楼来登了。因此这座楼拆掉后，老百姓呼声很大，希望重建黄鹤楼。1957年9月6

西爽亭秋色

日，毛泽东视察即将通车的长江大桥时，问陪同一旁的湖北省委第一书记王任重："黄鹤楼呢？"王任重告诉他："黄鹤楼因修大桥拆了，现在正计划重修。""应当修，应当修！这是历史名胜啦！"这是历史借助这位伟人的口发出了重建黄鹤楼的呼声。随后铁道部拨款80万元给武汉市政府，作为重建黄鹤楼的经费。但由于种种原因，解放后的第一次筹划不了了之，直到1975年，重建黄鹤楼工程又被提上议事日程。1978年5月，中共湖北省委在听取了有关部门的工作汇报后，明确指出："要把古代黄鹤楼建筑上的优点都吸收过来，结合现代建筑艺术和建筑材料，创建一个优于古代的新黄鹤楼。"新楼由原址黄鹄矶头迁移至蛇山西端高观坡上，由三层木结构改为五层重檐钢筋混凝土结构。以清同治楼为蓝本，但更高大雄伟。1981年开始破土动工，1984年落成，1985年6月10日正式对外开放。至此，一座用现代材料建成的黄鹤楼又重新矗立于长江之滨。这座新楼距离上一座楼阁被毁正好是100年。

● 人间仙境的黄鹤楼公园

现在的黄鹤楼公园占地600多亩，西起司门口，东止大东门，因山就势，错落有致，这座山就是蛇山，也就是古人谓之的黄鹄山，海拔只有85米，绵延却有近2000米。“山不在高有仙则灵”，而黄鹤楼和蛇山相传正是吕洞宾等神仙得道升天的圣地。蛇山形如伏蛇，头临大江，尾隐闹市，与汉阳龟山隔江相望，扼守长江。在中国，蛇是龙的化身，而蛇山这条小龙最重要的七寸位置在哪儿呢？就是黄鹤楼。

目前，黄鹤楼公园分东西南北和首义五个区：以黄鹤楼为核心的名胜区（西区）；集诗、词、碑、雕于一体的文化区（南区）；百松千梅万杜鹃的植物区（北区）；屯兵黄鹤楼近8年之久的南宋抗金名将岳飞景区（东区）；以首义文化为内容的景区（首义景区）。相继建成了白云阁、李白搁笔亭、崔颢题诗图、九九归鹤图、落梅轩、岳飞铜雕等大型景点70多座，成为由亭、台、楼、阁、榭、廊、坊和人文、自然景观组成的具有江南园林风格的名胜区。公园已逐步建设发展成为集观光、购物、休憩、文化、餐饮活动于一体的全方位服务格局。

重建开放30年来，黄鹤楼先后接待党和国家领导人、外国元首和政府首脑近80位，90多个国家和地区的中外游客约6000万人次，黄鹤楼已成为武汉市对外开放的重要“窗口”和旅游业发展的“龙头”。黄鹤楼公园先后荣获了“中国旅游胜地四十佳”、建设部“精神文明建设先进集体”，连续三届荣获省级“文明单位”称号，并多次荣获“市级文明单位”“新风杯双十佳单位”和全国旅游系统“先进集体”等光荣称号。2000年黄鹤楼成为国内首家通过ISO14001国际环境标准认证的旅游景区，2001年被评为首批国家最高级4A级旅游景点，2003年，被评为2001—2002年度湖北省“最佳文明单位”。2006年又率先在全国评为5A级景区。公园已成为传播中华民族文化和精神文明的桥梁，成为连接世界各国人民友谊的纽带。

“以文兴园”，不断挖掘黄鹤楼历史文化遗产，丰富和发展当代黄鹤楼文化，是黄鹤楼文化建设的方针。30年来，黄鹤楼公园管理处出版了黄鹤楼系列文化丛书如《黄鹤楼诗词赏析》《黄鹤楼纵横谈》《黄鹤楼楹联选》《黄鹤楼古今名家书法选》《黄鹤楼碑廊诗注》《黄鹤楼志》等十余种图书；收藏了近

鹅池（董宏伟 摄）

百位当代书法家、画家、金石家、作家、诗人的作品，其中有李可染、李苦禅、沙孟海等书画界权威人士的笔墨真迹。这些文化财富既为黄鹤楼增添了文化气息，又丰富了文化底蕴，使黄鹤楼这颗中华民族文化宝库中的“明珠”更加绚丽夺目。中央政治局原常委李瑞环来黄鹤楼视察时，赞扬黄鹤楼“三味”（文化味、古味、湖北味浓厚）、“三棒”（楼棒、字棒、画棒）。

黄鹤楼作为武汉市“综合文化艺术广场”，注重文化氛围，每年都要举办多次大型文化活动，如“五一广场音乐会”“千年鹤归文化艺术展示活动”“中秋赏月晚会”等，吸纳社会各界人士广泛参与，为市民提供精神食粮，形成良好的社会效益。

黄鹤楼是古典与现代熔铸、诗化与美意构筑的精品。她处在山川灵气动荡吐纳的交点，正好反映了中华民族喜好登高的民风民俗、亲近自然的空间意识、崇尚宇宙的哲学观念。登黄鹤楼，不仅仅获得愉快，更能使心灵与宇宙意象互渗互融，从而使心灵净化。这大约就是黄鹤楼美的魅力经风雨而不衰，与日月共长存原因之所在。

（姚伟钧）

12 首义公园：首义之城的历史名片

【首义公园大事记】

1921年，由首义志士夏道南等人倡议，1923年开始筹建。
1932年，湖北省政府将蛇山全部辟为武昌公园，取消首义公园。
1935年，武昌公园又改称首义公园，抗日战争时改称蛇山公园。
1938年，武汉沦陷后，公园一度荒芜。
1946年6月，经湖北省参议会提议，将蛇山公园再度改称首义公园，沿用至今。
1958年冬，下放至武昌区园林部门管辖。
1981年，为纪念辛亥首义70周年，修建“辛亥革命武昌首义纪念碑”。
1993年，首义公园内进行了一系列纪念性建设，其核心是公园中心广场。
2011年，辛亥革命武昌起义纪念馆被国家旅游局评定为4A级旅游景区。

首义公园大门

100多年前，1911年10月10日的武昌首义，标志着辛亥革命的全面爆发，结束了2000多年的封建帝制，是中华民族近现代历程中一个划时代的里程碑。为了纪念这个伟大的事件、缅怀伟大事件中前赴后继的英烈，1924年在打响首义第一枪的武昌建成“首义公园”。这是武汉，也是湖北最早的由国人自建的公园，也是第一座免费的公共园林，其独特性使它成为研究中国近现代园林史的一个重要范例。

● 首义公园兴废始末

首义公园以位于武昌蛇山西南的乃园为基础拓展而成，乃园原为清代臬署的后花园，史称“臬署园”，辖地约三四十亩（约2万平方米–2.7万平方米）融汇了中国传统造园的步移景异、巧于因借、诗情画意等手法，又结合武昌城内外的自然山水，营造了高远、恢弘、风雅的园林意境，是武汉传统私家园林的代表。

早在上世纪20年代初，纪念富有历史意义的辛亥革命武昌首义，并兼顾首义时伤残军人的生活，由首义志士夏道南等人于1921年倡议建立首义公园。园址坐落在武昌蛇山西端南麓，东起文庙（今武汉市第十中学），西至臬水巷，北抵陈友谅墓，南止大成路、乃园遗址附近。1923年开始筹备，筹备处设在都司巷，公推夏道南为首义公园事务主任，后为经理。1924年修复陈友谅墓，并在墓前竖起“三楚雄园”牌坊，墓旁建双亭，墓东建“中山纪念堂”，在大成路文庙与武当宫之间修建一花岗岩砌筑的刻有“辛亥革命武昌首义纪念坊”几个大字的首义公园大门。此外，还兴建了共和舞台和游艺社（今黄鹤楼剧场），将原乃园的大花厅（系按察使会客厅）改建为西游厅，内设有汉兴大戏院和茶亭。修通上山的石级道路，使首义公园与奥略楼相连接。总计耗资65600余银元。此款多系夏道南个人资助。嗣后又建有黄克强（即黄兴）铜像和孙中山先生纪念碑（在今黄鹤楼剧场东西两端），该园原为首义伤员经营，以维持其生活。当时因界限不清，管理秩序极为混乱，1932年将蛇山全部辟为“武昌公园”，“首义公园”之名被取消。由湖北省建设厅设置武昌公园管理所。亦因管理不善等原因，致使公园荒废。省府乃责令武昌市政处设法整理，1935年将武昌公园仍改称“首义公园”（包括蛇山全部），以示建园之目的。并组织“首义公园清理委员会”，于1938年5月先后开会5次，解决首义伤残军人的安置及清理等事宜。抗战时期，又将首义公园改为“蛇山公园”，在新修的蛇山桥（位于南楼遗址）两侧嵌有铜铸“蛇山公园”字样的牌子。武汉沦陷后，公园又一度荒芜，亭池夷为平地，中山纪念堂被拆毁。抗日战争胜利后，1946年6月经湖北省参议会提议，再度恢复“首义公园”之名，由武昌市政筹备处管理。武汉解放前夕，蛇山被国民党作为军事据守要地，除奥略楼一角供游览外，其他各处满布碉堡、战壕，呈现一片恐怖凄凉景色。1949年5月武汉解放后，该园由中国人民解放军军管会接管，党和人民政府对这座具有革命历史意义的公园进行了有计划的整修工作。首先，将园内的壕沟填平筑路，再根据土壤及气候条件种植以侧柏为主的混交林，1950年3月在华中大学、武大农学院、水利测绘学院、湖北省军区等39个单位的大力协助下，栽了5万余株侧柏，现已繁茂成林。1956年建武汉长江大桥时，因园内有一部分建筑物，影响建桥工程，则根据其历史价值，有重点地进行迁移，如对胜像宝塔、涌月台、禹碑、碑廊碑石、黄兴铜像等文物古迹都加以妥善安置。从此，首义公园的重点由西端转移到武昌路以东的抱冰堂一带。公园正门设在武珞路，与湖北省图书馆毗邻。该园占地面积为16.6公顷。

“文革”期间，园内很多风景点和名贵花卉受到不同程度的破坏。党的十一届三中全会以后，始大力修缮园容。1980年将上山的沥青路改为水泥路面，全长约800米。1981年为纪念辛亥革命首义七十周年，国家拨专款在梅廊与抱冰堂之间，修建了一座高达11米，以花岗岩砌筑的纪念碑，碑身正面镌刻着叶剑英同志亲笔题写的“辛亥革命武昌首义纪念碑”十一个金色大字。碑座是用汉白玉大理石嵌砌的，记述着辛亥革命武昌首义的经过及其伟大功绩。园内绿化已是浓荫覆盖，林木蔚然，据1982年6月普查，计有79个树种、1.65万多株树木。其中侧柏有5829株。花卉方面，该园是以兰花为其主要特色，辅以多肉多浆植物及杜鹃之类，并适当配备树桩盆景。现有花卉、盆景约3000余盆。在服务设施方面，园内设有茶社（1958年建黄鹤楼茶社）、摄影室、小卖部，并有宽阔的场地供游人憩息、锻炼身体，黄鹤楼重建后，游人多集中在此健身活动。该园1957年以前直属武汉市建设局领导，1958年以后隶属武昌区。1985年，全园职工23名。该园在经济体制改革中，实行经济承包责任制。

20世纪90年代初，首义公园进行了一些新的建设。以“首义”之名，铸追念之实，或以诗文碑刻叙事、抒怀，或以雕塑等实物形象直观地再现历史，包括新建公园中心广场，及其北侧辛亥首义人物群雕、南侧的碑亭等。2011年，辛亥革命武昌起义纪念馆被国家旅游局评定为4A级旅游景区。

● 园内旅游景点

首义公园园内有诸多著名景点，流连其中使人忘返，较富有代表性的如下：

1.辛亥革命武昌首义纪念碑

辛亥革命武昌首义纪念碑，东近抱冰堂，西邻梅廊。由湖北省暨武汉市辛亥革命武昌首义七十周年纪念大会筹备领导小组于1981年主持修建，是年10月10日揭幕。碑南向，大理石砌成，呈盅形，高11米。正面镌叶剑英所题碑名。两侧饰稻穗、彩带等浮雕图案。碑座刻章开沅撰、张昕若书之赞颂孙中山与辛亥革命碑文。辛亥革命武昌首义纪念碑东北侧是一组辛亥革命人物群雕。群雕人物共有15人，分别是革命先行者孙中山先生，革命领志士：黄兴、宋教仁、刘公、孙武，革命党人：吴禄贞、刘静庵、蒋翊武、刘复基、熊秉坤、蔡济民、吴兆麟、詹大悲，及当时的有关历史人物：黎元洪、汤化龙。

辛亥革命武昌首义纪念碑

2.龙华寺

武汉龙华寺是华中地区的佛教名刹，始建于明成化二年（1466年）。当时，明朝太监王定因母病，便在武昌蛇山南麓开出一方净土，御赐匾额龙华寺。《官场现形记》第三十八回《丫姑爷乘龙充快婿 知客僧拉马认干娘》中这样描述龙华寺：且说这武昌省城有名是一座龙华寺。这龙华寺坐落在宾阳门内，乃是个极大丛林，听说亦有千几百年的香火了。如今，

龙华寺

抱冰堂

黄兴先生像

孙中山先生像

龙华寺依然挺立在武昌蛇山之巅，是一座尼姑庙，不少的佛教女信众在这里潜心修炼。同时，龙华寺也是武汉著名的景点之一。

3.抱冰堂

抱冰堂建于1909年，是清末湖广总督张之洞的生祠，也是辛亥革命百年重要建筑，目前是张之洞纪念馆。1907年，湖广总督张之洞调任军机大臣离鄂，其在鄂门生、僚属建此堂以存纪念。因张之洞晚年自号抱冰，取《吴越春秋》：“冬常抱冰，夏还握火”语意以自励，故取此名。位于武汉市武昌蛇山南腰，首义公园内，湖北省图书馆东边。

4.陈友谅墓

陈友谅墓位于大桥蛇山引桥的南侧，墓的前方向南，有巍峨的石牌坊，正面横书“江汉先英”，背面横书“三楚雄风”。由此经过16级石阶，就是呈红色的圆形墓冢，墓冢前有2米多高“大汉陈友谅墓”的墓碑。

5.黄兴铜像

黄兴铜像，在汉阳龟山东麓。建造于1933年。铜像面对长江，背依龟山。通高5米，麻石基座高3米。黄兴先生衣着西装，手撩大衣襟，气宇轩昂。像座四周的麻石上刻有浮雕花环，花环中嵌着月色大理石板，正面花环中央的大理石上刻“黄兴先生之像”。其他三方刻着由蒋中正领衔署名的《黄克强先生像赞并叙》，记述黄兴的历史功绩和在其“讲业视师之地”的武汉建立铜像的原因和经过。

6.孙中山纪念碑

总理孙中山先生纪念碑在蛇山南麓。辛亥革命武昌首义同人为纪念孙中山的革命伟绩而建。碑坐北向南，占地100平方米。以花岗石砌成，高7米，碑座左右两面饰有花圈挽带浮雕图案，四周立有护柱，且环以铁链。为中国传统建筑样式，又具近代风格。碑阳刻“总理孙中山先生纪念碑”10个大字，碑阴刻有以辛亥首义同人名义撰写的碑文。

7.岳飞亭

岳飞亭，全称岳武穆遗像亭，武汉市级文物保护单位。明正德十四年（1519年）重建岳王庙（亦称精武庙）于武昌大东门外。万历八年（1580年）置祠于宾阳门内。清同治初年，岳王庙及岳松、岳柏均毁。1937年卢沟桥事变后，中华民族处于生死存亡的关键时刻，岳飞成为激励人民抗击日本侵略者的爱国楷模。武汉抗日群众团体在清理倾圮的岳王庙时，从瓦砾中发现一尊明万历十年（1582年）四月镌刻的有岳武穆遗像和云南太和（今大理）人张翼先所撰四言诗的青石碑，于是众人推举辛亥首义同志会的胡贽负责筹措资金，在现址东8米处建岳武穆遗像亭，置碑于亭中。亭以碑得名。

● 文化内涵

1.公园发展的动力，服务社会生活

直至1928年汉口中山公园建设之前，武昌、汉口、汉阳（今日俗称“武汉三镇”）只有首义公园这一座国人自建的公园。它既是政治集会的场所，也是人们游赏娱乐的好去处。孙中山先生逝世后不久，湖北省追悼大会即在此举行，到会者3万余人；《民国日报》曾在1927年以《首义公园游人多》为题特别报道了公园盛况：“山水花木，引人入胜。虽其内汉班剧社不甚佳，而一至夜间，清风徐甚，黄鹤楼所不及也，所以日来游人甚多，尤其是文人墨士。”

2.扩大道德教化

“公园”在近代的湖北不仅意味着一个大众享有的公共空间，而且由于“鄂省据江湖之胜，炳山川之秀，学校林立，军队观成，官籍鼎盛，商贾云

辛亥革命人物群雕

集”，而成为“开启民智”的普遍社会需求。正如时任省建设厅厅长的石瑛（1878–1943年）在1928年提议扩建首义公园时所说：“武汉地居重要，人口繁多，公园之设，急不可缓。其效用固不仅供群众之娱乐，作憩息之所，并欲借此以增进其体质，陶冶其性情，关系甚大，尽人皆知。”湖北政界的一些有识之士，如汉口市市长刘文岛（1893–1967年）、国民革命军第十军军长徐源泉（1886–1960年）等，则痛心于抽大烟、嫖、赌等社会陋习，认为公园是“高尚娱乐”场所，是市政建设中切要，甚至首要之举。可见，在蒙昧的旧中国，公园作为西风东渐的产物之一，被视为民众“睁眼看世界”的窗口，风景游赏、休闲娱乐功能的背后隐含着沉重的社会与政治意义。

3.抚恤首义伤军

首义公园用地的拨划同时用于安顿一些生活无着的辛亥革命伤军，以租金票资等收入维持其生活，这与公园建设的本义直接相关，但并非“公园”的固有职能。这是政府财力薄弱情况下的权宜之计——公园的建设资金基本是夏道南等私人借垫或以集股的方式募集的。

因此，首义公园受到欢迎、得以发展的根本动力，在于它所体现的社会与政治效益，一是纪念亡者——确立了纪念性公园的性质；二是娱悦在者——倡导高尚娱乐，反映了民国时期湖北社会对“公园”这一事物的价值观；三是抚恤生者——以园地济民生。

首义公园是中国近现代园林历史进程的一个绝好写照，也是首义之城——武昌的一张绝好名片。

（李帮）

13 木兰山：西陵最胜，盖三楚之极观

【木兰山大事记】

南齐永明三年（公元485年），始称牛头山。

1609年，为纪念葬于山北的巾帼英雄花木兰，将原来的名称改为木兰山。

1982年，木兰山正式划为风景游览区。

1983年4月，成立木兰山风景区管理处，隶属于木兰山林场。

1984年5月，木兰山风景区被列为武汉市远郊旅游区。

1998年，木兰山风景区被定为省级风景名胜区，先后举办两届“木兰文化旅游节”和一届“湖北省武术散打擂台赛”。

2003年，被省人民政府批准为省级自然保护小区。

2005年9月，木兰山被批准为国家级地质公园。

2009年5月，木兰山被国土资源部命名为“国土资源科普基地”。

2014年11月，木兰山风景区作为黄陂木兰文化生态旅游区核心景区被国家旅游局批准为国家5A级旅游景区。

木兰山古称牛头山、建明山，又因形似一头长啸雄狮而被称为青狮岭，是大别山南麓高峰之一，山势呈南北走向，南低北高，其自然区域东濒木兰川，西临滠水河，北接长塔公路，南抵研梳公路，占地面积为1550万平方米，风光旖旎，是木兰将军故里。明万历三十七年（1609年），为纪念葬于山北的巾帼英雄花木兰而更名为木兰山。这里的山、水、花、石、宫、阁等无一不与千古流芳的木兰息息相关。花木兰代父从军并荣归故里是我们耳熟能详的故事。据传，汉代有位千户姓朱名异，字寿甫，号天禄，家住山下双龙镇，因年逾半百而无子嗣，常登山求嗣，归后生下一女，取名木兰。清同治十年《黄陂县志》记载：“木兰将军，黄郡西陵（今黄陂）人也，姓朱，父寿甫，母赵氏……”汉文帝时匈奴入侵，军书迭至，“寿甫苦于羸弱不堪远征，日久忧虑”。于是，木兰易戎服，为男子妆，代父从军。从军十二载，屡立功勋，当朝廷晋封她为将军时，木兰不受朝禄，乞求归故里侍奉双亲，死后葬于木兰山北麓。世人为纪念这位巾帼英雄，在墓前立有“木兰将军之墓”的石碑，并在木兰山上修建了木兰庙、木兰将军坊，从此，纪念木兰将军的香火日益鼎盛。受木兰将军的精神所影响，历代文人墨客到此寻幽探胜，络绎不绝。唐武宗会昌三年（公元843年），时任黄州刺史的大文学家杜牧登临木兰山，拜谒了木兰庙，题下了千古佳句《题木兰庙》“弯弓征战作男儿，梦里曾经与画眉，几度思归还把酒，拂云堆上祝明妃。”字里行间尽显对木兰将军无尽的景仰与怀念。屹

立于山巅的玉皇阁，传说是木兰凯旋后朝廷赐冠的场所。状若太极图的棋盘石，传说是木兰与师傅下棋的地方；险峻狭窄的穿箭崖，传说是木兰将军一箭所穿；还有永不枯竭的三眼井、乌龙泉，兀立凌空的北顾亭，就连那两棵相依相随的姑嫂树，无不寄予了对木兰将军眷念的情思。

木兰山风景区是国家地质公园、省级风景名胜区、省级自然保护小区。2014年11月，木兰山风景区作为黄陂木兰文化生态旅游区核心景区被国家旅游局批准为国家5A级旅游景区。木兰山享有武汉后花园之称，明代诗人屠达在《登木兰山记》中对这座千古名山给予高度赞誉，木兰山被誉为“西陵最胜，盖三楚之极观”。木兰山风景区主要分为木兰山、木兰天池、木兰草原、木兰云雾山四个景区。

木兰山：寓自然、人文与宗教于一体

木兰山位于武汉市黄陂区北部，距市中心仅50公里，海拔582.1米，是以自然生态为载体，以木兰文化和木兰精神为依托，以宗教色彩为亮点，分别有“古木兰山八景”（金砂射日、溪沉碧玉、紫荆月桂、龙石云驭、神崖耸

高空俯瞰木兰山（平安 摄）

龙尾石

翠、棋盘太极、天门石梯、海眼神风）和“古木兰川八景”（金蟾覆舟、金龟守蛋、神鳖沁水、天鹅抱蛋、仙侣惊雷、犀牛望月、罗汉思凡、仙女怀春）等古景景点，将自然与宗教文化、木兰文化融为一体，完美地体现了中国“天人合一”的哲学思想，成为一种独特的、富有生命力的组合型文化景观。其间诸多因景而萌生的美丽传说，更增添了木兰山的神奇色彩。

1982年，木兰山正式划为风景游览区，1983年4月成立木兰山风景区管理处，以“弘扬木兰文化，保护自然生态，保护生态旅游”为原则，新建木兰牌楼、索道、迷宫、木兰花苑、木兰风洞、石景公园、木兰文化城等游览项目，发掘棋盘石、眼泪档、姑嫂树、磨针涧、试剑石、舍身崖、穿剑崖等传奇景点，修复24座古庙，引资建设30余家避暑山庄，吸引了大量游人、香客。同年10月开始在原有旧址基础上逐步修复庙宇及附属设施，并根据地形地貌将整个风景区划分为5个区：以佛教和道教为云集点的古寨区，以千姿百态的石林为主题的石景区，以名贵花木为主体的花苑区，以幽深静谧别墅为主调的山庄区以及行政机构所在地中心区。各景区均蕴含丰富的自然人文景观。1998年，木兰山风景区被定为省级风景名胜区，先后举办两届“木兰文化旅游节”和一届“湖北省武术散打擂台赛”。随着景点的修复及配套设施的不断完善，中外游客逐年增加。

●木兰山景区

古寨区是木兰景区的一大特色。站在木兰山山巅，极目四野，滠水、木兰湖碧波万顷，玉屏山、素山寺林木如云似海，然而，眼前更引人入胜的是那木兰古寨，始建于南宋开庆元年（1259年），最早为烽火台，清咸丰三年（1853年）为防太平军加修炮楼，是一座名副其实用于军事防御的古寨。它蜿蜒起伏于主峰祈嗣顶海拔582米处，全长2500米，宛若游龙，依山傍势盘旋于悬崖绝壁之间。有着“木兰长城”美誉的古寨墙就是建筑史上的奇葩——木庐干砌。这种建筑上所使用的青岗石块，就是产于木兰山上的蓝片岩、长英片岩、绿片岩和红帘石片岩，这些颜色各异的石块见证着地质演化的神奇。这些变质岩是在大别山高压、超高压变质带中形成的。

木兰古寨

其后，随着宗教活动盛行，寺庙逐年兴建，形成不少有神奇色彩的景点建筑。古寨区建有“一天门”“南天门”“木兰坊”“二天门”“三天门”“脚板石”“乌龙泉”“金顶坊”“玉皇坊”“玉皇洞”“灵霄街”“狮鼻洞”“眼泪档”等景点。1983年开始在原有旧址基础上逐步修复、重建了一批庙宇，有“准堤阁”“雷祖殿”“回光殿”“木兰殿”“斗母宫”“报国殿”“金顶”“古金顶”“帝王宫”“玉皇阁”“文昌阁”“三清殿”“朝天宫”“三元宫”“迎恩宫”“钟鼓楼”等。

此外，木兰山还有一些标志性的宗教建筑。木兰殿内供奉着三尊木兰将军像，正面是木兰将军着官袍，手捧宝剑，左边是木兰将军一身戎装，手牵明驼，而右边是木兰将军解甲归田后着女装的肖像。三尊塑像，栩栩如生，静静地享受着供奉者的香火，与殿外雄伟大气的木兰将军坊相映衬，更是突显了后人对木兰将军的无限景仰。“木兰殿”殿前的牌坊是唐朝时为表彰木兰将军所立，充分体现了人们对木兰将军的敬仰之情。“金顶”始建于唐贞观九年，因为有三块大金瓦，故命名为“金顶”。“玉皇阁”初建于唐代贞观年间，重修于明代，是山上保存最完好的木兰干砌建筑，传说是木兰凯旋后朝廷赐冠的场所。由于其独特的地理位置，玉皇阁顶上时常云雾笼罩。玉皇阁建在木兰山第一天峰之上，阁内供奉玉皇大帝的圣像，朝拜的香客也特别多。

石景区建于1985年,内有1090级石阶贯穿全区。景区内有“铠甲石”“人面石”“凤冠石”“金蟾石”“云雾亭”“棋盘石”“穿箭崖”“虎头岩”“大佛岩”“黄石洞”“白云洞”“仙女洞”“太子洞”等景点。当我们漫步于石景园，映入眼帘的是千姿百态的自然石景，如狮吼虎啸，龙腾凤舞，似蹲似踞，千姿百态，层层叠叠，让我们不由惊叹大自然的鬼斧神工，造就了木兰山如此雄奇壮观的山峰和出神入化的天然美景。以下将依次介绍。

风洞，也称为“红军洞”，是木兰山最大的崩塌洞穴，它有上下两个洞口，洞内曲曲折折，垂深50多米仍不见底，深部有挂顶的蝙蝠群。洞口石壁发育网状石英脉。棋盘石位于木兰山山脊，是一处已因构成作用而松动的巨大变基火山岩（绿片岩）岩块，石头有一条宽约0.8米的拉张裂缝，险峻异常。棋盘石形成的地质年代为距今7.5亿年~8亿年，那条裂缝的形成，则是与新构造活动有关。穿箭崖又名“一线天”，位于木兰山西坡，它是构造作用形成的岩石裂缝，穿箭崖北面的岩壁为浅粒岩，更为难得的是岩石中有早晚两期石英脉并合成的一枝“箭”，形象逼真，精妙绝伦。木兰山蓝闪石石英脉是稀少的重要地质遗迹，见于去祈嗣顶公路旁的岩石露头，岩性为变基性火山岩（绿片岩），岩石中共有两期变质分异石英脉发育，前期石英脉走向与片理褶皱一致，后期石英脉充填于垂直片理的裂隙中，并错断前期石英脉。个别后期石英脉有蓝闪石矿物垂直脉壁生长，其成因可能与流体压力有关，形成时代晚于

穿箭崖

蓝片岩，这表明蓝闪石类矿物存在不同世代。龙尾石是位于玉皇阁下有一块悬空越起、形似龙尾的断石，这是传说中木兰将军屠龙后留下的龙尾，极具观赏性。龙尾石岩性为长英质片岩，片岩沿着片理面和垂直节理面风化剥离垮塌后而形成罕见的地质构造遗迹。

花苑区绿化很好，尤以花木而有名。木兰山有丰富的植物资源，树种以松、柏为主，兼有竹、枫、刺槐等乡土树种，早在唐代时已是苍松翠柏、鸟语花香、四季常青。20 世纪五十年代，山林遭到毁灭性破坏。1961 年后，绿化建设逐步恢复、发展。现在的木兰山，山峦青翠、绿荫覆盖、面貌一新，绿化覆盖率达 70% 左右。据统计，现有常见高等植物 920 种。

花苑景区有一个占地面积达到2.9万平方米的苗圃，还有一个花园，还有诸多品种园林花卉及古树名木。花苑景区内培养的花卉主要有牡丹、芍药、兰花、菊花、月季、海棠、蔷薇、茉莉、昙花、君子兰、仙人掌等100余种，年生产销售2000盆。在木兰花苑中，专门培植山茶花属植物100余种。在1983年开辟的“百药园”中，培植名贵中药材灵芝、首乌、贝母、红丹参、南沙参、大力麻等100余种。此外，有一株树龄500余年的山茶树，被誉为“木兰树”；在木兰川出口处东罗湾口附近，有3株树龄约500年的古柏；在“麻针涧殿”两侧，有树龄为300年的枫杨与麻栎各一株，因长势相差无几，被称为“双宝树”；在“磨针涧”旁有一株枫杨树，高数丈，随风摇曳时即发出“哼哼”之声，被称为“哼哼树”；在古寨区“朝天宫”前有一株树龄约200年的大叶黄杨；在“玉皇阁”下，有一高一矮两株并植的古柏树，树龄150年，俗称“姑嫂树”。

此外，花苑景区比较有名的景点和庙宇主要有：“好汉坡”“准堤阁”“大佛殿”“川心灵宫”“水晶宫”“九碑石”“打儿窝”“三眼井”“下马石”“木兰花苑”“莲湖”等。“打儿窝”位于古好汉坡终点处，一石岩岩壁上有一洞口，人们投小石入洞，几百年来，洞竟不满。传说唐代有一妇女因不孕受到公婆虐待与丈夫毒打后来此自尽，遇木兰救下并教以每早来到这座岩下投石入洞的锻炼身体之法，终于受孕，后来乡民纷纷效仿，并逐渐被神化，此洞口也就被叫成“打儿窝”了。又传救治该妇女的不是花木兰，而是明代名医李明珍。“下马石”位于打儿窝上，两石岩并峙于公路两侧，形成石门，一岩上平，民间传说是木兰将军凯旋归里时的下马处。“木兰花苑”位于上古寺（即大佛殿）遗址后，苑中以木兰树为中心，培植选自全国不同品种之山茶花属植物百余种，形成孤植与群栽的艺术效果与众星捧月之势。“莲湖”位于木兰花苑后，《大清一统志》所载“左挹莲湖，右倚玉屏山”句中之莲湖即指此。此湖面积原本十分宽阔，湖水清澈，流香溢翠，景色十分秀丽，只是后来由于水土严重流失，莲湖逐渐缩小，后来开掘成塔园水库。“停轿坡”位于木兰山小庙、木兰山地质博物馆前，为宋代文学家苏轼登木兰山时停轿之处，苏轼因“乌台诗案”被贬黄州任副团练使，得知木兰山独秀于三楚，于是带从人登临木兰山，在半山腰停轿歇息。

山庄区位于木兰山风景区东部。景区内有“滴水崖”“东泉庵”“龙头石”“龙虎交欢”“花枝园”“双龙亭”“剑劈石”等景点、庙宇和众多休闲避暑山庄。“滴水崖”位于东泉庵西北，崖高两丈余，一线清泉从崖顶凌空而下，长年不断，古人曾咏有“滴水崖前长滴水，东泉庵里更清闲”的诗句。“东泉翠竹”是铺展在东泉庵的坡岗上和山谷中的二百多亩楠竹，枝繁叶茂，长势兴旺，大面积的楠竹林，碧波荡漾，十分壮观。“龙头石”位于滴水岩下，又称石龙，传为木兰将军所斩恶龙的头部，其尾在玉皇阁下。“龙虎交欢”指蟠龙竹与卧虎石在东泉翠竹中，有一株被称作“蟠龙竹”的，它暴笋于“卧虎石”下，沿虎颈蜿蜒向上，转过虎口方直线上拔，有人称之为“龙虎斗”，有人称之为“龙虎交欢”，形成奇特美景。“剑劈石”位于祈嗣顶北麓，一石中裂，像被宝剑劈开，相传为木兰出征前试剑所劈。

行政机构所在地中心区原有朝圣门、雷祖殿等景点，被毁后未予重建，已经重建的有针涧、净室，一天门等，此外尚有双宝树、西泉诸景。

棋盘石

●木兰庙会

早在唐贞观年间，民众拜祭木兰将军的木兰庙会就开始举行了，其中影响较大的主要是农历八月的亮子会和春节期间的元宵灯会，这两种祭拜木兰将军的民俗活动到现在有一千三百多年的历史了。到2006年，木兰庙会入选武汉市市级非物质文化遗产名录项目，这就使木兰庙会的精神内涵更加丰富。木兰山宗教庙会多，位居全国前列，这也是木兰山宗教文化活动的一大特点。

黄陂体现对木兰将军敬仰之情的民间传统习俗众多，常年宗教祭祀活动频繁，各种各样的庙会达数十次之多，是木兰山主要的宗教活动形式之一。木兰山传统庙会主要有正月初九玉皇会，二月、六月、九月十九观音会，三月初三祖师会，四月、腊月初八如来会，五月十三关帝会，七月十八娘娘会，七月二十二财神会，七月三十地藏会，九月初九斗姆会，冬月初三太阳会，腊月二十九华严会。木兰山佛教的活动主要有日常课诵、忏法与打七、浴佛法会、盂兰盆会等多种。而木兰山佛教的庙会每年要举行近20次，主要有以下庙会：正月初一的弥勒会、二月初八的如来会、二月十五的如来会、二月二十一的普贤会、三月十六的准提会、四月初四的文殊会、四月初八的如来会、六月十九的观音会、七月三十的地藏会、九月十九的观音会、十一月十七的弥陀会、十二月初八的如来会等。

木兰山最为盛大，最为人所知的是木兰山宗教上的一个重大的活动——八月的木兰金秋庙会。八月的木兰金秋庙会从每年农历的八月初一开始，一直持续到九九重阳节，历时四十余天，以持续时间长、规模大、影响广而著称，来自全国各地的善男信女成群结队来到木兰山朝觐，以祈求来年风调雨顺，吉祥平安。在庙会期间，最有影响力的是“亮子会”。民间朝山进香者结队朝山。途中锣鼓、唢呐及一路唱经诵佛声声声响亮；队伍中黄绫大盖、彩色旌带、旗幡相映如画，壮观漂亮，高举玉皇大帝和五百护法灵官神像熠熠闪亮，壮观的朝山队伍，虔诚肃穆的参拜，把整个木兰仙山、灵感四方的特点刻画得淋漓尽致。“亮子会”作为木兰庙会的重头戏，已经从以前单纯的朝山活动发展为今天集朝圣、经济、文化交流、农产品展示、民间技艺的表演等于一体的多元性活动。

木兰庙会人流如潮

●木兰山宗教特色

木兰山风景区是著名的宗教胜地，主要建筑是宗教庙宇。木兰山宗教文化源远流长，千年相传，香火不断。木兰山的庙宇，始于隋，兴于唐，盛于明。山上流传的宗教主要为佛教、道教。两教大体以南天门为界，佛教寺庙建筑大多在南天门下，道教宫观建筑多在南天门上，形成道中有佛、佛中有道的宗教格局，千百年来，佛、道两教和睦相处。随着宗教的兴盛，山上先后启建了七宫八观三十六殿，各种神像1000余尊，总面积达3万余平方米，其特点是“佛中有道，道中有佛”。这些古建筑依山而立，斗拱飞檐，雕饰精湛。

汉末，木兰山就有宗教建筑与活动场所，但名气不大。后来，随着木兰女扮男装、代父从军的文学作品与民间传说的广泛传播，黄陂木兰山便备受世人关注。民间传说，木兰祖父朱若虚、父亲朱天禄天性至孝，是忠实的儒家信徒。木兰山祈嗣顶是因朱天禄与其妻赵桂珍婚后多年尚未生子，遂祈于木兰山南山顶后生下木兰而得名。木兰原有儒家思想的禀性。宗教所要宣扬的，也正是封建社会儒家所主张的伦理道德。当“忠”“孝”“勇”“节”“真”“善”“仁”“义”“礼”“信”“贤”等这些木兰本具有的思想性格融入木兰宗教的戒律清规、礼法仪式后，又使木兰山宗教得到了弘扬发展和光大。正因为如此，才使木兰山声名大振，促进了其宗教事业的发展。

木兰山的香火历史由来已久，据史书记载，木兰山的庙宇初建于隋唐，盛于明清。山上先后启建了“七宫八观三十六殿”，各宫观庙宇依山就势，高低错落，飞檐翘角，精巧宏伟。一千余尊神像或坐或立，或走或骑，造型各异，栩栩如生，堪称荆楚文化宝库中的艺术珍品。 清代诗人高昌鸣有诗曰：“奇峰千丈抹烟青，突兀凌霄可摘星。树色郁葱开望眼，梵声嘹亮出禅扃”。诗中所述说的“梵声嘹亮”即是指木兰山的香火。“梵声嘹亮”中，烛摇黄幔，炉生紫烟，伴随着雄奇庄严的庙宇殿堂，漫山云蒸雾绕中，更显出木兰仙山的神灵与肃穆。就木兰山宗教而言，主要是佛、道二教，在1400多年的时间里，也逐渐形成了自己的特点。木兰山宗教文化的特点大致可分为以下几个方面：

一、佛道二教融于一山

佛道和平共处一山是木兰山宗教的一大特色，两教以南天门为分界线，南天门以下是佛教的范围，以上是道教的地域，各显特色。坐落于南天门以下是佛家红墙碧瓦的寺院，大雄宝殿和观音殿呈左右对称，供奉的神佛宁静安详；南天门以上是道家描龙画凤的飞檐，道教的建筑都是建在险峻的地方，由台阶小道、古寨、亭台将高低各异的山峰连为一体，体现了道教建筑的险、奇、虚、幻等特点。主峰"第一天峰"上的玉皇阁与它东面的金顶相映成辉，古朴庄重。金顶下边的三元宫、木兰殿等宫观雄踞悬崖绝壁之上，把主峰上的建筑映衬得神奇壮丽。

纵观中国佛、道教圣地，一般来说，佛道教同于一山的不是很多。如赣贵溪县上清镇附近的龙虎山、蜀灌县青城山、鄂武当山是单一的道教活动场所；皖九华山、浙普陀山、晋晋城白马寺等，均是单一的佛教活动场所。木兰山宗教不同于五台、九华、普陀、峨眉纯佛教名山，也不同于武当、罗浮、龙虎、终南纯道教名山，它的特点是佛道两教长期共存，相辅相依。尤为突出的特点是佛教庙宇中供奉道教祖师真武，道教宫观中供奉佛教始祖释迦牟尼，显示出了相互尊重的友好精神，体现了"万法归宗"的宗教最高境界。同时两教共同举行分属各自的多种庙会。教义、教规、教仪等方面，也相互借鉴、相互补充，这又显示出了两教的团结气氛。在这一点上，是国内其他也有两教并存的地方所不大可能实现的，不能不说这是木兰山宗教的又一大特点。木兰山佛道教融于一山，主要是历史形成的。隋时佛教传播者在木兰山东泉庵建庙宇（后为道教），道教传播者在祈嗣顶造宫观，东泉庵在山东南半山腰，祈嗣顶在山顶上，几乎同在一个时期，两教彼此敬重，相互容纳。

二、木兰山宗教神灵应远又应近

木兰山香火当数明清时最旺盛。明万历时，木兰山每年接待的外省香客游人多达近百万人次。清初，外省香客游人来木兰山的人次逾过了百万。在明、清、民国初年时的一些年份里，每年外省香客游人大都超过了本省的人次，本省离木兰山较远的外县香客游人，时常多于木兰山周边的香客游人。这就是人们常说的"木兰山的菩萨应远不应近"。近年来，由于省内省外香客游人不断增多，远近香客均来朝拜，故又有"木兰山的菩萨应远又应近"之说。

三、木兰山宗教建筑干砌

木兰山佛教寺庙建在山腰中下段，道教宫观则建在中顶端上。这些建筑群，依山就势，高低错落，斗拱飞檐，精雕巧饰，显示着"奇""险""虚""幻"的特点。虽然所建年代不同，但"木庐干砌"却是

木兰山南天门（董宏伟 摄）

世代相袭，过去被称为“黄陂十景”之首。所谓“干砌”，即是寺观墙垣不用砂浆粘料，而是乱石干砌，大小间压、层叠相衬、彼此牵扯，结为整体。形成了独具匠心的“木庐干砌”青石素瓦与山混为一体建筑特色。石砌的台阶步道依山就势蜿蜒于各个宫观庙宇之间，将整个古庙区串联成一个有机整体。这些殿堂、寨墙都是采用青岗石交错嵌压、层层相叠于峭壁峰端而历经千年风雨依然屹立，充分地体现了古代劳动人民的聪明才智。

木兰天池：最是一年好风景，踏青赏花必相请

木兰天池风景区位于武汉市黄陂区境内，距武汉中心城区周边仅49公里、武汉天河机场38公里，道路均为国家一级、二级公路，交通十分便利和通畅。

整个景区占地面积3.5万余亩（23.3平方公里），其中水域面积650亩，森林植被达到98.9%。木兰天池风景区分为风景游览区和休闲度假区。风景游览区主要由山水浪漫园区、高峡风情园和待开发的素山寺国家森林公园组成。休闲度假区主要由按四星标准打造的木兰天池度假酒店、别墅楼、特色小木楼、综合办公楼构成。

●山水浪漫园区

山水浪漫园区有一条长达5公里的大峡谷，由飞瀑、溪潭、怪石、奇木“四绝”构成的自然景观达200多处，可谓十步一景，百步一绝。峡谷两肩挑着明镜一般的高山湖泊，龙池、天池上下落差380多米。景区暑季的气温比武汉市区要低6℃-8℃，负氧离子高达100万-500万个/平方厘米，这里素有“湖北九寨沟”、“武汉的庐山”之说。当地百姓口头相传至今，该地是木兰将军的外婆家，“木兰屠龙”的传说更是家喻户晓。木兰将军的英名，也给这里的山石、溪流、飞瀑、幽潭增添了不少灵气和神韵。

木兰天池（董宏伟 摄）

●高峡风情园区

高峡风情园区是一个集高山湖泊、草原、山地风光于一体的特色精品园区，主要彰显高峡情怀和木兰外婆文化，增加了景区的旅游纵深度，由朱家山寨、天池草原、动感河湾区、木兰外婆文化园区、山里人家五个部分组成。

朱家山寨地处木兰天池景区整个游线的中上段，是连接木兰天池山水浪漫园区和高峡风情园区的唯一就餐点。从入口处的停车场到达此处需要大约2小时的行程。朱家山寨现有农户25户，基本上每家都开有农家住宿和农家土灶饭，一般适合一家几口在此中餐。绵延曲折的动感河湾赋予了山以灵性，让你尽情徜徉在山水中，乐此不疲。木兰外婆文化园区推出“‘木兰外婆文化’深度游”，借助“木兰文化”的精神价值，寓教于游，寓教于乐，以此传承和弘扬“木兰文化”，让“木兰文化”景观与游人产生一种互动——游人在木兰外婆故居门前听当地老人讲“小木兰仗义救好友”“小木兰拜师学武艺”，反响很好。

踏进茶寨民俗区（冯家山古寨区），一股幽香扑鼻而来。白花茶园、绿色的海洋，田园茶市。倘徉在一片绿色清香的茶海，不仅可以采撷芳香的绿叶，还可以延绵心中绿色的希望。当你品尝到用天池水浇泡的茶寨香茗，你才会真正感觉到什么叫做茶叶，什么叫品茶。博大精神的茶文化在这里得到创新和升华。

●素山寺国家森林公园

随着景区的不断发展壮大，木兰天池景区拟增加素山寺国家森林公园旅游区。素山寺森林公园旅游区总面积共2.5万亩，森林覆盖率98%，各种珍贵的动植物达1000余种，1992年被国家林业部门评为国家森林公园，同时也是三峡植物保护培育基地。素山寺一峰突起，群山环抱，自然林态环境极佳，有武汉市的“小神龙架”之称。丰富的森林资源和良好的生态环境，是游客进行森林沐浴、健康疗养和修身养性的好去处。神秘悠远的宗教和原生地域文化为素山寺另一大特色。建于明代的素山寺禅院中历代碑刻依然可寻，此地还曾是太平天国起义军的校场和居住古寨，后为李先念驻扎部队与敌人奋战的红色根据

木兰天池（董宏伟 摄）

地。这些文化的沉淀，使景观更具多样化的魅力。届时素山寺将揭开神秘的面纱，迎接八方来客，非常值得期待。

关于木兰天池的传说也有很多。传说“聪明泉”是天池的泉水长年沁渗下来形成的，花木兰小时候在此生活时常常在此挑水。“三道门”位于木兰天池山脚下，相传木兰将军曾用利剑削出三道石墙，化作大石挡住山洪。木兰天池的野杏花、油茶花、休闲菊等已经形成了一定的规模，形成了一条景观带、游览线。“饮马潭”这一清水潭，水质洁净清澈见底，相传这里就是小木兰在外婆家居住学艺时饮马的地方。“观龙亭”（龙亭索桥）为龙池的上游入水口，站在亭中可观龙池全景，传说木兰在驯服小白龙之后，尽管小白龙藏在龙池的深水之中，但她并不掉以轻心，仍旧每天提着红松宝剑到龙池边查看。“三道门”位于龙亭索桥上流，是几百年来流入龙池中的溪流冲洗而成。传说朱冯山经常暴发山洪，冲毁房屋和田地。木兰将军解甲归田之后，来看望外婆时，正遇山洪暴发，她当即用利剑削出三道石墙，挡住了洪水。“十里峡谷入口”处怪石林立，叠泉飞瀑，林茂竹翠，曲径通幽，脚下有块巨石上面有着一道道神秘的纹路，恰如刀砍斧凿，恰如鞭痕笞印。“天梯”，则有1028级石阶，穿插于原始森林之中。站立在石阶上，精神得以恢复舒畅。这些景点都是到木兰天池的必玩之地。

木兰草原：一川草色青袅袅，绕屋水声如在家

木兰草原景区，位于王家河街，距武汉市中心城区38公里，交通便捷，属“木兰八景”之一，先后成功主办了“第八届木兰旅游文化节暨木兰草原旅游区开园”“武汉小姐暨武汉旅游形象大使大赛”“青年姻缘会——情定木兰草原”“CCTV-7《乡约》木兰草原”等重大活动。

木兰草原景区属典型的草原特色景区。景区内芳草遍地，一望无际，绿茵如毯，湖水碧透、清溪蜿蜒曲折，岸边草丛中鲜花盛开，引得蝶舞蜂飞。景区内既有草原部落、草原敖包、草原人家、草原风情长廊，又有草原滑索、草原跑马、草原射箭、草原篝火晚会等游乐项目。集草原特色与木兰文化于一体，呈现独特的草原风光。

它以草原游牧民族活动与风俗民情为素材，以木兰文化为品牌，打造以“木兰文化”“草原文化”“马文化”为主题的集草原观光、参与型、竞技型、体验型旅游为主要功能兼休闲度假为一体旅游景区。它填补了湖北省“草原”旅游项目的空白和武汉木兰生态旅游区东南部旅游景区的空白，是华中地区唯一的以草原风情为主题的集商务、旅游、休闲、观光、度假为一体的旅游景区，是草原旅游观光、休闲游乐、会务接待、风情度假的最佳去处。

在木兰草原景区，首先映入眼帘的便是“门楼”，它是木兰草原的标志性建筑。在草原上，有很多蒙古包，作为草原上特有的建筑，既美观又实用。骑着骏马在草原上奔驰，将是何等的飘逸，洒脱与畅快。木兰草原的马都是来自内蒙古的草原良驹，经过了长时间的训练。游客尽可在蒙古马背上风驰电掣。此外还有“吉祥广场”，运气好的时候还能碰上篝火晚会。在“吉祥广场”模仿蒙古族牧民祭祀、祈求幸福安康。篝火晚会上，大家在婀娜多姿歌舞演员的引领下，篝火被点燃，舞动的热情奔放的草原之夜，让你感受别样的风情。

木兰草原（董宏伟 摄）

木兰云雾山：云遮雾掩山犹在，雨打风吹花亦香

木兰云雾山是邻近武汉最大的郊野公园，方圆25平方公里，是一处以山水为主的自然风景区，享有“西陵胜地、楚北名景、陂西障障、汉地祖山”美誉。它是木兰景群中最幽深、最原始、最神秘、最纯粹的生态森林风景区，有着险峰幽谷、泉涧相间、河溪纵横、滩潭点缀、奇花异草，迄今最完整的楚长城遗迹，无一不带有历史的印记，让我们徜徉在山水之间，体味千年的风云变幻，感受荆楚文化的魅力。

“云遮雾掩山犹在，雨打风吹花亦香”，云雾山一年四季，季季皆有景，季季景不同。木兰云雾山集峰、谷、堰、川、古寨、古建筑于一体，被称为木兰生态旅游区中的“百景园”。景区内有树木1000余种、中草药材600余种，奇花异草，四时交替，森林覆盖率95%以上。

云雾山历史悠久，宗教圣火始于唐开元盛世，当时山顶上已有寺庙，建有大雄宝殿、天王殿、法堂、藏经阁、观音殿等建筑，后来屡毁于兵火，故于宋天圣、元大德、明洪武年间迭经兴复。云雾山作为较早的佛道教胜地，受其影响，明以后，在其山上山下，复修了竹林寺，创建了下古寺、大士禅院、思源观等众多的寺庙宫观。竹林寺坐落于云雾山西麓尖刀山下的幽谷之中。寺院依山就势，布局恢弘，殿宇峥嵘，亭阁耸立。传说其寺香火始于明，盛于清，衰于民国初年。早在唐代，此处就建有寺庙，五代时遭兵燹毁没。明永乐时，由能济和尚在原小庙遗址上修建了竹林寺。寺前有“三生桥”，寓前世、今生、后世之意。桥下溪水潺潺，鱼乐水欢。寺后山体植被葱茏，一任蒿草、灌木及枫、柳、槐自由疯长。山色四季各不相同，春绿、夏红、秋黄、冬白，宜人山色四时交替、摄人心魄。“思源观”位于稻场王村的中心位置。庙前有象鼻山藏风聚气，周围山环水抱、植被葱茏，为道教理想之风水宝地。

云雾山风光宜人、空气清新、水质清澈，集峰、谷、涧、潭、堰、瀑、泉、溪、花、草、石、木、寺观、古寨、古建筑和高大山体于一身，主要景观有：八里柳溪、佛道两教、仙人洞、鹭鸟五万余只、茶园600余亩、湖面两个四千余亩、千年古寨（古寨内干砌石屋两千余间）、万亩野生杜鹃花。

“八里柳溪”是溪谷中飞瀑轰鸣、柳石密布，谷底溪水潺湲、曲折蜿蜒，

云雾山杜鹃

云雾山风光

溪边水草摇曳、苔藓斑斑。步入八里柳溪森林氧吧，逆溪而上感受大自然的乐趣，这里空气清新、青山碧水、绿树成荫，可谓是一座生态百景园，沿途可见在大自然鬼斧神工之下造就的各种奇特的石造景观，诸如：相拥石、长寿石、天龟探月石，亦可见很多可爱的动物，如野兔、松鼠、刺猬等。“十里花山”，是每年四月云雾山的杜鹃花花开之际，万亩的野生杜鹃花开得漫山遍野，十分壮观。在阳春三月去木兰云雾山玩赏，山上的迎春花、梨花、杏花竞相开放，尤其是进入四月，木兰云雾山的杜鹃花进入盛花期，此时的木兰云雾山，听到的是呢喃鸟语，闻到的是花草馨香，漫山遍野，目力所及之处都是杜鹃花的海洋，红白相间，漫山遍野，非常值得一看。在竹林寺南一箭之地，其下有一洞口，当地人称其为“仙人洞”，洞内纵深数公里，奇石遍布，形态各异。洞内有长廊、洞厅、石桌、石椅、石台、石柱，杉笋林立，石幔垒垒。木兰云雾山的冰雕和恐龙展也是非常值得一看的。恐龙谷的山林中藏着上百条仿真恐龙，种类跨越白垩纪、侏罗纪、三叠纪三个地质年代，有的还会发出可怕的低吼声，非常逼真。步入其中，仿佛走进了蛮荒的远古世界。这里是全国景区恐龙展品最多、价值最昂贵，集观赏性、趣味性、知识性于一体的恐龙大本营，是少年儿童、成人皆宜的游览、观光、娱乐互动的旅游胜地。

每年元宵灯会，黄陂木兰云雾山“舞僵狮子”盛行。黄陂人讲究“年小月半大”，可以不回家过年，但必须回家过节，这个“节”指的就是元宵节。于是，玩龙灯、舞僵狮、猜灯谜、看大戏，闹元宵成了这里最大的民俗盛会。正月十五夜灯亮的时候最为热闹、最为精彩，僵狮子不仅能爬到堆成山的桌子上，还会叼咬蜡烛，热油中拿取吉祥物；狮子还会去各家各户祈福，而户主会拿烟花爆竹恭迎，一旁有长老喝彩，祈祷来年风调雨顺。这种民风遗俗，是黄陂独特的文化遗产。

木兰山是花木兰故里、木兰文化之源，山上一草一木、一石一景都镌刻着木兰文化的烙印；木兰山是千年宗教名山，其宗教活动始于隋唐，盛于明清，佛道教共处一山，是历代道教、佛教的荟萃之地，是华中地区有名的宗教活动场所；木兰山是武汉市唯一的国家地质公园，其高压、超高压变质带是研究中国中部造山运动的金钥匙；木兰山是鄂豫边地区工农红军的革命摇篮，李先念、王树声、陈再道等革命家均在此留下战斗足迹；木兰山是天然生态宝库，其山势雄伟，风景秀丽，沟壑纵横，林木茂盛，绝对是不容错过的好去处。

（李晓梅）

14 东湖风景区：东湖暂让西湖好，今后将比西湖强

【东湖景区大事记】

西周时期，鄂王熊红曾在东湖筑池饮马。
战国时期，屈原行吟于东湖湖畔。
1856年，太平军与清军激战于此。
1930年，周苍柏在东湖西北岸创设“海光农圃”。
1950年，“海光农圃”定名为“东湖风景区”，开始兴建景区。
1982年，被国务院列为国家首批风景名胜区。
1999年，被授予“中国文明风景旅游区示范点”。
2001年，获得国家首批4A级景区称号。
2013年，晋升为5A级景区。

在中国武汉市武昌区东部，有一颗灿烂的东方明珠，它的名字叫“东湖”。东湖由郭郑湖、水果湖、汤菱湖、小汤菱湖、小潭湖、团窝、雁窝等湖组成，并通过沙湖港、青山港与沙湖、杨春湖、戴家湖等相连，形成东湖水系。全水系流域约190平方公里，其中东湖景区面积73平方公里，景区湖面面积33平方公里，是中国第二大城中湖。东湖美，美在四季之景；东湖美，美在东湖十景。东湖湖岸曲折，港汊交错，素有九十九湾之说。它拥有观景点100多处，12个大小湖泊、120多个岛渚星罗，112公里湖岸线曲折，环湖34座山峰绵延起伏，1万余亩山林林木葱郁，并拥有梅园、荷园、樱园等13个植物专类园。

“只说西湖在帝都，武昌新又说东湖。一围烟浪六十里，几对寒鸥千百雏。静木迢迢遮去雁，渔舟总总映飞鸟。如何不作钱塘景，好与江城作画图”，东湖在人们心目中的角色是多样的，它是一幅美轮美奂的风景画，又是一部令人陶醉的山水诗集。东湖的意义远远高于一个旅游景点带给人的身心愉悦之感，它诗歌般的意境更是现代人所追求的。东湖的美是大自然赠与江城人民甚至是全国人民的礼物。“远看山外日初升，近听东湖鸟语声，花影蝶飞香扑面，人来岛上小舟横”，是东湖一部绘声绘色的描述。“十里东湖柳色新，烟波画舫正逢春。雨丝风片云天外，楼外卖花三两声”，是东湖春之画。“点点荷花映日红，柳堤春晓听晨钟。秦风楚韵随云渺，坐对青山残照中”，是东湖夏之景。“ 江上秋风漾碧波，岸边红叶舞婆娑。 长天楼外鱼翻浪，鸟语林

间处处歌”，是东湖秋之歌。“漫天飞雪舞徘徊，一剪寒梅照水开。疑是仙姑扬柳絮，香飘万里玉人来”，是东湖冬之静谧。东湖的四季是迷人的，东湖的风景是醉人的。按照自然环境，东湖可分为听涛、落雁、白马、磨山、吹笛、珞洪六个景区，而本文主要汇集的是听涛、磨山、樱园、荷园、落雁景区的相关内容。

●磨山景区

磨山景区是5A级东湖风景区的重要组成部分、国务院首批公布的国家级重点风景名胜区，中央文明办、建设部、国家旅游局确定的“全国文明风景区旅游示范点”，国家首批4A级旅游景区。“湖上清风笑我痴，凌云无奈马行迟。何时归去磨山里，踏破芒鞋寻好诗？”东湖磨山景区令人如痴如醉。它是

磨山

中国最大的楚文化游览区，中国梅花、荷花研究中心所在地，世界三大赏樱胜地之一，是市民休闲娱乐的绝佳场所。磨山景区是东湖风景名胜区的核心景区之一。它居东湖中心，三面环水，逶迤六峰，总面积12平方公里。春樱、夏荷、秋桂、冬梅，四季花开不断，除了四季名花之处，春季还可赏杜鹃满山，夏天可赏百余种水生花卉。磨山景区集自然美景和人文韵味于一身，值得细细品味。

一、东湖磨山楚天舒——自然景观

江城武汉，美在东湖，东湖之美，则在磨山。磨山三面环水，六峰逶迤，既有众多的奇花异卉，又有优美如画的亭台楼榭。

33平方公里的东湖碧水在它的东西北三面紧紧环绕，使它犹如一座美丽的半岛。东湖素有"十里长堤，八里磨山"之称，磨山的花木等植物品种最多。经过几十年的建设与开发，磨山景区逐步建成并开放有集科普、观赏、游览于一体的13个植物专类园，即居全国四大梅园之首的东湖梅园，有世界三大樱花园之称的磨山樱花园，还有荷花园、杜鹃园、水生花卉园、盆景园、桂花园、蔷薇园、松柏园、山茶园、竹类园等。花的品种成千上万，景区形成了"夏荷冬梅、春鹃秋桂"四季百花齐放的格局。岁末春初，瑞雪纷扬，磨山八百亩梅花吐蕾绽放，疏影横斜，暗香四溢，淑女雅士，纷至沓来。四月樱花盛开，湖面平如镜，鸟雀唱山林；仲夏酷暑，游人入泳场消暑，纳凉倚繁荫，采风攀山顶，参加夏夜篝火晚会。九月秋风高洁，三秋桂子，十里飘香，万株红叶，层林尽染，诗歌般的磨山自然景观令中外游客流连忘返。

磨山西段山顶上有一座雄伟壮丽的两层亭廊建筑群，造型新颖，命名为"朱碑亭"，亭上悬挂着郭沫若同志所题"朱碑亭"匾额。亭前树立一块红色石碑，上刻朱德委员长生前为东湖的题词："东湖暂让西湖好，今后将比西湖强，东湖有很好的自然条件，配合工业建设，一定可以建成为劳动人民十分爱好和优美的文化区和风景。"朱委员长的话激励着武汉人民把东湖建设得更加美好。

二、惟楚有材——磨山人文景观

磨山不仅自然风光宜人，而且人文景观也令人叹为观止。磨山内的人文景观主要集中在古朴恢弘的楚文化。这里有仿古代章华台而建、可与江南三大名楼媲美的楚天台，反映先秦时期国家象征的楚城城门，被楚人视为真善美化身

楚城、朱碑亭（董宏伟 摄）

的凤凰（铜雕），古楚国人进行商贾贸易的楚市；楚国远祖、天文学家祝融（塑像），比泰山御字碑还大、毛泽东手书的“离骚碑”，展示楚国八百年历史中的名君、名相、名人、名事的“惟楚有材”雕塑园，记录宋代人袁说友游览东湖的“摩崖石刻”、刘备转运得天下的“郊天坛”、楚国神箭手养由基“一箭定乾坤”的清和桥等。这些景点文化内涵丰富、建筑艺术精湛，在全国独有。

楚文化历史悠久，是中国传统文化中的重要组成部分。关于楚文化中的“惟楚有材”还有一些民间传说。“楚”一般泛指湖北荆楚大地，荆楚大地人杰地灵，出现了不少的文人才子。明朝有个当官的叫王篆，他出生在湖北夷陵（今湖北宜昌），人们叫他王天官。他为了说明自己有才，就在夷陵河边，竖了一块牌坊，上书“惟楚有材”四个字。路过夷陵的外乡人中，也有许多文人，看到牌坊上的字都不服气，要难倒王天官，拆掉牌坊。一天，一位赶考的读书人看见这个牌坊很生气，对王天官说："倘若我在你们楚地找到没有才的人，就要砸掉你这'惟楚有材'的牌坊。"王天官说："那当然可以。"读书人来到一个荷塘池边，见一小孩放牛，就喊道："喂，小孩，我出一上联你能对吗?"小孩见这外乡人很有趣，便点了点头。读书人出上联道："荷花莲蓬藕。"小孩本没有读过书，听到这句话，只摇摇头咕哝道："说的么事话（湖北方言）？"读书人竟听成了"筲（shāo）箕（jī）麦子瓜"，心想，虽然粗俗些，总算对着了。他又来到一个宝塔边，见一挑粪老汉，便指着宝塔说："灵塔隐隐六角四方八面"，那老汉不懂什么之乎者也，也不想同他啰嗦，只一摆手扭头便走。读书人见状，回身赶到夷陵河边，要雇人砸牌坊。王天官问明经过，对读书人哈哈大笑说："哎呀，你差远了，你岂知我们楚地，小孩多是明对，老人都是哑对。刚才那老汉把手一摆，是对的："孤掌摇摇五指二短三长"。说得读书人无言以对，溜之大吉。又有一天，王天官打听到河边停靠一只官船，也是为牌坊而来。便化装成一个卖豆腐的老头，挑着担子来到江边，喊道："卖豆腐哟!"船舱里走出一位贵人说道："卖豆腐的老头，我出个对子你能对吗?"王天官说："对得不好请不要见笑。"只听贵人说道："磨大眼小粗进出细。"王天官笑道："这是说我的买卖呀"，他对的是"秤直钩弯知轻识重"。贵人大惊："卖豆腐的也有这么好的才学，果然是楚地有才呀！"这样，"惟楚有材"的名声越传越远，知道楚文化的人也越来越多。

三、东湖梅园——中国梅花研究中心所在地

磨山景区是东湖风景区的重要组成部分，其优美的自然景观和浓厚的人文景观令来往游客流连忘返。磨山景区从不吝啬，每次都将自己最美的风景展现给游客欣赏。除了上文所述优美的自然环境和富有浓厚楚文化的人文景观，磨山景区还有自己独特的优势，紧紧地抓住了游人的心，让人们有"来武汉不来东湖算是白来，来了还想再来"之感。

"冰雪林中著此身，不同桃李混芳尘。忽然一夜清香发，散作乾坤万里春"。这是元代著名画家、诗人王冕对梅花的赞美。武汉东湖磨山梅园为全国四大梅园之首，既是中国梅花研究中心所在地、中国梅文化馆所在地，又是全国著名的赏梅胜地，冠绝全球。梅花以五福——快乐、幸运、长寿、顺利、平安，饮誉古今中外。东湖梅园是武汉市唯一一座观赏市花——梅花的专类园，面积800余亩，现有梅花品种达320余种，种植梅花2万多株，是中国梅花中心

东湖梅园（董宏伟 摄）

的所在地，是我们在传统节日——春节之际最著名的赏梅胜地。

东湖梅园建立了至今世界上规模最大、品种最全的梅花品种资源圃。中国梅花研究中心自1991年3月10日由中国花协批准成立以来，在中国工程院资深院士陈俊愉先生的帮助下、在赵守边教授的带领下，通过引种、选育、杂交授粉等多种途径，已从上世纪50年代的74个品种达到了现有的320余个，成为梅花国际登录的重要基地。为弘扬梅花文化、促进梅花的产业化发展，让梅花早日进入国际市场，梅花研究中心开展了多种科研项目的研究，其中“中国梅花品种资源圃”建设获林业部科技进步二等奖，“梅花DNA指纹图谱的建立”“梅花小盆梅速成栽培研究”等项目达到国际国内先进水平，并获得科研成果证书。目前已配套建设了组培室、实验室，冷库及中国梅花研究中心网站。独特的梅文化使得武汉梅花节已经成为广大游客和武汉市民春节期间不可或缺的文化盛宴。

●听涛景区

听涛风景区位于东湖西北岸，是东湖风景区中最早建成开放的景区。占地面积2540亩，其中湖面面积400亩，陆地面积2160亩。1952年，东湖风景区建设全面展开。经过50多年的开发建设，建有由纪念屈原的景点行吟阁、屈原纪念馆、橘颂亭、沧浪亭、湖滨客舍等组成屈子文化游览区；有先月亭、寓言雕塑园、可竹轩、水云乡、和平龙、濒湖画廊、碧潭观鱼、长天楼、落霞水榭、鲁迅广场等特色景点；还有纪念太平天国英烈的九女墩和为蒋介石45寿辰建立的湖光阁等历史陈迹；近年又相继建成了观景平台、楚风园和中国内陆最大的东湖沙滩浴场等新的游览景点。湖滨平坦的草地和广阔的湖面相连，特色景点与多种名贵花木相映成趣，构成了东湖听涛景区这一道靓丽的风景线。该景区以大面积的自然水景为主题，兼有园林和建筑，融合了浓郁的楚文化地方风情。

一、碧波千顷天如水——听涛景区的前身

听涛景区的前身是民族资本家周苍柏先生的私家花园——海光农圃，也是东湖第一个开放的景区。1930年，民族资本家周苍柏焦虑于武汉市民沉溺赌博

听涛景区（董宏伟 摄）

和鸦片之中，故将自己的绝大部分收入，专门用于兴建东湖西岸的海光农圃。海光农圃开发建设了一个苗圃、一片桃林、一个动物园、一个专门观鱼的天鹅池以及一间米坊和一间香坊，其主要功能是为武汉市民提供一个休闲娱乐场所。市民们一边在“海光农圃”锻炼身体，同时还可以进行农业生产以及花木果树的栽培。海光农圃在当时成为极受群众喜爱的“城市公园”。1938年10月，武汉被日军侵占，周苍柏被迫迁往重庆，海光农圃委托他人管理。1942年，日本侵略者强行霸占海光农圃，毁坏了一些娱乐设施、果园和房屋建筑。抗战胜利后，周苍柏回到武汉，尽力恢复海光农圃，由于战乱后的经济凋敝，海光农圃的规模总不及当年。1949年，周苍柏主动将海光农圃献给了国家，海光农圃随即更名为东湖公园，并成立东湖建设委员会，周苍柏任副主任委员。此后，听涛景区逐渐走向现代化。

二、楚宫梦断寻无路

行吟阁。位于东湖西北岸中部的小岛上，1955年修建，它四面环水，由荷风、落羽两桥与陆路相连，为纪念战国时期爱国诗人屈原被放逐时行吟东湖泽畔而建。阁名出自《楚辞·渔父》：“屈原既放，游于江潭，行吟泽畔”。阁系钢筋混凝土仿木结构，高22.5米，平面呈正方形，三层四角攒尖顶，古色古香。行吟阁雄健俏丽，颇富民族风韵。阁前立屈原全身塑像，像高3.6米，基座高3.2米，造型端庄凝重，屈原翘首向天，款款欲步。

相传屈原到江夏后，自感满腔抱负无法施展，一人孤零零地来到东湖西北岸远眺珞珈山与磨山，见远山近水写满苍凉，于是百感交集，大放悲歌：后皇嘉树，橘来服兮，受命不迁，生南国兮……公元前278年，秦大将白起率兵攻破楚国都城郢，这对于遭放逐九年、漂泊困惑的屈原来说是一个沉重的打击。国破家亡、身陷绝境，屈原忧愤至极，于当年五月初五抱石自沉于汨罗江。今听涛景区内还修建了屈原纪念馆、橘颂亭等屈子文化展览区。

长天楼。这是一座具有民族特色的宫殿式建筑，1956年修建，为砖木水泥结构，翠瓦飞檐，分上下两层，面阔七间，进深两间。全楼可容纳千人同时就餐品茗，游人凭窗远眺，碧波万顷，有“落霞与孤鹜齐飞，秋水共长天一色”之感。毛泽东、周恩来等中央领导人曾多次在此楼休息，并接待过许多国际友人。长天楼左旁是鲁迅广场，鲁迅半身坐像映衬在一丛丛翠柏苍松之间。广场上芳草如茵，水杉成林。楼前有落霞水榭，仿木石舫，旋梯登楼，秋水、蓝天、绿树……一幅天然山水画映入眼帘。长天楼后北，有亭名取自唐代诗人柳宗元《渔翁》诗中的名句“欸乃一声山水绿”的“欸乃亭”。翠瓦飞檐，形若宫殿，轩敞明洁，两端配以端直柱廊，通达左右方形凉亭，布局有序，气势雄伟。楼前重台，缀植佳木；楼后庭院，修饰雅丽。登楼眺望，碧波万顷，欲接蓝天，令人胸怀坦荡。

楚风园。位于梨园广场以北150米，占地3.16公顷，建有“五十一兽屏”、鸳鸯豆、乞天求雨等楚文化雕塑，并有荷、橘、桑等湖北乡土植物。该园于2009年9月底开放。

九女墩。位于东湖西北小山丘上，楚风园偏东北200米，相传太平天国军占领武昌时不少获得解放的妇女参加起义。后清军反扑，于城郊大肆屠杀，有女兵九人，不为敌威所屈，在此英勇抗击，壮烈牺牲。乡人将其遗骸合葬于此。时为避清政府迫害，故不称“坟”而称“墩”。新中国成立后，加以培修，在岗顶墓前建有70平方米的层台，周有护栏，南有36级台阶，中立雄伟纪念碑，上镌董必武、宋庆龄、郭沫若、何香凝、张难先等所写碑记和题词。董必武在诗中称赞九女“自求解放入天军，巾帼英雄著义声，群众最怜英雄女，口碑传出足千秋”。宋庆龄肯定“她们的反抗，为了人民，她们献出了一切”。何香凝题词为：“鄂中巾帼九英雄，壮烈牺牲后世风。辛亥太平前后起，推翻帝制古今崇。”墓地周围，遍植桂花树，每到中秋时节，便幽香浮动，显得庄严而又肃穆。1956年，湖北省将此定为省级文物保护单位。

湖光阁，俗称湖心亭，原名“中正亭”，1931年为纪念蒋介石45岁寿辰而建，建在东湖中心狭长的芦洲上。“中正亭”是夏斗寅送给蒋介石的寿礼。夏斗寅1926年投靠蒋介石，任国民革命军独立十四师师长。在“四一二”反革命政变中升为新编第十军军长。在1929年蒋桂战争中，助蒋攻桂，占领武汉，成为武汉警备司令。夏斗寅不忘报答蒋介石对他的知遇之恩，故为蒋建生祠，以示忠心。因时已共和，改用其字，称“中正亭”。1931年秋，夏斗寅出任湖北省主席，适逢中正亭竣工，即请蒋氏夫妇来武汉接受其45岁生日的特殊寿礼——中正亭。该亭底径14米，高19米，上下两层，八角攒尖顶，飞檐外展，上覆翠瓦，掩映于疏林之间，更显卓俊俏丽。阁为三层六面，飞檐绿瓦，登阁四顾，游船轻移，景象万千。雾日，水天一色，湖光高阁，似蓬莱仙境，无不令人向往。

碧塘观鱼

碧塘观鱼，碧塘观鱼与濒湖画廊相邻，是一组民族形式的曲桥亭廊的水上园林建筑。该景点为四亭一厅，建有大小水池。厅内展览金鱼，池内饲养淡水鱼，游人步廊观鱼。四周碧水涟漪，满目荷叶，照脸成碧。距此不远的鱼乐园饲养着色彩缤纷、千姿百态的各色金鱼和热带鱼120多个品种，每年生产鱼苗10万余尾。

寓言雕塑园，寓言园是我国第一座以中国古代寓言故事为题材的雕塑园，位于东湖听涛区的南端，占地4.4公顷。1986年开始兴建。寓言雕塑以鲜明突出的形象故事和深刻谐趣的寓意，令游人驻足。现已建成的有“狐假虎威”“愚公移山”“自相矛盾”等十几组寓言雕塑，皆以优质花岗岩石或黄铜等原料制成。雕塑园内还有取意“近水楼台先得月”的先月亭。其湖水环绕，妙趣盎然；高坪上有“可竹轩”，轩后有修竹百竿，临风摇曳，声韵可听。

沙滩浴场。位于东湖渔场以南，占地面积7.27万平方米，其中沙滩区1.41万平方米，泳区3.93万平方米，停车场4600平方米，情侣岛1600平方米。内有欧式风格的服务用房1499平方米，哥伦布船一艘，铺海沙1.61万吨，植乔木448株、灌木15482株，铺草坪1.09万平方米，于2000年9月底开放，它是中国内陆城市最大的海沙浴场。

●樱园

东湖磨山樱园位于梅园近旁的磨山南麓，占地260亩，有樱花树1万株。园内种植的第一批樱花由日本前首相田中角荣赠送给邓颖超，再由邓颖超转赠东湖。绝大部分樱花是中日双方1998年共同投资栽种的。武汉东湖磨山樱园与日本青森县的弘前樱花园、美国的华盛顿州樱花园并称为世界三大樱花之都。

近几年来，武汉樱花吸引了不少来自海内外的游者前来观赏，已经成为武汉旅游的代名词。武汉大学樱花享誉中外，然而武汉东湖的樱园也毫不逊色，在这浪漫的樱花背后蕴藏着一段尘封的往事。

一、樱园史话

关于樱园的来历离不开备受人民尊敬的周总理。据说周总理尤爱樱花，他

樱园（董宏伟 摄）

在1919年4月东渡日本之时曾多次写下赞美樱花的诗句。在《雨后岚山》中写道“山中雨过云愈暗，渐近黄昏；万绿中拥出一丛樱，淡红娇嫩，惹得人心醉。”后在《雨中岚山》（1919年4月5日）写道：“雨中二次游岚山，两岸苍松，夹着几株樱。到尽处，突见一山高，流出泉水绿如许，绕石照人。潇潇雨，雾蒙浓，一线阳光穿云出，愈见姣妍。人间的万象真理，愈求愈模糊，模糊中偶然见着一点光明，真愈觉娇妍。”这些优美诗句，现在还镌刻在日本京都风景名胜地岚山公园。日本各界对周恩来非常崇敬，一直希望周恩来能在樱花盛开之时访问日本，但未能如愿。最后，为纪念周恩来享年78岁和1978年签订中日和平友好条约，日本前任首相田中角荣在1979年4月邓颖超访日时赠送了78株山樱花，邓颖超选择在周恩来生前生活和工作过的武汉东湖定植。于是在樱花园里，建立了“七十八樱花亭”，最珍贵的78株樱花均用木栅栏保护着。由此可见，武汉东湖磨山樱花园始建于1979年。

1998 年武汉东湖与日本青森县的弘前樱花园共同投资兴建武汉东湖磨山樱花园，栽种了大量樱花。磨山樱花园以仿日建筑的五重塔为中心，配以具有日本园林风格的水体、小岛、溪流、虹桥、叠水、卵石、鸟居、斗门等，是中

樱园（董宏伟 摄）

日友好往来的象征。樱花按开花时序，有早樱、中樱、晚樱。早樱在 3 月初就已盛开，3 月中下旬至 4 月上旬是樱花绽放的繁盛期，也是赏樱的最佳时期。目前武汉磨山樱花园共占地 300 亩，有 10078 株樱花，拥有樱花品种 60 多个，包括许多珍贵樱花品种，如“飞寒樱”“八重红垂枝”“变大岛”“普贤象”“松月”等，还有珍稀名贵的绿樱——“御衣黄”等。

二、漫步樱园

东湖樱花园以秀丽的磨山为背景，四周松柏掩映、花海萦绕，处处皆景、物物有情。漫步其中，如雪海般的樱花树下，点缀着棵棵垂丝海棠，穿园而过的溪水边，盛开着金色的迎春花。春暖花开之际，紫色的二月兰、金黄的油菜花，与樱花相映成趣，形成三维的赏花空间，是驻足留念的绝佳之地。与樱花园毗邻的丹麦园、法国园中鲜艳亮丽的郁金香、芳香浓郁的风信子、郁郁葱葱的常绿灌木、色彩斑斓的童话建筑，仿佛一抹彩虹点缀在园中，无不散发着大自然的清新之气。

当然，樱花在不同时间段也呈现出不同风情。白天赏樱，置身樱之海洋，花瓣随风摇曳空中，灿若云霞的单瓣樱花，雍容华贵的重瓣樱花，还有婀娜多

五重塔（董宏伟 摄）

姿的垂枝樱花，带来一场场浪漫的樱花雨，给予人们如恋爱般的温馨。如果说白天赏樱是落英缤纷、浪漫温馨，那么夜间赏樱则流光溢彩、如梦如幻。夜晚的东湖虽没有自然光线的洒落，却有着人工光源的照射。景区采用保护植物的节能冷光源，在樱花树下配置了各种卤灯、水下全彩LED灯，绚丽的彩灯烘托出满树的花影，灿烂中饶富神秘感，让游客在花前月下感受浪漫情怀。

三、趣味樱园

近年来，“樱花热”已成为一股潮流，也带动了一方的旅游盛况。武汉现在正着力打造“武汉新花城”旅游品牌，每年三四月份，从赏樱开始，武汉赏花游的序幕也逐渐拉开，通过京广高铁、宜万铁路、合武铁路等迎接全国各地慕名而来赏樱的游客，樱花也成为了“五朵金花”中最受省内外游客喜爱的花卉。阳春三月，几千株樱花烂漫盛开，绯红满园，微风吹来，花枝摇曳，落樱缤纷；鲜花木塔，清香满园，漫步其中，流连忘返。追一时烂漫春樱、赶一场樱花飞雨、赴一次浪漫之约、赏一回梦幻夜樱，使东湖樱园成为春季旅游的不二之选。

每年樱花节都会呈现不同的景色，有着独特的主题。游客在赏花之余还能参与丰富多彩的互动，如萌宠DIY之旅、汉文化盛宴、万人相亲节等。2015年，市政府邀请50名留守儿童欢聚樱花树下，让他们用缤纷的彩笔勾画出个性萌宠，度过一个幸福欢乐的周末。汉文化盛宴上，数十名女子身着汉服演绎茶道、古琴以弘扬中国的汉文化，为游客带来一场视觉文化盛宴。浪漫之约，大型相亲会更是吸引不少俊男靓女前来体验，单身人士可到樱园赏花寻缘，情侣们亦能携手相约，步入花的海洋。此外，还有充满童趣、精彩不断的动漫童话展，白雪公主等十余组深受儿童喜爱的卡通形象将与游客邂逅，数十名迪士尼卡通人偶共聚樱园齐跳热舞、现场互动，为游客带来不一样的游园体验。

除了大型游园活动，樱园还会适时举办樱花科普知识展，在樱花园小广场周边，利用展板向游人展示有关樱花的品种、花期、产地、樱花文化等科普知识，在游玩之时又可增加知识，何乐而不为呢？在所有活动中，最引人注目的应属樱园美食汇了。在武汉这座“好吃佬”之城，少了什么都不能少了美食，所以在樱花节期间，樱花园美食区内会举办美食文化节，除集中武汉特色小吃，还会专门推出樱花食品，让游客品尝不一样的风味。

樱花盛开之时，最惬意的莫过于携好友二三，或和家人相约于此，赏赏绝美的樱花，体验一场浪漫的野炊，让大家拥有一个真正的“家庭日”和“友谊日”。

●荷花园

东湖荷花园是中国荷花研究中心所在地，园内共有14个品种群的700余个荷花品种，占全世界荷花品种的80%以上，可谓是世界上最大的荷花品种资源圃。荷花园每年6月中下旬至8月中旬举办东湖荷花节，推出游园赏花、水生花卉展、寻找并蒂莲、文艺晚会等特色活动。

东湖荷景在历史上处于自然野生状态，从相关诗文中可窥得荷与自然山水相得益彰的传统意象，东湖荷景的形象美源于其自然地理环境。“一围烟浪六十里，几对寒鸦千百雏。野木迢迢遮雁去，渔舟点点映飞鸟。”这是宋人袁说友在《游武昌东湖》中，为东湖自然美所折服有感而发，欣然描绘了东湖的“大”与“野”。杨铎《沙湖三唱》中指出“山水秀丽，迥异伦比，绝未粉饰，一任天然，殆如村女之乱头粗服，别绕风致也”，将东湖山水比作闺阁美

东湖荷园（董宏伟 摄）

人，自然质朴。

荷花园除了得天独厚的自然环境，也包含许多人文意蕴。历史上，东湖荷景受楚国荷文化 、《楚辞》荷文化等影响。随着人居环境的发展，东湖由“城郊型风景区”转变为“城中型风景区”，并逐渐开始人工植荷，其审美文化也由自然环境维度向社会文化维度转变。其中以“荷苑文采”和“植物园”为代表的科教文化最为突出，将科研教育与产业文化相结合，成为科研、种植、科普与文化宣传的综合基地；另有“荷满菱湖”“鹊桥合欢”为代表的生态文化；“雁中咀”“下梁村”等为代表的农耕文化，脉络清晰，意蕴丰富。

在动态体验上，东湖荷景的动态审美首先表现为以动态的形式获得的体验之美，登山远眺、登楼俯瞰、信步纵览、荡舟仰望，视角的不断变换使人获得连续的体验。其次则是借色香声影、物候天象而成的动境之美，如《园冶》提及的“十里荷风”“红衣新浴”“碧玉轻敲”“远来荷香”即为此类。再次则是东湖荷景动态的色彩序列，如听涛景区红、白、黄等纯色荷与红白、黄绿等

荷花（董宏伟 摄）

复色荷相互穿插形成空间色彩不断变化的序列。动静之间给人以浓郁的抒情氛围。

●落雁景区

东湖落雁景区是国家5A级东湖风景名胜区的重要组成部分，它北依白马景区，南与磨山景区隔湖相望，东临青王公路，规划用地总面积为10.24平方公里，其中陆地5.92平方公里，水域4.32平方公里。景区水域面积以团湖水域为中心，出地面积以沿岸半岛、坳谷和岗地相间为主，以湖泊岛屿为辅，沿湖水生湿地植物十分丰富，陆地植物种类繁多。自2000年起，东湖风景区管理局利用三期旅游国债资金开发建设落雁景区自然生态园，先后建成了清河古桥、鹊桥相会、雁洲索桥、芦洲古渡、赵氏花园、古树奇观、雁栖坪沙、芦洲落雁、乌龙潭、乌龙井等十大景观。自然生态园总面积345亩，由四个伸向水中的半岛组成，该园植被茂盛、风动林涛、港汊交错、水鸟众多，东湖风景区得天独厚的自然风光造就了它秀美的生态环境和景观，同时园内还集中修建了一批体现楚地民俗文化历史的雕塑和建筑，使旅客在欣赏旖旎景色回归自然的同时走进历史长廊，领略楚地民俗文化的经典。

一、清河古桥

清河桥是落雁景区连接磨山景区的陆地通道，是落雁景区水上主要标志性建筑。相传这里曾是春秋时期的古战场，楚国楚庄王在此地的古清河桥打了一次大仗，平定了叛乱，留下了楚国神箭手养由基“一箭定乾坤”的动人故事。春秋时期，五霸之一的楚庄王早年大权旁落，楚国的令尹斗越椒发动叛乱，起兵反对楚庄王，两军在东湖一带相遇，楚庄王措手不及，匆忙退到一座小山，亲自擂鼓督战，故该山便叫“鼓架山”。之后斗越椒拉开弓箭射向楚庄王，庄王躲闪，紧急时刻，养由基出面与斗越椒约定，自己代庄王先受三箭，如若射中则把楚国交与斗氏；如若未中，则自己还之一箭，天下仍是楚王的。因斗氏对自己的箭法很自信，爽快了达成这一约定，然而天命所归，养由基三箭全部闪躲，最后一箭射向斗氏，结果了斗氏性命，楚王也逃过此劫。这便是“一箭定乾坤”的来历。

该桥主要特点是采用了具有楚文化特征的设计，以随州擂鼓墩楚墓出土

雁洲索桥（董宏伟 摄）

的镇墓兽其下部结构用于桥的平台及主桥墩处，此结构为中国建筑的精髓部件——斗拱的最早实物形态。其强有力的举势，犹如巨人的双臂在千顷水面中擎起一道彩虹，在全国古典桥梁建设上为首创。桥的主跨两侧设计了四个桥台，各为8米见方，站在清河桥上可观东湖二十四景中的七景，近睹有芦洲落雁、天台晨曦、烟波渔歌，远眺有楚天极目、双峰夹镜、空山悠笛、龙舟竞渡。桥台提供了一个极佳的水面观景台，使东湖的水美山美展现无遗。桥体中间为一大型独立的仿真汉白玉，其图案为随州曾侯乙墓出土文物放大玉器双龙玉佩。桥栏杆为仿真汉白玉，是荆州出土的楚文物放大了的龙凤图案。

清河桥的建成将大东湖内的团湖和后湖融为一体，好似卧在水上蛟龙戏水，把东湖装点得更加美丽多彩。

二、鹊桥相会

鹊桥位于景区大门，其桥身是根据我国古代著名的赵州桥仿造设计，为单拱的弧形敞肩拱式，全长77米，桥的东边为牛郎披着牛皮带着两个孩子正在追赶织女大型铜塑，西边为织女盼望全家团聚，从天上飞向人间的铜塑，象征着牛郎织女七七相会。桥中间建有相会亭，是牛郎织女相会之地。全桥为石雕云彩图所托起，桥面有无数的喜鹊所组成的云鹊图，据说桥身和桥面上共有九百九十九只喜鹊，再现喜鹊搭桥的寓意——长长久久。

每年仲夏时节，落雁景区都会举办“七夕鹊桥会”吸引着众多俊男靓女们前来寻觅良缘。其间，园区将会设置许多趣味性活动，如相亲牌寻缘、鹊桥婚礼、相亲名片漂流、月老树结缘、相亲故事会等活动，鼓励单身男女们前来体验一回盛大的游园会，享受一次梦幻的夏日，邂逅一场浪漫的约会。

三、雁洲索桥

雁洲索桥位于东湖落雁景区内，是景区的一大特色建筑。索桥全长120米，宽2米，是根据民间吊桥和四川都江堰上的过江索桥而创意设计，桥墩是采取出土汉代砖上的图案而建的水阙。木板铺在铁链上形成桥面，两旁的铁索就是扶手，桥下为团湖。傍晚气温下降，凉爽的湖风吹过，内心平静如水。

索桥优美的弧线体现了它极佳的亲水性，其主跨弧形中心的悬底距湖面距离为1米，丰水期的时候还不足一米，人走在上面如水上漂一般。雁洲索桥也叫“连心锁桥”，桥上有一把同心锁，游客也可购买同心锁刻上名字锁在桥链上。站在桥上可一览东湖美景，一边是湿地，一边是芦洲古渡，景色十分迷人，令人身心舒畅。

四、芦洲古渡

据记载，昔时东湖与长江相通，当时的团湖是东湖中景色最好的一个子湖，沿湖芦苇遍布，碧波荡漾，景色优美。清末民初买办赵宗涛看上落雁景区的美景，在此修建了花园别墅，广邀官宦富商前来游玩，一时间团湖港湾百帆交汇，这个停靠官商船只的码头就是今日的“芦洲古渡”。

芦洲古渡四周树木参天，写着“芦洲古渡”四个大字的木牌伫立在湖边。沿湖建有一座小木屋，岸边停靠着一艘木船，随着波浪缓缓浮动，仿佛正等待着游客上船，即将扬帆起航。

五、赵氏花园

赵氏花园遗址，是清末民初买办资本家赵宗涛的花园别墅。占地面积约150亩，当时拥有花园别墅、宾客住房（即徕鹄山庄）等建筑设施现保留有花园牌坊、膳食堂、乌龙古井、芦洲古渡码头等建筑设施和其手植的名木古树。

曾经的赵氏花园青砖黑瓦、木质地板，整体格局分为别墅主体、徕鹄山庄和膳食堂。其主体占地面积700平方米，分上下两层结构。其中包括客厅、厢房、主卧室、侧卧室、书斋、阳台等配套设施。客厅正中悬挂一幅中堂国画，

化蝶

画面是一只上山的猛虎，猛虎的右侧有三两株苍松，苍松脚下是几块巨大的山石，山石脚下流淌着悠然的溪水，溪水边缘点缀着一些疏密有致的兰草。中堂两边对称挂了一副对联，上联是：卧听松涛坐听雨；下联是：静观山色动观云。书斋名曰搏浪斋。斋房上方摆设一方古红色的书案，案上有文房四宝，书案后方及左侧墙壁设有两组书柜，柜中多排列着一些经商的书籍和古典诗词名著；书案对面及右侧，布置了两组米色的沙发。

徕鹊山庄占地面积1000平方米，主要供来客居住。其格局共分两组，两组各分上下两层。两组建筑与花园别墅呈犄角之势，并有亭廊水榭穿连相接，彼此之间互为映衬，错落有致，其间园路曲径通幽，虽有花墙分割，又彼此回环畅通，园中绿树成荫，花木茂盛，山石自然成趣，小桥流水，苍痕点染，诗情画意，引人入胜。

膳食堂占地面积300平方米。是赵氏家人和来客的膳食进餐之处，建筑格局分为大饭厅、雅客厅和仓库、备案房、火房、厨师休息室、管家佣人居住处。常年菜谱有："三鲜鳜鱼""青椒菱禾""清蒸鲈鱼""玉指空心""蟾蜍折桂""野鹤惊春""渔舟唱晚""沉鱼落雁""月点波心""玉笋香飘""野芹炒白干""荇菜氽汤圆"等。

六、古树奇观

和赵氏花园一墙之隔的古树名木园占地320亩，遍植桂花、梅花、雪松、广玉兰、银杏等70多种花木，百年以上的名木有100余株。从古渡码头走过湿地森林，一片古木参天，池杉清俊，香樟倩丽，飞鸟盘旋，萤虫摇曳；又有蜻蜓点水，游鱼甩尾，动中有静，静中有动。此等景致，配合着欲藏还露、将见仍无的阳光，随着脚步的腾挪，于一潭之中，倒变出万千的气象，犹如踏进世外桃源一般。

七、雁栖坪沙

乌龙咀上有一大片草坪，草坪上有块天然形成的巨石，外形酷似两只大雁在此栖息，“雁栖坪沙”由此得名。

八、芦洲落雁

落雁景区内乌龙咀、关中咀形成湖心半岛，半岛上环境幽静，高大的池杉、水杉成为大雁、野鸭、白鹭栖息的天堂。

一年四季，不论哪个季节到这里来，你都会有不同的惊喜。绿绿的芳草，密密的树林，长长的索桥，猎猎的芦洲，还有天空成群的大雁，水面嬉戏的野鸭，水底敏捷的龙虾，水面茂密的野菱，都会使你体会到自然的和谐，让你心旷神怡，流连忘返。

九、乌龙潭

乌龙潭位于东谷山冲底头，两山夹峙，中为一线幽涧，树木交翠，绿荫掩映。潭上平列着一排一丈多高的巨岩，彼此乱杂形成瀑床，泉源来自长冲、芦林之水，终年流不间断，水分五股从隙缝中轻飘而下，就像五把灿烂银梭斜立崖前。下端潭面平阔不深，河水清澈，是观瀑佳处。潭旁石上刻着 “ 龙泉 ” 二字。相传潭里有条乌龙，性情温顺，修炼从善，乐施好助，每逢大旱，便为山林喷雾生云，普降甘霖，因而深受民间崇敬，每年农历六月六日，山民们都到这里来祭祀。

十、乌龙井

乌龙古井，相传为楚庄王平定叛臣斗越椒叛乱时官军的饮水之处。此井深六丈，泉涌于底部乌石之隙，井水甘甜爽口，不论天干雨多，水位始终不变，水静时湖面波光不兴，水动时湖面波涛汹涌，故民间传说此井为乌龙之眼，龙睡水静，龙醒波兴。据说赵宗涛先生当时选址在此兴建赵氏花园时就因为有了

芦洲落雁

这口千年不竭的古井才下定决心在此建房、纳妾、休闲度假。赵氏三姨太常常在此临妆品泉，祈求漂泊在外的赵先生出入平安。井口内绿草从石头下长出，仿佛要遮挡住那一眼清泉。

（汪玉玲 杨颖）

15 汉水公园：废弃地的生态回归

【汉水公园大事记】

1995年，武汉市政府批准，始建汉水公园。

1996年，11月正式建成开放。

2008年，武汉市园林系统将汉水公园列为12个绿地项目之一。

汉水公园花廊

● 涅槃重生的汉水公园

汉水公园坐落于武汉市汉阳区郭茨口汉江之滨，原址为郭茨口垃圾场，1994年开始筹建，两年后建成开放。由于公园紧邻汉水，便被命名为“汉水公园”。汉水公园的总体规划面积63公顷，现实际建成面积10.1公顷，绿地率达91.6%。汉水公园是以奇石、树桩盆景为特色的生态主题公园。园内建有三峡石、太湖石、灵璧石、硅化木等多处独立成景的原石自然景观，有以灵璧石为主的十二生肖园区，以产自辽西和缅甸的赫黄色的古树化石为主的硅化木园区。园内还建有知音桥、花廊、竹径、紫薇园、红叶李园、雪松园、生态湿地等各色景点小品。

● 绝无仅有的两个“第一”

汉水公园的历史虽然较短，却拥有两个“第一”的头衔。首先，它是第一个在污染源上建的公园，不但在武汉市是首个，在全国也是首创。在经过改造之后，汉水公园成为一个以生态优先、物种多样、景观小巧为特点的人工生态公园。公园内的水景点是尤为成功的一个代表，汉水公园内的水景点实质上是人工在污染源上挖掘的人工塘，开始时乱糟糟的塘水在经过治理之后，水质变得清澈洁净，还种入了诸多具有观赏价值和清洁水质功效的植物如荷花、芦苇、香蒲、水菖蒲、睡莲、黄花鸢尾、蒲苇等。如今的池塘，已经脱胎换骨自成一方美景，游人目睹的是一片欣欣向荣的优美水景。其次，它还是武汉市第一个免费向市民开放的公园。园内仿照江南园林风格，假山、小桥、流水、奇石、盆景一应俱全。公园中的奇石以象形石居多，品位高雅，天然成趣，造型以动物为主，大象、犀牛、长颈鹿等无不惟妙惟肖。盆景利用国家二级保护植物“对节白蜡”等湖北地域盆景资源，采用楚天派树石盆景的艺术手法，选取中国传统的地盆制式集中栽植的大中型桩景，在武汉市极为少有。公园园花木槿，花期为7月到11月之间，园内木槿现已攀扎成曲径通幽的花廊近300米，其长度是武汉之最。这里也许没有古琴台的历史文化积淀，也没有恢弘大气的波涛拍岸风光，但却像隔壁的邻居一样亲切，或放下压力肆意奔跑，或三四好友高谈阔论，或面向湖水独自浅眠，在这令人心旷神怡的满眼绿色中，可以轻松自在地度过闲暇时光。

● 广为流传的知音故事：

在汉水公园中，最为人所津津乐道的还有一对胞胎，分别是知音桥与知音

汉水公园知音亭

亭，它们的名字都源于一段传说、一对知音。早在《吕氏春秋》中就有关于伯牙、子期这对千古流芳的知音的记载。春秋时期的贵族俞伯牙，同时也是一位极负盛名的音乐家，善弹琴，师从成连。在老师的指导下，伯牙渐渐悟出了音乐的真谛，他总是将自己的感情融入乐曲之中，用琴声表达他像高山一样巍然屹立于天地之间的情操，以及像大海一样奔腾于宇宙之间的智慧。然而一直没有人能够真正听懂他的琴声，直到他奉命出使楚国时偶然间遇到樵夫子期，才终于有人能够与他的情操和智慧产生共鸣。尽管子期比伯牙的阶级地位低，但这并没有影响他们之间的音乐交流，无论伯牙如何弹奏，子期都能够准确地理解他的心意，伯牙为有此知音而大喜，却因身负公务不得不与子期告别，双方约定来年再会。次年伯牙如约前来，却得知子期与世长辞的消息，悲痛欲绝之中弹起高山流水之曲，以悼亡灵，随后破琴绝弦，从此不再鼓琴。汉水公园中，知音桥与知音亭这两个以“知音”命名的景点，意在怀念伯牙子期的同时，给生活在当今社会的人创造可以静下心来和知己好友浅谈漫步的一方天地，可谓知音桥上会友朋，知音亭边遇子期。

● 众说纷纭的十二生肖

园内建有三峡石、太湖石、灵璧石、硅化木等多处独立成景的原石自然景观，如以惟妙惟肖动物造型的灵璧石为主的十二生肖园区。十二生肖的动物造型不仅外观新奇有趣，而且有着意味深长的古典文化内涵。虽然关于十二生肖的传说、寓言故事等数不胜数，但在民间流传最广的内容除了今天为人们所熟知的用以纪年之外，还有十二生肖在古代还分别对应十二个时辰用于记时的传统说法，这是由古代劳动人民根据动物出没时间和生活特性，经历了长时间的观察而形成的。其中鼠对应子时，即晚上11时至第二天1时，由于鼠在这个时间段活动最为大胆、活跃，因此子时与鼠搭配。牛对应丑时，即凌晨1时至3时，这段时间是牛吃足草之后的反刍时间，为早晨开始的耕地积累力量，因此丑时与牛搭配。虎对应寅时，即凌晨3时至5时，据古书记载，此时是老虎最为凶猛、伤人最多的时间，因此寅时与虎搭配。兔对应卯时，即清晨5时至7时，这时段太阳还没露面，月亮的光辉还未完全隐退，月宫中的玉兔成为月亮的象征，卯时与兔搭配。龙对应辰时，即早晨7时至9时，传说中这是神龙行雨的时

十二生肖园林中的兔石

间，于是辰时属龙。蛇对应巳时，即上午9时至11时，据说蛇在这时候多隐蔽在草丛伺机而出，因此卯时属蛇。马对应午时，即上午11时至下午1时午时太阳当顶，阳气到达极点之后，阴气开始渐渐增加，马属于阴类动物，故而午时与马搭配。羊对应未时，即下午1时至第3时，传说羊在未时吃草，草根再生力特别强，因此未时与羊搭配。猴对应申时，即下午3时至5时，猴最喜在此时啼叫，所以申时属猴。鸡对应酉时，即下午5时至7时，此时日落山岗，鸡开始进笼归窝，于是酉时属鸡。狗对应戌时，即晚上7时至9时，夜幕降临时狗负责看家守夜，所以戌时属狗。猪对应亥时，即晚上9时至11时，夜深人静时猪睡得最酣，于是亥时属猪。子鼠、丑牛、寅虎、卯兔、辰龙、巳蛇、午马、未羊、申猴、酉鸡、戌狗、亥猪的称呼来源于此。当然，这只是以生肖命名十二时辰的一种说法，还有学者认为这样的排列组合方法受到阴阳两属以及不同元素符号的影响等观点，这里就不一一列举。

● 欣欣向荣的前景展望

汉水公园占地广阔，也不乏特色各异的诸多景点，作为一个免费向市民开放的公园，每年接待的游人量却始终不尽如人意。针对汉水公园的现状以及发展前景，本文认为应从以下几个方面着手:

其一：汉水公园在地理位置上较为偏僻，交通不便。经过实地调查之后，发现来公园的游人大体上可分为两类。第一类是家住在附近居民区的人，来公园的频率较高。另一类是住得较远但因为一些偶然因素而来，这类游人的数量很少，谈及对公园的看法时，他们多表示虽然对公园的整体印象很好，但是附近的交通颇为不便，只能偶尔来一趟。近年来，汉水公园周边私房陆续被拆迁，第一类的游客量渐渐减少，不仅如此，拆迁还引发了道路更加混乱的问题。面对这些问题，本文建议政府可以在政策上予以汉水公园更多的支持，重视公园周边的环境建设，同时在距离公园较近的地方设立一个公交站点来解决。

其二：汉水公园的知名度低。在向一些朋友询问闲暇时间的踏青地点时，汉水公园被提及的次数非常少。更有甚者，在询问是否了解这个公园时，即使是武汉本地人，也少有人知道此地，遑论了解。可以说，作为一个为市民提供

汉水公园的树桩盆景

休闲娱乐场所的公园，汉水公园目前急需将自己的名声宣传出去。例如可以在园林网站和旅游网站上对公园的特色进行全面的介绍，尤其是要抓住节假日前后的时间段加大宣传力度。

其三：公园缺乏文化底蕴。尽管武汉的园林景区数量繁多，但能够兼具各色风景与文化底蕴的却屈指可数。而汉水公园是具有这样潜力的，各种景点一应俱全的同时也不乏让游人印象深刻的代表，如以产自辽西和缅甸的赭黄色的古树化石为主的硅化木园区，其木化石林不论单株规格的体量还是植株的完整程度，堪称中南地区之最。另一方面，尽管公园有知音桥、十二生肖园林这样充满文化故事的景点却缺乏深度发展。建议公园的管理者可以积极将公园建设与武汉的知音文化宣传联系在一起，在提高知名度之后再加大文化创新力度，进一步形成独属于汉水公园的特色文化。

（昂清华）

16 龟山公园：昔神龟流佳说，今天堑变通途

【龟山公园大事记】

《禹贡》中记载，龟山原名大别山。
东吴三国名将鲁肃的衣冠冢在此，故又名鲁山。
明朝时期改名为龟山。
1911年，为阳夏保卫战战场。
1957年，龟山南麓成为武汉长江大桥江北的起点。
1983年，龟山公园建成开放。

龟山公园，位于汉阳区，东滨长江，西望月湖，北带汉水，南临莲花湖，东西长约1800米，南北宽260米，面积约35.34万平方米。1983年，龟山公园建成开放。在千百年来，这片土地上见证了数千年的沧桑巨变，承载了太多的故事与传说。

● 禹王宫的由来

相传大禹治水到武汉，遇一水怪作乱，数载不克，后得灵龟降伏水怪，治水成功。后灵龟化为一山，即龟山。后人为了纪念大禹的功绩，在龟山禹功矶上建造了禹王行宫。禹稷行宫，本名大禹庙，又称禹王宫，位于汉阳龟山东麓的禹功矶，是武汉历代祭祀大禹之地，也是武汉市著名的历史文化建筑。

大禹，炎黄子孙都熟悉，是历代公认的水利事业鼻祖。相传在帝尧在位的时候，黄河流域经常闹水灾，在吸取父亲以“堵”为核心的治河理念带来的失败教训后，禹开始接任治河的事业，与益和后稷一起，召集百姓前来协助，他们以疏导河川为主导，用水向低处流的自然趋势，疏通了九河。禹亲自率领老百姓风餐露宿，整天泡在泥水里疏通河道，把平地的积水导入江河，再引入海洋。禹坚忍不拔，勇于开拓的精神，经过了13年治理，终于取得了成功，消除中原洪水泛滥的灾祸。后人为纪念大禹治水的功绩，开始了长达几千年的祭祀，据史籍记载，秦始皇于公元前210年曾“上会稽，祭大禹，坐于南海，而立石刻颂秦德”，开帝王亲祭之首创，嗣后，历代官府和民间祭禹活动历久不衰。明景泰《寰宇通志》载：原禹王庙“在大别山（即龟山）麓，南宋绍熙年间（1190—1194年），司农少卿张体仁以此地江汉朝宗之会，乃建庙以

龟山公园

祀大禹，而以益稷配焉”。而清人胡凤丹在《大别山志》中则说：南宋绍兴（1131—1162年）年间，张体仁督修大别山禹王庙。（两种说法虽有不同，但是，但是对于禹王宫建于南宋时期却达成了共识）。清同治三年（1864年），禹稷行宫再次重修，改为具有浓郁地方风格和精湛民间工艺的砖木结构修建。此“宫”由大殿、前殿、左右廊庑、天井等构成，占地面积380平方米。1983年至1984年，武汉市文物管理部门按照“保持现状、恢复原状”原则，对禹稷行宫进行大修。精心修葺后的禹稷行宫朱漆彩绘、雕梁画栋、古色古香。大殿中央立有玻璃钢材质的大禹塑像，背衬《禹迹图》，上悬“德配天地”巨匾，还陈列着纪念大禹治水的各种资料。大殿轩廊两侧分别置镇水铁牛和祭祀铁钟，天井中置一铁鼎；大展廊上方为现代书法家沙孟海先生所书：“万世蒙泽”匾，廊柱上镌有书画大师刘海粟书写的楹联：

三过家门，虚度辛壬癸甲

八年于外，平成河汉江淮

一副对联，承载着几千年来中华先民对大禹的崇高敬意之情，大禹治水的故事，也必将继续流传。

● 鲁肃的佳话

据《禹贡》，龟山原名大别山，后又称鲁山，因为东吴名将鲁肃的衣冠冢在此。（鲁肃墓原在龟山南麓，1955年因建长江大桥而移至山南腰，此次搬迁，发现里面什么都没有，为衣冠冢。）建筑年代无考。地方志仅记载清嘉庆年间（1796–1820年）汉阳知县裘行恕重修，咸丰初年毁于战乱，不久又重修。清同治《汉阳县志》记载：“（鲁肃墓）在鲁山下，咸丰年间毁于寇，前郡守如山配修，同治六年邑人汪家政重为立石”。光绪二十六年（1900年）知府余肇庆再修。现墓周围芳草青青，林木苍苍，清幽异常。从此，鲁山这名字

龟山公园鲁肃墓

一直用到明代。明朝的皇帝极其崇奉玄武，封玄武为帝。玄武龟形，时任湖北巡抚的王俭不知是灵感，还是听了别人的主意，将鲁山改名龟山，奏请朝廷，自然得到批准。从此以后，鲁山就改称龟山，这个名字一直沿用至今。

诗人李调元在《鲁肃墓》诗中称许道："借荆能落曹公笔，切勿轻看冢中人"。公元210年，周瑜在岳阳病危时伏枕上书孙权极力推荐鲁肃，让鲁肃代替自己担任大都督一职，他说：今既与曹操为敌，刘备又近在公安，边境极近，百姓还没有完全归附，宜得良将，以镇守安抚巴丘。鲁肃智谋足当此任，请求您让他替代我，我就是死了，也没什么后顾之忧了。周瑜死后，孙权依言命鲁肃镇守岳阳。 在岳阳，鲁肃曾赴益阳与关羽单刀赴会，对关羽晓之以理，动之以情，终于说服关羽同意以湘江为界，由此奠定了吴蜀之间的疆界。岳阳暑热，鲁肃死于伏天，只能暂行寄棺埋葬，以安定军心，加之魏、蜀时时骚扰江路，鲁肃的灵柩也难以从长江运回东吴安葬。后来鲁肃的儿子鲁淑为昭武将军迁夏口督，将父墓迁至汉口龟山，因此龟山又名"鲁山"。在中国历史上，出于对某个将领的崇敬而更改地名的情况，并不是很多，鲁肃以其忠厚的人品和杰出的政绩，赢得了人民和历史的尊敬，鲁肃的佳话，必将一代又一代地传承下去。

● 兵家重地

龟山位于武汉市汉阳区，在长江、汉水汇流处的西南一侧，处于城市中心，有着"山若巨鳌浮水上"之称，与武昌区的蛇山夹江对峙，形成了"龟蛇锁大江"的奇特景观。自古来，龟山就是兵家必争之地。三国时东吴于此设要塞，与曹兵几番血战；太平军三下武昌，就是在龟山一带摆开战场；辛亥首义后的阳夏战役，义军也是首控龟山。抗战中，龟山上曾装上中国的高射炮，一颗颗仇恨的炮弹怒向敌机。直到20世纪70年代，龟山还是军事重地。

● 一桥飞架南北

"才饮长沙水，又食武昌鱼。万里长江横渡，极目楚天舒。不管风吹浪打，胜似闲庭信步，今日得宽余。子在川上曰：逝者如斯夫！ 风樯动，龟蛇静，起宏图。一桥飞架南北，天堑变通途。更立西江石壁，截断巫山云雨，高峡出平湖。神女应无恙，当惊世界殊。”这是毛主席在1956年写下的纪念武汉长江大桥修建的著名诗词。在这首词中，“龟”指的就是汉阳“龟山”。

修建长江大桥是中国人几代人的梦想。清朝就曾有过设想，在孙中山先生的《治国方略》中有规划，但限于国力微弱，而没有付诸实施。解放后，修建长江大桥被列为“一五计划”的重要项目之一。1913年德籍教授乔治·米勒第一次对长江大桥的桥址勘察与规划，龟山以其独特的地质构造，就被选为最佳桥址。到1949年新中国成立后，又进行了一次大规模选址勘察，“龟蛇锁大江”的地势最终折服了所有的专家，龟山成为长江大桥的桥址。为修建长江大桥，人们对龟山的地貌进行了大规模的改造，后历经数年修建，长江大桥于1957年通车。“龟蛇锁大江”的奇景，增添了“天堑变通途”的壮观，龟山，必定会因此再一次被人们铭记。

● 革命先烈的事迹

1.向警予

在龟山公园的西区，有一座革命烈士的墓地，她的主人是中国无产阶级革命家，中国早期妇女运动领导人——向警予。向警予（1895－1928年），原名俊贤，又名振宇，湖南溆浦人。1927年汪精卫叛变革命后，她仍留在武汉，负责中共湖北省委的工作。1928年3月20日因叛徒出卖，在汉口法租界被捕，敌人对她进行严刑拷打，她始终坚贞不屈，于五一国际劳动节被反动派残酷杀害，年仅32岁。在审讯时，面对敌人，大义凛然，威武不屈，表现了共产党人的革命气节。在去刑场的路上，向警予高唱《国际歌》并呼喊口号，敌人慌忙向她嘴里塞石头，并用皮带勒住她的双颊。这一壮烈情景，使聚集在路边的许多群众落泪。当夜，便有工人冒生命危险将她的遗体抬走安葬在月湖之畔，后迁至扁担山。1978年，为了纪念烈士英勇就义50周年，将墓移至龟山公园重新修建。墓呈圆形，白色，基环方围，构造新颖。墓前的方座上塑烈士半身像，表现出烈士坚贞不屈、正气浩然的形象。座的正面镌刻着邓小平手书的“警予烈士之墓”六个字。座的后面刻有记述烈士革命事迹的文字。

2.黄兴铜像

向警予烈士之墓

黄兴，中国民主革命家，与孙中山并称“孙黄”。1903年，为抵抗沙皇俄国对我国的侵略，黄兴毅然投笔从戎，从此开始他传奇的一生。1905年，在日本结识孙中山，大力支持孙筹组革命组织同盟会，任同盟会庶务（相当于协理），成为会中仅次于孙的领袖，随后即将主要精力放在发展革命分子、组织武装起义上。武昌起义爆发，黄兴赶到武汉，被任命为革命军战时总司令，率民军在汉阳前线与清军奋战二十余日。袁世凯复辟，黄兴在国外为云南讨袁护国军筹措军饷。由于长期为革命事业而奔波，积劳成疾，1916年10月在上海病逝。为纪念黄兴为中国革命作出的贡献，1933年，由江小鹈设计创作，武汉市茂隆营造厂承建了黄兴铜像。初立于武昌蛇山奥略楼后。1955年，因建设长江大桥暂迁于蛇山黄鹤楼剧场东侧。1985年10月正式迁到汉阳龟山东麓。铜像面对长江，背依龟山。通高5米，麻石基座高3米。黄兴先生衣着西装，手撩大衣襟，气宇轩昂。铜像底座四周的麻石上刻有浮雕花环，花环中嵌着月色大理石板，正面花环中央的大理石上刻“黄兴先生之像”。其他三方刻着由蒋中正领衔署名的《黄克强先生像赞并叙》，记述黄兴的历史

黄兴铜像（董宏伟 摄）

功绩和在其“讲业视师之地”的武汉建立铜像的原因和经过。1983年武汉市人民政府公布为市级文物保护单位。

● 三国城

武汉龟山三国城，位于龟山公园内。

1.群英道

1995年，在龟山山脊处修建了长1450米的群英道。在群英道的两侧分立着栩栩如生、神形兼备的120尊三国时期魏、蜀、吴三国著名文臣、武将的雕像。“三国群英道”上建有蜀汉的刘备、关羽、张飞桃园三结义铜像，江东的孙权、孙策铜像，一代枭雄魏王曹操铜像，余下的112座为红砂石雕像，每座雕像前都附有人物简介。在龟山北门入口处还有两座用汉白玉雕刻的石像，它们是三国时期能文能武的常山赵子龙，以及赤壁之战中与刘备协力大败曹军，奠定三分天下基础的周公瑾。

2.鼎园

三国城外景

在龟山之巅，有一座园林，称之为鼎园，占地约2400平方米，此园由牌坊、九级石阶、阴阳八卦图和麻石台座组成。园门为一牌坊，上书对联："临夏口望武汉大气蒸腾、襟长江带汉水洪波浩瀚"，横批为"高山仰止"。麻石围成的太极图形的高台上，立着一尊象征三国鼎立的巨型青铜鼎，鼎重6.5吨，高5.2米，宽4.5米，鼎身镂刻有三国时期的典型故事，堪称中华第一鼎。鼎园也就因此得名。

3.计谋殿

计谋殿，又名韬略馆，位于龟山公园的东区，建筑面积7800平方米，是一座错落式仿古汉代建筑。殿内设置有以"三十六计"为主题的休闲娱乐城，利用声、光、电、绘画、雕刻等形式，展示了三国时期三十六计战例谋略。计谋殿与赤壁大战全景画馆的精妙配合，再现了1800多年前的历史画卷。

● 龟山电视塔

龟山电视塔全称湖北龟山广播电视塔，是我国的设计人员在没有可借鉴和参考经验的情况下，自己设计、自行施工的国内第一座钢筋混凝土广播电视发射塔。该塔于1981年12月16日破土动工，1986年6月竣工投入使用。塔高221.2米，海拔标高311.4米，相对高度280米，就高度而言，建成时居全国之首，有"亚洲桅杆"之称。坐落于龟山之巅、长江和汉江的交汇处，是武汉著名的旅游景点及城市地标，且1986年12月正式对外开放，由前国家主席李先念亲笔题写塔名。

（王小杰）

17 洪山公园与宝通寺：寺园合一的人文与自然宝库

【洪山公园与宝通寺大事记】

南朝刘宋年间（公元420－479年），宝通寺建成，其初名为“东山寺”。

唐贞观年间，“鄂国公”尉迟敬德奉命在此扩建，并监制巨型铁佛一尊，改寺名为“弥陀寺”。

南宋末年，宋理宗诏令湖北随州大洪山灵峰寺南迁至武昌东山，与弥陀寺合并，将东山改称洪山，赐寺名“崇宁万寿禅寺”。

南宋咸淳六年（1270年），无影塔建成（原称福寺塔），是武汉地区现存的最古老的石塔。

元末，万寿禅寺毁于战火。

明代重建，规模大增，成化二十一年（1485年），朝廷为其更名为“宝通禅寺”。

20世纪50年代，洪山公园建成。

1963年，无影塔迁移至洪山公园。

1983年，宝通寺被国务院确定为汉族地区佛教中国重点寺院和中国汉传佛教重点开放寺院。

1992年，被列为湖北省文物保护单位。

1994年，中国近代佛学泰斗太虚大师创办的武昌佛学院在宝通寺复办，是近现代最重要的僧伽教育基地。

● 洪山公园：闹中取静的文化园林

始建于20世纪50年代的洪山公园，地处武昌的丁字桥路口附近，临近中南路，交通便利，商业发达，周边居民众多，可谓是位于都市的“黄金地段”。然而这繁华喧嚣的地理位置丝毫没有折损它苍翠丛林、曲径通幽的魅力，反而成为市民们亲近自然、休闲娱乐的风水宝地，同时也成为城市绿地系统中不可缺少的一环。

洪山公园自然景观独特，古树参天，绿树成荫，并且文物古迹甚多，是一座自然与人文景观并存的园林，在国内外颇具盛名。公园里最主要的景点有三个，分别是岳松、无影塔和宝通寺。除此之外，洪山公园内还有著名文人李北海故居遗址以及“施洋烈士墓”等。

● 岳松：精忠报国的精神化身

洪山公园里的岳松颇具名气，历代志书多有记载，时存时无。民间关于岳松也是众说纷纭、各执一词。

首先关于岳松的年代就有好几种说法，有的说这是岳飞当年亲手种下的，

施洋烈士陵园

有的说是刚解放时栽种的。其次关于岳松的数量也有不同说法，有的说现存的岳松仅仅只有一株，也有是两株、八株的说法，还有人说这洪山公园所有的松树都是岳松，目的是为了纪念岳飞，弘扬精忠报国的精神等等。然而，1990年《湖北省志·文物志》中的记录可以算作较为权威的解说。书中记载道："相传南宋岳飞驻军武昌时，亲植松树数十株于此……清同治年间予以补栽……现存三株。"由此可以看出，现在洪山公园的岳松是清朝补栽的，并且只剩下了三株。现存的岳松至少是第三代。在这三株岳飞松中有两株很容易识别，一株高大挺拔树径居全山松树之冠；而另一株苍老遒劲，树形别具一格。这两株岳松分别被列为武汉市第027号和028号古树名木。另一株在被忽略多年后也被砌筑护坡加以保护，并用红色油漆标有"322"字样。虽然其他松树不再是岳飞当年亲手种植的，但岳飞那刚正不阿，精忠报国，勇于奉献的精神却能够以此相传，供后人纪念学习。

● 无影塔：暗藏玄机的千年古塔

洪山公园中有一座千年神秘、暗藏玄机的古塔，名为"无影塔"。众多

洪山无影塔

考古学者、探幽者都对这座千年古塔产生了浓厚的兴趣，他们引经据典、遍索黄卷，却仍然解释不了这塔里塔外的千年之谜和数重玄机。

此塔原在兴福寺内，故原称福寺塔。1963年迁移至此。此塔是武汉地区现存的最古老的石塔，始建于南宋咸淳六年（1270年），塔四周均有雕刻，即刻有佛祖、菩萨、罗汉、力士、供养人等造像，刀功有创意。这一座四层砖塔又名为“洪山无影塔”。因为无论太阳在什么位置，该塔身后均无影子。此乃该塔一绝。为何无影，众莫能破。

除此之外，无影塔还被证实为传说中的镇龙之举的产物。古老的武昌城内外，一条蛇形山脊突起在武汉江南平川沃野大地，这就是著名的“江南龙脉”，洪山公园的这一古塔（无影塔位于洪山风景处的西端）就在武昌蛇山的龙尾之处。历代封建统治者对此“龙脉”耿耿于怀，多次派人建楼、挖洞、修塔以镇龙头、断龙身、压龙尾，直到武昌起义之前。

武汉市园林部门称，无影塔其实是一座防洪设施，实际是用来镇压地下水眼的。《江夏县志》有载：“该塔下有一浪花井，常沸涌如浪，其脉通江，建塔以镇此。”又曰“建塔以安澜焉”。然而这小小一座四层砖塔又何以镇住汹汹地下涌水？这塔下又用的是什么材料？这些都还是谜。然而可惜的是，此塔在“文革”期间，因“破四旧”之举未能幸免。

宝通寺鸟瞰图

● 宝通寺：自然和谐的荆楚名刹

洪山公园是武汉一座不可复制的寺园合一的自然与人文景观宝库，宝通寺就是其最重要的人文部分。

始建于南朝刘宋年间（公元420－479年）的宝通寺距今已有约1600年了，其初名为“东山寺”。唐朝贞观年间，“鄂国公”尉迟敬德奉命在此进行扩建，并监制巨型铁佛一尊，旋即改寺名为“弥陀寺”。南宋末年，为避元军，宋理宗诏令湖北随州大洪山灵峰寺南迁至武昌东山，与弥陀寺合并，将东山改称洪山，赐寺名“崇宁万寿禅寺”。元末，万寿禅寺毁于战火。明代重建，规模大增。成化二十一年（1485年），朝廷为其更名为“宝通禅寺”。明末，宝通寺又遭毁坏。清康熙年间重修增制，规模进一步扩大。咸丰末年再度毁于战火。现存建筑大多是清末保存下来的。1983年，宝通寺被国务院确定为汉族地区佛教中国重点寺院和中国汉传佛教重点开放寺院。1992年被列为湖北省文物保护单位，是三楚第一佛地。中国近代佛学泰斗太虚大师创办的武昌佛学院

宝通寺

1994年在宝通寺复办，是近现代最重要的僧伽教育基地。

宝通禅寺位于武汉市洪山下，背依幽静的洪山，面临繁华的武珞路，经过多年的发展，成为“市中寺”。虽然身在闹市，它依然保持着自己的自然和谐。

宝通寺由密宗、禅宗、净土宗多宗齐聚，它的建筑布局也同样以伽蓝布局形式为蓝本。宝通寺殿宇建筑依山就势，最前面为山门，进门后自下而上为圣僧桥、天王殿、大雄宝殿、祖师殿、藏经楼（玉佛殿），至此中分，右为祖师殿，左为伽蓝殿。宝通寺整体建筑的方位为坐北朝南，我国汉传佛教寺院建筑基本上都遵循这个方位，这与我国其他建筑的朝向吻合。宝通寺的总体布局采用四合院式的组合结构，主体为佛殿，以办公为主；生活区分布在佛殿的两侧如僧舍、客堂等，同时还有相应的配殿，如伽蓝殿、祖师殿等，与故宫平面配置高度一致。中国历来崇尚红色，佛教寺院也受其影响。宝通寺建筑也是采

■ 藏经楼

用红、黄两色作为主色，我国古代红黄二色象征皇权，并持续了超过两千年的时间。宝通寺作为皇家寺院，其建筑选用红、黄两色也就显得合理。从另一个方面来说，宝通寺能用红、黄两色作为建筑的主色，佛教在我国的地位可见一斑。

宝通寺还巧妙地借助山势，分成了四个区：山门—弥勒殿、大雄宝殿—玉佛殿、祖师殿—罗汉堂、法界宫—洪山宝塔。山门是僧俗的分界。过了山门之后，便可看到左钟楼、右鼓楼的布局。所谓“晨钟暮鼓”是寺庙的传统，即早晨先击钟，以鼓应之；晚上则先击鼓，以钟应之。宝通寺的山门开在一个平缓的斜坡上，站在山门往里看，圣僧桥挡住了所有人的视线，以至于后面的弥勒殿半隐半现在红墙绿柳之中，顺看这个缓坡，沿看高高低低、上上下下的台阶，才可以望见弥勒殿。初看让人以为宝通寺只有一个弥勒殿。拜完弥勒殿，殿后门却是一个陡坡，大雄宝殿就在这坡上，一阶一抬头，让人感到佛的庄严。参完大雄宝殿却见后面又一殿，原来著名的玉佛殿就隐藏在这层层楼宇

玉佛殿

中。玉佛殿楼上为禅院专门存放特大丛书《大藏经》的地方，也称藏经楼。宝通禅寺众多佛教经文珍宝，尤以《大藏经》最珍稀。《大藏经》于乾隆三年御刻，印数不多，仅供御赐，所以愈见其珍贵。作为佛教经典的总汇，它既保存了今天在印度失传的早期经典，同时又收载历代学者对教理所作的阐释，是研究古代东方文化非常重要的典籍。宝通寺藏经楼建筑在整个寺院中轴线的后端，且择地势最高之处而建，以避水火。玉佛殿并没有后门，宝通寺的轴线也似乎在此戛然而止，然而它的左边有一个凉风习习的长廊，长廊尽头却又见步步石阶，顺山而升，站在这台阶上，祖师殿、罗汉堂、洪山宝塔由远及近一一陈列在山坡之上。

宝通禅寺作为佛教汉化后的禅宗寺庙的代表，见证了佛教近两千年与中国传统文化冲突与融合的过程。这些文化的融合被宝通寺的建筑体现得淋漓尽致，同时，宝通禅寺也形成了自己的独特系统，为我们呈现了别具特色的佛教建筑文化盛宴。

● 洪山公园的保护与开发

根据公园所在的地理位置和自身所具有自然条件、人文景观特征，规划中的洪山公园定位为“文化休闲性公园”。为了有效地保护和利用洪山公园现有的自然风景及人文资源，在对其建设规划中强调因地制宜的原则，即加强绿化建设，以自然布局为主，并将中国传统造园手法与现代都市文化内涵相结合，打造出公园的新景观。

目前的总规划是在洪山公园处拟建五个景区：一是瞻仰区，二是文化娱乐区，三是密林安静游憩区，四是管理办公区，五是紫云山庄。瞻仰区是以现有的施洋烈士墓为主体，弘扬爱国主义精神。在文化娱乐区，修建老人活动区（北海栖霞景点）、茹冰茶社、登山石枋、儿童活动区等等，供市民休闲游玩。密林安静游憩区则是根据自然资源依山就势而建，布置有休息长廊、半山亭、云谷听音廊及排云亭等景点，是享受自然的安静之处。管理办

施洋烈士雕像

公区主要设置相应的生活、服务设施及苗圃等。紫云山庄主要是绿化队用地，系独立于公园主体之外的临街台地。由于其与宝通寺仅仅一墙之隔，不但有丛林深院借景，更有暮鼓晨钟相闻。在此处拟建一座盆景园，同时大力加强对茶文化，以及对琴、棋、书、画、戏、曲等中国传统文化精粹的弘扬与传播。

如今的洪山公园正如一幅摇曳多姿的画，历史已经勾勒出精美的线条，而后人也在继续努力地给它添墨加彩，相信这幅画终将会成为精妙绝伦的世界名画！

（张洁娴）

18 龙泉山的历史：旧时王谢景，今成寻常家

【龙泉山大事记】

龙泉山为西汉舞阳侯樊哙之孙樊建的封地，樊哙死后葬于龙泉山。
公元653年，江夏王李道宗为长孙无忌所害，流放途中病逝，葬于龙泉山。
1381年，明太祖朱元璋之子楚王朱桢就藩武昌，辟龙泉山为“寝山”，成为历代楚王陵。
1981年，武汉市成立了龙泉山风景区。

● 沧海桑田，此山依旧

龙泉山地处武汉市郊东南，距离城中心约30公里，距离江夏区的纸坊城区约有27公里，龙泉山东、南、北三面环水，主脉由天马峰与玉屏峰组成，形成了以盛产武昌鱼而闻名的梁子湖。在两峰之间含有球形的珠山，宛如“二龙戏珠”，蟠卧梁子湖之滨，在这里所形成的约7.6平方公里的幽谷，风景优美如画，被历代雅士们看成“世外桃源”之“诗乡福地”，并在这里建造了大量的亭台楼阁以吟诗作赋，凭栏怀古，悠游度日。宋代曾出有一位神童，为唐代宰相李磎的后裔，名叫李孟宗，3岁能诗，5岁会画，才思过人。

明楚昭王墓出土文物展览厅

古人云："山不在高，有仙则名；水不在深，有龙则灵"。龙泉山的历史最早可以追溯到两千年前的西汉。西汉建国后，刘邦封樊哙为舞阳侯，封地就在武昌，樊哙死后，葬于龙泉山主峰天马峰下。汉朝时的龙泉山地处江夏，所以当时称之为江夏山。从汉代起，随着越来越多的隐士到此处隐居，遂成早期的商业集市——灵泉古市。

到了唐朝初年取两山夹道而行之义，将此处改名为夹山。唐朝天宝末年，宰相李蹊开基造屋，凿地得泉，形成东西两井，东井冒气则晴，西井无气则雨，占验灵准，因此又称灵泉山。到了明朝，朱元璋封第六子朱桢为楚王，封地就在此处，定灵泉为"仙壤"，辟为"寝山"，赶走了灵泉地区的樊、李、杜等八大家族，到明朝灭亡的长达274年中，这里成为历代楚王的王寝之地。

清同治年间的《江夏县志》有载："灵泉古市始于汉，迄唐宋而兴盛。"在环山约7平方公里的幽谷盆地上，或倚山为亭阁，或随水为轩榭，建有灵泉寺、听松阁、远眺亭、大观桥、春露亭、秋爽亭、晴雨井、百卉园、龙龟戏鱼池、蓼莪堂、含山楼、万卷书楼、拜寿台等蔚然十二大景观。这些金碧辉煌的楼台亭阁，都是樊、李、杜、张、沈、曾、董、邹八大家官府隐逸之士在此修建的；如"万卷书楼"是唐代宰相李蹊修建的；"含山楼"是宋代诗人张芸叟修建的，"万寿台"是元代宰相沈如筠修建的。

到了现代，龙泉山的历史文化已经成为武汉市历史文化名城的一个重要标志。为了开发利用本地旅游资源，把龙泉山变成武汉市近郊的一块乐土，促进社会主义精神文明建设，1981年成立了龙泉山风景区。几十年来本着"修旧如旧"的原则，着重修复了楚昭王陵寝内的大量古建筑，考古发掘了楚昭王墓，修建了相应的旅游配套设施，形成了相当的旅游规模。

● 先人已逝，只留碑墓示后人

樊哙墓位于楚昭王陵园的金水桥右侧。原葬龙泉山天马峰下。相传，楚王朱桢迷信风水，从山东请来风水先生王化龙，选定天马峰下是"五龙捧圣"之佳地。朱桢连压带诈，强行将樊哙墓向东迁移了200米。今墓前端立"西汉舞阳侯樊哙之墓"碑一块，离碑约10米处建有樊哙一手持盾、一手握剑、目光炯炯的塑像，基座正面有樊哙墓记，此皆为1986年修复。

樊哙像

李道宗是唐初大臣，是高祖李渊的堂侄、太宗李世民的堂弟，封为江夏王。贞观十五年（公元641年）奉太宗之命，送文成公主赴吐蕃与松赞干布成婚，临行前带去了图书佛像、宫室图样、各种技师等，为沟通汉藏两族文化，发展民族团结作出了巨大贡献。高宗永徽初（公元653年），不幸被长孙无忌所害，流浪到广西途中病死，后葬于龙泉山天马峰下，此墓现存完好。

楚王墓群位于龙泉山的主峰天马峰下，自昭王起，庄、宪、康、靖、端、愍、恭、贺九王均葬于此。昭园是朱桢及其正宫合葬处，规模最大，坐北朝南，面积达24公顷。

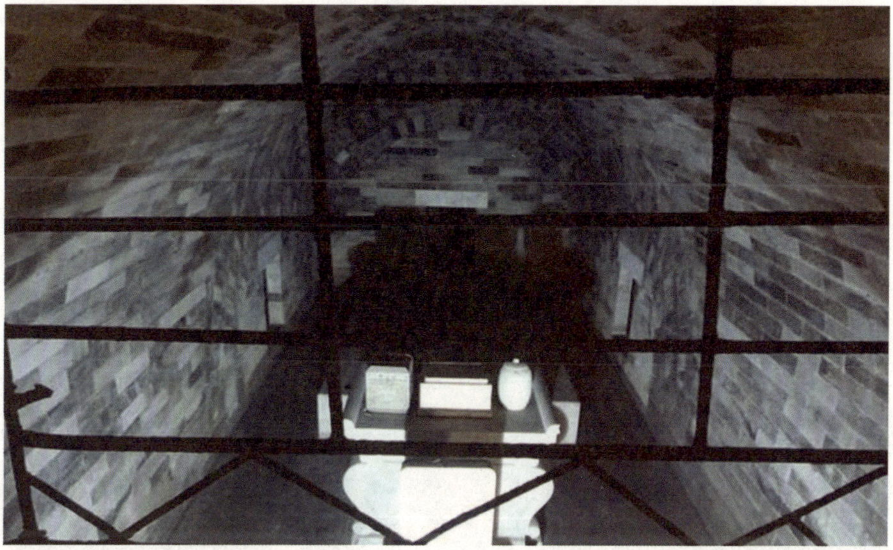
明楚昭王墓墓道

城墙与墓墙在俯视下呈“回”字形。陵园墙高3.3米，全长约1500米，是明代官窑特制的大青砖砌成。正门有三道镶门，两边为侧门，中门上端有李尔重书“昭王寝”3字。进门后，还有三孔金水桥、栏杆、稷恩门等建筑群。除昭园外，庄园、愍园的基址也保存较完好。

● 庙堂高照，但存善念立成佛

灵泉寺位于玉屏峰东麓，是武汉地区历史悠久的寺庙之一。唐天宝六年（公元747年），因李邕遭李林甫杀害，迫使李邕之子李洞、李暄隐居龙泉山。龙泉寺是在李洞迁居龙泉山后第三年耗尽全部家资而建的。

灵泉寺初建规模宏大，有大雄宝殿、天王殿、地藏王殿、罗汉堂、藏经阁、佛堂、钟楼、鼓楼等99间。宋时改名为广德禅寺，明朝时为建楚藩王陵而部分被拆毁，但基址尚存。

马步庙在龙泉山梁子湖。马步为神名，本地有一个风俗，每当阴历五月，在十日前的单日，市民赶庙祭神。在明景泰年间，祭日改为五月五日，此日更

灵泉寺山门牌坊

灵泉寺大殿

是商贾云集，帆舟竞渡，佛教信徒络绎不绝。

稷恩殿在昭园内，距金水桥约30米处。占地面积451平方米。是朱氏后人祭祖的场所，此处在1988年得以重新修复。稷恩殿东西两侧有东西配殿，占地面积378.48平方米。配殿是三开间七檩，前廊悬山顶式，朱梁画额，是与稷恩殿同时设计、兴建。渊陵宫在昭园西门外，曾是护陵卫士休憩处。始建于清康熙年间，因康熙皇帝十分重视这里的名胜古迹而兴建，现在的渊陵宫为1989年修复。

● 好山好水，应有万千点缀

“远眺亭”位于海拔232.5米高的天马峰之巅。原为西汉舞阳侯樊哙之孙樊建所建，已毁。1984年重新仿造，亭高9.9米，分两层，重檐飞椽，碧瓦雕甍，古朴壮观。北宋文学家张芸叟对原亭曾有绝句“共上灵泉绝顶生，苍烟绿水碧云天。”

“万卷书楼”在玉屏峰西隅。由唐代李沉耗金数十万建造，广藏历代书

龙泉山孝恩园

籍，俗称李氏书楼。又因此地盛产灵芝，也称为“瑞灵堂”。毁于元末明初，李沉后裔李巽重建，又因藩寝废为“经堂庵”。

“闲闲亭”在灵泉寺后，白云窝旁。是历代文人墨客悠游赏云题诗习文之佳地，与灵泉寺同时期建筑。亭名取“无一闲地，无一闲人”之意。其园林布局呈窗下有竹、墙隅有梅、门前有松、池中生蒲、亭中立石的自然组合形式。亭中有宰相李景望绘制的李洞僧塑像，石壁上镌刻诗句：“闲亭芳草西边幽，一带青山作画图。”

“白云阿亭”即灵泉寺旧址。离亭不远处有白云窝，常出白云，行云流水，逍遥于岩穴之中，出没于万峰之巅，瞬息万变，令人莫测，故又有“白云阿”之称。明洪武庚午年（1390年），李时亮筑亭以记白云绝景。

“思亲台”在龙帐峰下，依山而建。楼高而敞，翼角飞泻，倚栏远瞩，一望无际。此台是北宋诗人张文潜避乱隐居之处。每当西山日落时，即引起思亲之感，张文潜悲痛号泣不止。后人在此垒石为台，台内立石碑一座，上刻“孤忠劲节”四字，旁雕精湛玉龙两条。

“含山楼”在天马峰下楚昭王寝前。与“春露亭”“秋风亭”相毗邻，因含烟云竹树之景和古今山川之秀得名。南宋建炎二年（1128年）由张芸叟始建，元末毁于兵火。明洪武元年（1368年），张添佑在旧址重建。

“春露亭”在“含山楼”左侧。始建于元代，为张孝廉所构，后毁。明代张添佑重建，是文人春夏赏景之处。

“秋风亭”在“含山楼”右侧，与“春露亭”相望，为元代宰相沈如筠所建。此亭古朴生香，双檐翘角，四角旋盘金龙，姿态各异，栩栩如生。

“听松阁”在灵泉寺附近。明洪武初年户部尚书曾泰所建。阁八面三层，重檐复宇，翼角晖飞。凭阁近视，兰、桂、菊、梅点缀四季。远眺，古木参天；静闻，松涛阵阵，富有山林野趣。

“金水桥”在昭园正门处，1989年龙泉山风景区管理处组织人员从农民家寻集原汉白玉、麻石，然后按原建筑形式复制。其桥栏花头和望天柱均8个，主便桥共3座。比北京故宫金水桥规模要小一些。

“龙龟戏鱼池”在昭王龟碑旁。有以卵石砌成的圆形水池，水深2米，面积约0.5亩，池水四季不涸，鱼群玩戏其间。传说有蛟龙跃起，水高数尺，故名。楚昭王朱桢令在池中建亭，并将池栏杆雕制蛟龙及鱼类图案，他常到此赏景钓鱼。

●那山，那水，那传说……

江夏龙泉山，云雾缭绕，山清水秀，风景优美。龙泉山是两条东西走向的铁钳形山脉，在它18里长东边钳嘴上，有一个圆圆的山包，像一颗圆珠，从远处眺望，如同两条巨龙在争夺一颗宝珠。所以，当地人又称它为二龙山。既有二龙，自然又会产生一个二龙戏珠的故事。

流传龙泉山这个地方，最早时没有山，而是一片汪洋大海。又传说当时海里有一颗定海神珠，所以海水总是平滑如镜。这一带渔人撒网，船儿扬帆，从来都是平平安安的，因此百姓们一直感念定海神珠的好处。

谁知有一年出了祸事，不知从哪里飞来了两条孽龙，发现了这颗定海神珠。见到她玲珑晶亮，华光四射，二龙就直扑过来，都恨不得将这颗宝珠吞到腹中。于是两龙互不相让，你争我夺，上下翻腾，直搅得海水白浪滔天，打鱼驾船者淹死无数。但其实定海神珠也是一件灵物，颇有神通，她被眼前这种情

“九龙赴会”树景

景气坏了，心想，好好的一个清平世界，被这两个孽障闹得乌烟瘴气，但自己身单力薄，硬斗是斗不过他们的，怎么办呢？她日夜冥思苦想，眼望着恶龙兴风作浪，弄得海水泛滥成灾，两岸百姓死伤无数，一派凄凉之景，心如刀绞。神珠终于下定决心，以死相搏，为民除害。

这一天，她痛哭一场，告别了海底，轻盈盈地浮出海面，只见海面上珠光耀眼，一片通明。两条孽龙不知是计，紧跟着她冲出水面。这时，定海神珠看准时机，突然使出镇水的法力，转眼之间，海水呼的一下退去，一片汪洋大海顿时变成了沉沉陆地。两条孽龙还未弄清是怎么回事，就被深深陷进泥淖之中，任凭他们有翻江倒海的本领也无法施展，既不能上天，也不能入地，被搁置在那里胡乱挣扎，没过几天就饥渴而死。

从此，两条孽龙长长的骨架就化成两道山脉，那颗镇海神珠因制服了孽龙，自己也变成了一座圆溜溜的小山包。后来，百姓们为了纪念这颗舍身救民的神珠，就在山顶上修建了一座珍珠塔。这个感人的故事在龙泉山世代相传。

（郑文路）

19 熊廷弼公园：对一代名臣的纪念

【熊廷弼公园大事记】

1986年，始建公园牌楼，前国防部长张爱萍在牌楼上题写“熊廷弼公园”。

1987年，建成熊公祠。

1987年10月1日，正式建成对外开放。

1989年，建成飞白亭。

1990年，建成项英纪念塑像。

熊廷弼公园正门

沿着纸坊青龙路，经过江夏实验高中（原武昌县师范学校），就可以看到一座金碧辉煌的仿古牌楼。牌楼上有原国防部长张爱萍将军题写的“熊廷弼公园”五个鎏金大字。熊廷弼公园始建于1986年，坐落在纸坊城南一公里外，以明代兵部尚书兼副都御使熊廷弼之名命名。

● 廿载壮志撼山河，一片丹心向明月

熊廷弼原籍江西南昌，曾祖父时迁往江夏修贤里，因此熊廷弼籍贯为江

■ 熊廷弼塑像

夏纸坊。熊廷弼家族迁居江夏几代，代代以务农为本。到熊廷弼时，熊氏家族对其寄予了很大的希望。熊氏天资聪慧，19岁时在缙绅罗梁湖的资助下考中秀才，28岁时参加乡试，中解元，29岁中进士。入仕后，出任保定推官，由于卓越的政绩被巡抚汪应蛟誉为“全国理官第一”。任辽东经略期间大刀阔斧地整肃军令，训练部队，使得辽东地区军政风纪大振。

辽东是明朝的九边之一。它负山阻海，为京师屏障，地理位置十分重要。万历年间，明在辽东设有总兵、巡抚、参将、兵备等官职，率重兵防范土蛮、朵颜三卫和建州等卫的内犯。万历三十四年（1606年）八月，辽东镇守总兵官李成梁和巡抚赵楫放弃宽甸等六堡八百里疆土给建州女真，强逼生活在那里的六万四千户居民迁于内地，然后以召回逃人有功，向朝廷邀赏。万历三十六年六月，兵科都给事中宋一韩劾李成梁，认为弃地不是什么功劳，要求进行勘核，于是熊廷弼被授为巡按御史。熊廷弼到任之后，立即进行实地勘界，然后上疏朝廷，指出赵楫、李成梁之罪，“可胜诛耶”。此后，熊廷弼又到辽东各地察看，根据敌我情况，提出了完整地保卫辽东的方略，并采取了一系列的措施。在之后的岁月里，熊廷弼几经沉浮，但始终战斗在辽东抗金的最前线。

● 壮志未成身先卒，留予后人共缅之

天启二年二月，明廷罢熊廷弼职，听勘。四月，被判死刑。天启五年（1625年）八月二十六日（9月27日），熊廷弼被处死，传首九边，弃尸荒野。接着，株连全家，财产被查抄，妻子系辱县庭，长子熊兆琏被迫自杀，女儿熊瑚呕血毙命。但是，杀害熊廷弼不是因为他失去了辽东，而是由于阉党的陷害。天启年初东林党人掌握朝廷一部分权力，但同时阉党势力也在增长。天启四年（1624年）六月，东林党人左副都御史杨涟上疏弹劾阉党头子魏忠贤二十四条罪状，接着掀起一股反阉党的高潮。魏忠贤对弹劾他的东林党人恨之入骨，决定下毒手，兴大狱。为了罗织东林党人的罪名，就把败坏封疆的罪名加在他们头上，诬陷东林党人接受熊廷弼贿赂。最终达到了杀害熊廷弼，打击东林党的目的。

● 楚才廷弼魂归故里

熊廷弼作为明朝后期名臣，在军政各方面对当时的明朝政府都有十分卓越的贡献，后人建熊廷弼公园，以纪念这位几百年前的武汉同乡。公园占地73万平方米。主要建筑及景点有熊公祠、熊廷弼塑像、项英塑像、曲廊、青龙阁、飞白亭、儿童游乐场、游泳池等。熊廷弼公园林木葱茏，碧水涟漪，曲径通幽，风景优美；熊公祠、飞白亭古色古香，风格别致，掩映在万绿丛中；新建的儿童乐园游泳池，设计新颖，既惊亦险，别开生面；荡舟碧波之上，置乎水山之间，登峰俯瞰，苍苍茫茫，云雾缭绕，美不胜收。

牌楼右傍青龙水库，左靠青龙山，绿水青山，水光山影，与望湖亭等典雅仿古建筑交相辉映。一条宽敞的公路转山不见，沿着公路前行，豁然开朗，前面则是山环水抱的幽幽山谷。山上遍植各种树木花草，常年葱葱郁郁。

园中的两大主建筑，有纪念明朝名将熊廷弼的塑像、祠堂、碑亭。熊廷弼原有衣冠冢在纸坊广场岭，现已迁入园中园内。墓前建有两进的熊公祠，祠里建有熊廷弼塑像。祠侧有碑亭，碑正面刻有《明史·熊廷弼传》，背面刻着

熊廷弼公园一角

“清乾隆帝论熊廷弼”。熊公手抚宝剑，战袍飘拂，目光刚毅，威严中透着对国家的无限忧虑。

● 革命先烈项英浩气长存

公园里与熊公祠并列的还建有项英纪念塑像，塑像 1990年建成，像基从北到南，全长200米，依次为台阶、像座、照壁，总面积1620平方米。台阶长170米，宽5米，上下高差21.51米，共131级，两边翠柏耸立，庄严肃穆。塑像用青铜塑成，高3.3米，基座上有杨尚昆的亲笔题词：“项英同志，浩气长存”。照壁高5米，宽20米，壁上记载了项英烈士光辉的一生。塑像整体布局严谨，气势雄伟，遍山苍松翠柏，宁静幽雅，既是凭吊革命先烈的场所，又是游览观光的胜地。

项英，中国无产阶级革命家。原名德隆，湖北武昌（今武汉市江夏区）人。1922年加入中国共产党。在中共三大、六大上分别被选为中央委员、中央政治局委员。1926–1930年期间，曾任湖北省总工会党团书记、中华全国总工会副委员长兼党团书记。1931年后，任苏区中央局代理书记、中华苏维埃共和国临时中央政府副主席等职。红军主力长征后，任中共中央江西分局书记，中央苏区军区司令员兼政治委员，在赣粤边坚持游击战争。抗日战争时期，任中共中央东南分局书记、新四军副军长兼政委。1941年3月13日，在国民党反动派发动的“皖南事变”中，被叛徒杀害。后移葬雨花台烈士陵园。

（郑文路）

20 谭鑫培公园：纪念逝去的一代大家

【谭鑫培公园大事记】

2008年5月，谭鑫培公园第一期工程正式动工兴建。

2009年5月22日，谭鑫培公园正式开园。

谭鑫培公园

谭鑫培公园位于江夏区纸坊城区以北，世纪大街与文化北路交汇处，东邻大花山，西望八分山，南接主城区，北连汤逊湖。兴建公园主要是为了纪念谭派京剧名家谭鑫培先生。

●京剧大师，谭派鼻祖

谭鑫培本名金福，字望重。因堂号英秀，人又以英秀称之。籍贯在湖北黄陂（今武汉市黄陂区）。出生于武汉市江夏区（原武昌县）大东门外谭左湾九夫村。其父谭志道，主工老旦兼老生。谭鑫培为其独子，1847年出生，主攻老生，曾演武生。

11岁时，谭鑫培进入北京金奎科班习昆、乱武生及老生，15岁出科。在此期间，他依然苦学不辍，同时大量地学习其他与戏曲表演相关的技艺。同时还向武术界人士学习武术，曾将所学“六合刀”用在《翠屏山》石秀身上，时称绝技，人赠谭鑫培“单刀叫天儿”雅号。又如谭鑫培在舞台上扮演孙悟空所耍之棒技，据说亦得自少林真传。

靠着谭鑫培的个人努力，“谭派”京剧得以发扬光大、独树一帜，为当时广大观众所喜闻；谭鑫培所演剧目，文武昆乱不挡，更为当时广大观众所乐见。时有梁启超的“四海一人谭鑫培，声名廿纪轰如雷”等赞颂之词。

谭鑫培能得到人们高度评价，根本原因在于他对京剧艺术真谛之神悟。京剧精神精华也在于博采众长，勇于变革。谭氏善于接受新事物新观点，主持拍摄出了我国第一部戏曲影片《定军山》，之后更有不少新作。

与任何革新家一样，谭鑫培在其艺术探索之路上也历尽艰辛。“谭腔”初出，颇多非议，以往人们听惯了高亢的声音，对“谭派”的纤巧甘柔并不太习惯。但谭氏毅然坚持走自己的路：扎实的基本功，娴熟的技艺，尤其更加注重

一代宗师

谭鑫培公园

表现人物的思想感情、外在形象，由此逐渐形成了自己独特的舞台表演艺术风格。

流派的出现是艺术的进步，也是京剧艺术发展到一定阶段的必然趋势，对后来京剧艺术的发展影响很大。谭鑫培虽然从事京剧艺术，但依然重视名节。辛亥革命后，袁世凯妄想称帝，曾授意安排一场诋毁孙中山的《新安天会》的戏，并打算在登基之时演出，袁世凯点名谭鑫培为主角，但被谭严词拒绝。

谭鑫培除了自身高超的京剧艺术造诣外，其家族也是一个以京剧传家的世家。在国粹京剧近200年的历史上，谭家是一个世所罕见的艺术家族，百年来竟有七代共40多人从事京剧事业，不仅是中国戏剧史上的世家之最，也创造了世界戏曲史上的奇迹。京剧谭门，百余年来，七代传承，发展京剧艺术，一次又一次把京剧艺术推向高峰，称得上是一部“浓缩的中国京剧史”。作为谭派艺术的故乡，武汉市江夏区本着“为城市续文脉，为国粹留精神”的原则，进行了一系列整理、保护、打造、宣传“京剧谭门”的工作。其中兴建谭鑫培公园便是其中一项。

●总有故事传后人

清末，谭鑫培在南府为内廷供奉。一次，西太后万寿之日，谭鑫培到内廷为其演《捉放曹》，其中陈宫与曹操对白中，有“那老丈一片好意，杀猪宰羊，款待你我，不要多疑”一段。谭演到此处，忽将“杀猪宰羊”改为“杀猪宰牛”。诸多听戏者均以为是谭老板口误，岂知他系有意为之。盖因该年为未年（羊年），而西太后与李莲英均属羊，可谓“三羊开泰”。如不小心念成“杀猪宰羊”，岂不犯了杀头大忌！此一小事，亦见谭老板身处内廷，时时自危，且机智过人，方免祸得福。

●谭鑫培公园分三期建设完成

谭鑫培公园共分三期完成。第一期工程，园区大门面向西南方的文化路，以一贴砖式圆形广场为中心向四面辐射。大门右侧为半月形低矮式门楼，上面镂刻着由著名书法家欧阳中石题写的“谭鑫培公园”。园内广场北面有谭鑫培全身坐式铜像。广场西面建有五处十面浮雕景墙，内中雕刻着中国京剧和谭派艺术的相关图例和文字索引，另建有一条京剧文化长廊。园区里一条婉转流淌的河道上架有七座人行步桥，每座桥均以谭鑫培京剧代表剧目命名。步桥两边的护栏上，用连环画的形式镌刻着剧中内容与人物图案。公园第一期工程于2008年5月正式动工兴建，公园规划占地面积3000余亩，其中水面占三分之二。公园一期工程占地120亩，投资5000余万元。

二期工程主要包括谭鑫培祖居（博物馆）、明清仿古街等项目。工程占地1000多亩，规划投资一亿多元，建设谭鑫培纪念馆、谭鑫培亭、古戏楼及湿地景观。

三期工程中最重要的项目包括谭鑫培大剧院等。工程占地2000亩，规划投资1.5亿元，建设谭鑫培大剧院、五星级谭鑫培大酒店、汤逊湖湿地景观。

谭鑫培公园在2009年5月21日正式开园，该园在建设过程中也创下五个第一，包括：谭鑫培铜像前方雕刻的“一代宗师”四字为原全国政协主席李瑞环亲笔所题；谭鑫培的生平及艺术成就由中国著名京剧史论专家刘曾复撰写；“谭鑫培公园“五个大字由著名书法家欧阳中石题写；谭鑫培铜像由上海著名

谭鑫培公园

雕塑家严友人创作完成；十面京剧雕塑玻璃墙首次做成半透光的冻石与金属的融合体，表现肌理及新科技光源构成七色渐变永放光芒——玻璃墙既采用了现代手段，又蕴含厚重的历史感。

公园追求简约、自然，以自然因素和人文内涵为公园主体，古典特色与现代元素相互渗透，达到自然与人文交融互含的状态，体现了天、地、人三者合一，和谐相处的理念。谭鑫培公园落户江夏，也希望以此能给江夏区，乃至整个武汉文建设带来更加多样的气息。

（郑文路）

21 青园的传说:钢城碧玉景，古典当世园

【青山公园大事记】

20世纪初，武昌聚集大批花卉生产户，这些园艺传承人为后来青山公园的建设打下了专业人才基础。

1956年2月，全市80余家花卉生产户合股经营，成立武昌园艺社。

1957-1958年3月，武昌园艺社迁至青山港西新址，改名为青山花木公司，为半开放园艺场地。

1959年-1966年，筹备、规划、建设青山公园。

1962年，首次对民众开放。

1966年，首次集中建设基本完成，青山公园风华初露。

1966-1976年，“文革”动乱中，公园绿地面目全非。

1982年后，重修规划，青山公园的山水格局基本定型。

1989年-1996年，开发潮涌，填湖毁绿建游乐场。

1997后，还绿于民，公园恢复生态本貌。

2001年，建青山公园绿荫广场，成为青山区政府及各项公众活动开展的主要场地。

2005年，立杜鹃为公园园花，造“子规啼红”景区，成武汉市杜鹃花品种资源保存基地及展示中心。

2008年，打造水系连通工程，建“清溪海棠”景区；同时整体规划整治周边环境。

2011年，配合青山区“生态宜居”建设新目标，编制青山公园提档升级新规划。

青山公园亦称青园。青，通常指绿色，青园的称谓，不仅寄托着我们对绿色生态的理解，也代表着一座生态园林的文化追求。青园，在延续历史的使命中，也向我们描绘着更高、更美、更具文化气息的画卷。青山公园位于青山区红钢城中心，占地面积38.59万平方米，其中绿地面积31.82万平方米，水面积3.08万平方米，绿地率89.61%。如果说中山公园是武汉市私家园林改建公园的代表，解放公园是欧式公园的代表，那么青山公园则是武汉少有的中式古典园林的代表。而更令人称道的是青山公园地处新中国成立后方才兴起的重工业区内，为青山红钢城这片被钢铁工业覆盖的土地带来了令人欣慰的绿色。虽然青园建园历史只有50多年，但却是对武汉园林园艺史的传承和丰富。

● 追昔溯源，青园的前世今生

武昌作为长江中游政治、经济、文化中心，自古以来吸引着大批贤能之士前来。辛亥革命之前，武昌聚集了大量花卉生产户，这些花卉生产户多为花卉

青山公园门口

世家，是中国千百年来园林花艺和花卉培育的园艺传承人，这就为青园的发展奠定了坚实的基础。新中国成立后的三大改造时期，武汉市花卉经营实行合作化，成立了武昌园艺社。1957年，因建设武汉长江大桥征用武昌园艺社土地，该园艺社整体搬迁至青山港西，青山公园进入了新的历史时期。

1958年，迁至青山港西的武昌园艺社更名为青山花木公司。从1959年开始，青山花木公司在每年举办两次的花卉展览中依赖其精湛的园艺技艺均在同行中处于领先水平。同时期，筹备规划建设青山公园的工作也在有条不紊地展开，经过1960年、1962年、1963年和1964年四次规划建设，至1966年，青山公园基本建设完成，可谓风华初露。但受随后十年动乱的影响，青山公园的建设趋于停顿甚至一度遭到破坏。

随着十年动乱的结束，青山公园的建设开始逐步恢复并取得明显进步。1985年，青山公园采用挖湖堆山的平地造园法，修建撷趣园、临湖水榭、雅芳

青山公园

园等，同时将鲁山的散生丛竹改种梅花，建设成梅山景区。至此，带有古典韵味的青山公园建设成型，公园内群山环抱、流水依依，地形地貌起伏多变，与建园之初相比，已发生了根本性变化。

1989—1996年，在改革开放市场经济浪潮的冲击下，青山公园的发展建设走了一段弯路。该时期，青山公园执行“以园养园、园中建园”的市场化方针，使其不可避免地走上“搞创收、建游乐场”的路子。这时期错误的方针政策使得该园不惜毁景毁绿，园林建设遭到部分破坏。

1997年，武汉市开始建设“国家园林城市”，在这一政策影响下，青山公园的发展建设重新进入了正确的轨道。1997年至1998年，青山公园拆除水上乐园等残漏建筑2万余平方米，将拆除后的面积扩充木兰山、梅花山、樱花林等的种植规模。同时，青山公园规划生态建园，以动观林相与静观植物景点相结合，大量引进木兰科植物，樱花、梅花、海棠等名品花木，使得该园植物更加丰富多样。以中国传统名花打造的梅山香雪、木兰点春、落英缤纷、碧桂金

青山公园

秋、水杉清韵、清溪春晓、青山红橘、寒松待月、子规啼红、丽秋红叶等十大植物景点。

进入新世纪后，青山公园日新月异，更加绚丽多姿。2001年，青山公园内建设了绿荫广场，该广场由公园前区改建而成，绿化覆盖率达到80%。青山公园绿荫广场集生态、观赏、休闲于一体，是青山红钢城人民休闲娱乐的首选之地，更是青山区政府及各项公众活动开展的主要场所。2005年，青山公园以百年杜鹃花王为核心，确立杜鹃花为青山公园园花，同时建设杜鹃花专类区，扩大“子规啼红”景区，使该景区成为武汉市杜鹃花品种资源保存基地及展示中心。2008年，该公园进一步打造“清溪海棠”景区，并获得省级优质工程奖。同年完成公园修建性规划设计，突出整治青山公园周边环境，在其特色植物景点中建设亭廊楼榭等建筑物，修建环水景观路和园内路网等，使得园区建筑更加合理，基础设施更加完备。

进入21世纪，青山区提出建设生态宜居的城市建设目标，启动武丰河、楠姆河“两河流域”开发。借此契机，青山公园提出了新的建设目标，即建设“两河带两园”、宜居青山的“中央公园”。该目标建设完成后，青山公园将成为集休闲、商务、景观为一体的综合性公园，青山公园的明天一定会更美，更加赏心悦目。

● 幽幽花语，青园的映像记忆

“绿柳向谁亲，钢城日日新。入园舒望眼，俱是赏花人。”春天的青山公园是樱花和木兰花的季节，此时的青园落樱缤纷，处处花香。青园十景中的“落樱缤纷”和“木兰点春”无疑是这时最好的去处。位于丽秋山山麓的落樱缤纷景区占地约为2万平方米。1994年日本友人捐赠的樱花是该景区建设的开源，后来经过不断增加种植数量，逐渐形成了该景区现有的规模，该景区现有樱花546株、10余个品种。比之“落英缤纷”，“木兰点春”的历史更加久远，1967年，青园开始引进木兰科植物进行栽培，至今，该景区已有木兰科植物30余种、500余株，占地面积近万平方米。该园中的红花木莲、大叶木莲、黄心夜合、二乔玉兰、峨眉含笑、山玉兰等是武汉市稀有的木兰科植物，该园也是武汉面积最大、品种最多的木兰科普基地。春天的青园是如此的朝气蓬勃，让身处其中的人们感受到生命的绽放，在享受大自然美景的同时对生活更加充满信心。

“笑语水云乡，莲花分外香。小儿荷叶底，一叶小舟藏。”青园的夏天无疑是属于荷花和睡莲的，青山公园杜鹃园、雅芳园、撷趣园三大园是这个季节好去处。杜鹃园位于公园杉湖中的岛屿上，雅芳园位于丽湖中的夏岛上，撷趣园则位于丽湖与待月廊之间，这三大园均有大片的水域。每当夏季来临，荷花和睡莲就占据了青园的水面，一眼望去，全是让人感到安逸宁静的绿色，夏季的酷热仿佛也悄悄散去。青园内的水杉清韵也是夏季青园内一个极好的去处，上世纪六七十年代大批水杉被移植到青山公园内。如今的青园水杉清韵景点现存水杉758株，这些水杉干径已达40cm~80cm，是武汉市品相最好的水杉林。走在水杉清韵中的游客是静逸的，在这片林相完美、林深静谧的园林内，完全感觉不到酷暑的炎热，能够感受到的只有清幽和宁静，这是一处难得的休憩林地，更是平复心情，享受生活的好去处。夏季的青园是令市民向往的休憩场

青山公园

所，在武汉炎热沉闷的夏季，身处青园的游客感受到的是清幽宁静的园林氛围，确实是夏季一个极好的去处。

“金菊傲霜开，红枫落石台。两三朋友至，乐向此园来。”当青园的秋季来临时，整个园林成了金黄色的海洋。青园临湖的三个山头上是著名的桂花山，成为公园大门内的绿色屏障，每当金秋季节，满园桂花飘香。而秋天的青山红橘景区更是青园的一大亮点，青山红橘景点主要种植秋色植物，以青枫、红枫、枫香、香橼和青山红橘为主，面积达到7000平方米。春天时节这里杂花生树青翠如滴，初夏时节花如繁星橘香满园，金秋时节更是红叶满坡硕果累累。秋天来到青园更不可错过丽秋叠翠景点，丽秋叠翠是一片原生态的山林，原名为泥鳅山，是青山区楠姆山的余脉。这里山高林密，山上树木众多，树龄多为50年以上，是一片不可多得的混交林。该景点植物种类繁多，乡土树种也颇具特色，以南酸枣、三角枫、榔榆等为主。丽秋叠翠一年四季都可作为园中景观的背景色，散发着浓浓的文艺气息，是众多摄影爱好者的向往之处。秋天的青园是多彩的，处处散发的是一种人文气息的美，令人陶醉于其中，仿佛忘却了世间的纷杂和喧闹，更加体会一种生活的美。

“青山横一角，白雪映红梅。枝下谁留影，桥边问路回。”青园的冬天的

青山公园

寂静的，犹如一幅静止的水墨画，让人细细去体会它的意境。冬季的青园是丽湖展现自己的时刻，丽湖恰似一面妆镜，映照出柳枝春天婀娜多姿的形体和银杏秋天金黄的伟岸身影；夏秋之际，夹竹桃花开、芙蓉照水，映衬在明镜般的湖水中；游客自可泛舟湖上，清风徐来，乐以忘忧；更可以在萧瑟寒湿的冬季，观赏青园景物，追寻自在的阳光，体会生活的奥妙。梅山香雪位于丽湖之畔，占地7000平方米，有梅花364株，分为30余个品种，是武汉主要赏梅的景区。而兴建于2008年的寒松待月是冬季青园丽湖的另一重要景点，寒松亭与廊桥的完美组合是该景点的主要特色，也是丽湖的主景之一。白昼，湖光潋滟倒映亭廊；夜晚，丽水氤氲听涛赏月。冬季丽湖的水是具有灵气的，它为整个的青园带来了一种内敛而又不失活泼的灵气，孕育着来年青园更美的景色。

● 寓文于景，青园的人文感怀

“雄楚立青山，两仪四象生图画。小桥流碧水，十景三园醉世人。”山水自然之景是多姿多彩的，尤其是对于不同的人而言，人们对青园也有不一样的情怀，亦是景致在内心不同的投影。青园没有东湖浩渺的烟波、琴台悠久的传说，也难比中山公园的雍容华贵、解放公园的宏阔幽深。名山胜水离她很远，唐诗宋词与她无缘。她偏安一角，藏于钢城，她只是默默地让春花与钢花争艳，秋叶任红霞尽染。

“闹市桃源似画廊，橙黄橘绿寄苏郎。清风清韵清流远，红日红蕉红叶香。裁短句，诉衷肠，骚人墨客试评章。谢娘更爱青山美，十景三园胜嫁妆。”青园是精致的、内敛的，甚至是有点寂寞的。但当你走近她，就能发现她独有的气质、别样的风韵。她是工业区难得的绿洲，宛如一块温润的碧玉。她不用与其他园林媲美争艳，小桥流水，四季花开，曲径通幽，亭台览胜；林木葱郁，景绿花红，使人沉溺于古典的诗境，陶醉于淡雅的画意。

“不逐芬芳不发愁。身在林陬，喜上枝头。石楠红叶醉春秋。春也风流，秋也风流。耐暑凌寒韵自幽。聊把刚柔，寄予雎鸠。关关情注绿油油。青草良俦，碧水良俦。”每个地方都有一方乐土，都有一番仙境，青山人眼中的青园是最美的，走进去就有一种在自家庭院漫步的感觉。晨露晚霞，芳草嘉木，都是如此亲切；每条花径，每道林荫，都会通往记忆之门。人生的脚步，似灵动的画笔，描绘着也记录着她多情的春秋。欣然停步时，定格成一棵绿树，一朵鲜花，成为她相册中的一张照片，园林中的一幅风景。

“三园十景大观园，春去秋来试比妍。金橘飘香酬碧树，钢花吐艳问红颜。新风洗净今时月，往事难忘昔日烟。闻得青山流水韵，犹如千古伯牙弦。”我眼中的青园是一位温婉的女子，她的美在于那随着四季更替呈现出的动态画卷，这正像女子的一生，在不同的生命阶段散发出不同的魅力，因而永葆迷人的吸引力。青园的春是热闹的，粉的樱花、绿的柔柳、红的杜鹃；青园的夏是宁静旺盛的，宁静的古典风格是她的内涵，旺盛不息的生命力是她的存在宣言；青园的秋是层林尽染的，金黄色景色是她为青山人奉献的华丽晚宴；青园的冬是寂静的水墨画，她默默地展示自己的静态美，静待着来年为我们献上更美的铅华。

（孔令奇）

22 道观河风景区：东方龙脉，禅修圣地

【道观河风景区大事记】

1965年，道观河水库开始兴建，次年正式建成并投入使用。

1989-1992年，报恩禅寺于1989年动工，1992年修建完成。

1994年，国家开始对道观河地区进行旅游开发。

1996年，武汉市旅游局批准建设“武汉市新洲区道观河风景旅游区”。

2002年，景区内问津书院被授予“湖北省文物保护单位”称号。

2008年，本焕大师计划兴建的“万佛宝塔”动工修建。

2010年，道观河与问津书院共同规划为红色旅游区进行大规模修缮和开发。同年，中国·武汉（新洲）首届报恩文化旅游节在新洲道观河风景区开幕。

道观河风景

武汉市新洲区道观河风景区，为武汉市四大风景旅游区之一，位于武汉市新洲区东北部、大别山南麓，距市区约70公里，离新洲城区约17公里，交通便利。此处年均气温16.4℃，海拔高度在42米~675米之间，面积大约为47.88平方公里，是观光旅游、休闲度假的理想去处。

那里景胜，寺殿生辉，楼台溢彩，白云缥缈，风光旖旎；那里山奇，重峦叠嶂，栩栩如生，惟妙惟肖；那里水澈，湖光潋滟，清丽动人。那天、那水、那风光、那亭台，构成了一幅美不胜收的图景。只有身在其中，你才能体会大自然展示给我们的那份艳丽绝伦的钟灵毓秀和古老传承的优美文化景致。

道观河风景

● 传说与传承：道观河的前世今生

有诗云“大别峰群镶宝镜，长江项链缀明珠。”“云霞镶碧玉，烟树翥蓝天。”由于其所处的特殊地理位置，自古就受到了来自多方的关注，关于道观河的来历还有着许多动人而美丽的传说呢。

1. 倒灌河的传说

道观河，原名倒灌河，为新洲境内三大河流之一——沙河的一条支流。清光绪《黄冈县志》记载：“道观河，源自大崎山，西南流为高家河，折而北为倒灌河，即道观河（此地有紫霞寺道观因名）。”民间传说对道观河名称变换则赋予了传奇色彩。很久很久的时候，道观河东向西流，悖于西向东去的一般江河流向，为倒流，当地人称这条河为倒灌河。相传东晋年间，有一著名道士，四海云游，寻觅“龙天福地”，用以修身。一日寻经大崎山下的龙潭，但见飞瀑高悬，如神龙布雨，便看中此地山水，在此筑观炼丹修身，后得道成仙飘然而去，人们便把倒灌河改为道观河，并延续至今。

道观群峰之首为单凤岭，一览众山，始知一山一坳一潭，都由72峰迂回交织而成。舟行湖上，顿觉天上有个蓝天，水里有个蓝天，相互媲美，而水中蓝

道观河风景

天更多彩。最令人叫绝的则是主湖两岸相对矗立，且高度无差的两座青龙山，宛若两条飞龙从天而降，尾扫苍穹，首扑湖心，作欲抢夺湖心“珠宝山”状。

这青龙山的来由，当地言传：某年大旱，赤地生烟，百姓不得活。玉帝派济民使者驱两条青龙下界行雨。不料济民使者暗地里收了青龙的宝珠贿赂，便闭上眼睛任其在道观河中姿意行乐，致使百姓死者十有八九。玉帝闻之大怒，以九天霹雳将济民使者击得身首异处，两青龙亦毙命河中。为规诫后世牧守及护法者，相传还有一“铭山官箴”藏于道观。

物换星移，人世沧桑，时代变迁。新中国成立后，道观河面貌逐步发生变化。“大跃进”期间，开始筹建道观河水库。几经周折，到1965年9月才正式动工，1968年春，坝高75.2米，坝面长345米的道观河水库正式投入使用。这座集灌溉、养殖、发电于一体的水库为道观河人民带来了福音。

2. 道观河景区的建设和发展

如上文所说。道观河山水风光一绝，除此之外，其人文景观亦十分悠久。商纣时期设立调兵遣将的烽火台，经年历月，史迹昭然；魏晋时期观宇林立，道教盛行，诸如“鄂东第一寺，道观庙显灵”“唐皇李世民，御笔紫霞寺”；北宋时大臣李阁老所植红杨树根如盘龙，枝繁叶茂；明末垒筑的工事保安寨为抗清名节关，后来又成为太平军和新四军抗敌的战场；乾隆皇帝游览过的“奇石牛”，极富传奇色彩；革命时期，李先念、张体学等老一辈革命家曾在这里留下战斗遗迹。

国家对于此处的风景旅游开发相对较晚，起步于1994年，而在1996年武汉市旅游局正式将此处批准为“武汉市新洲区道观河风景旅游区”。

经过十多年的建造完善，道观河风景区已经在空间布局上形成了“五大分区”：综合配套服务区、山地禅修度假区、大众旅游区、主题庄园度假区和SPA休闲度假区。具体来说，它由72座秀美的山峰和一方水域浩大的人工湖泊构成，现有报恩禅寺、避暑山庄、紫霞寺、问津书院、奇石牛、九天园、万佛宝塔、世界宝玉石博览馆等20多个景点。景区与将军山国家森林公园、涨渡湖生态奇观立体林业一线穿珠，形成集游乐、观赏、休憩于一体的风景走廊。为中外游客、佛门弟子旅游观光、朝山拜佛的圣地。

3. 名人名胜

道观河风景区虽名“道观”，却与佛教结下了不解之缘，其之所以名闻遐迩，至少得益于两个佛法高人：

其一，禅门泰斗临济宗44代传人——本焕法师。本焕法师祖籍新洲李集西张湾，1907年生，1922年在新洲仓埠报恩寺出家，1930年初正式披剃落发受具……继而去往江苏省扬州高旻寺、山西省五台山朝拜文殊菩萨道场住碧山寺诵经，朝拜北京弥勒院、天津居士林、上海普济寺、广东南华寺……1985年，本焕老和尚在深圳筹资七千多万元建弘法寺，1987年任广州光孝寺住持，1988—1989年回湖北新洲重建报恩寺……1994年任黄梅四祖寺方丈，2006年100岁寿辰。已故中国佛教协会会长赵朴初有诗相赠：“定力能经沧海唤，丛林尚有典型存”。

其二，禅心似水的中国佛教协会副会长净慧法师。净慧法师1934年生于新洲贺桥黄瓦匠湾，他是中国佛学院首批研究生。“文革”中期被赶回老家参加水利建设，1993年当选为中国佛教协会副会长至今。他是一位愿意为祖国教育事业作奉献的人，多次为河北赵县（他主持修过赵州千年古刹柏林禅寺）和新洲家乡等地捐资助学，为国育才。

而道观河风景区内最为著名的景点有报恩禅寺，以及与儒学、儒教有关联的问津书院。

● 山水与人文：那些别有情趣的福地

1. 报恩禅寺

报恩寺始建于1918年，原址在新洲县仓子埠镇。现存建筑是由本焕法师及其弟子出资于1992年起开始兴建的。

1989年11月，一代高僧释本焕大和尚回故里选中道观河处山水福地，于青龙山腰，依山傍水，新修祖庙报恩寺。1994年10月，经五年建设，重新修建的报恩禅寺落成开光。23日上午，落成庆典在报恩禅寺大院内隆重举行。参加庆典的有本焕、净慧、昌明、圣辉、仁德、藏慧等一批蜚声海内外的大德高僧，

报恩禅寺占地134亩，建筑面积1.8万平方米。建成的天王殿、卧佛殿、大雄宝殿、法堂、藏经楼、方丈室、宝塔、钟鼓楼、听涛阁依山重重叠叠，而天王殿、大雄宝殿、法堂同处一轴线，临水背山，错落有致，落差十数米，梯次而上，令人感到庄严肃穆。最为惊奇的是，卧佛殿内，为楚天第一汉白玉释迦牟尼卧佛像，是从佛国缅甸请回的重9吨长6米的整块汉白玉雕成的卧佛。筹建中的万佛宝塔，塔身12层52米高，供奉一万尊青铜阿弥陀佛像，总投资5000万元人民币，堪称世界第一佛塔。

报恩禅寺依山傍水，其建筑群体雄伟庄严。五六十年代修建的道观河水库，有了报恩禅寺的点缀映衬，山水变得风光旖旎。道观山水因报恩禅寺变得奇异，呈翔凤卧龙状。一湖秀水，清莹净碧，鸟瞰湖水，一条酣然入梦的长龙，静躺于蜿蜒曲折群山相夹的怀抱。72座壮美山峰，峰峦叠嶂，倒映湖面，如狮似凤，如麒麟似法器。湖心一岛，美如凤头，葱茏林木如凤羽。通向岛心

报恩禅寺

报恩禅寺天王殿

的幽径，似凤颈。巍峨美秀的青龙山如凤身欲向东北飘飞，名为凤翅的两座秀峰使此凤展翅西北。龙凤相拥相吻，道观的山水奇异无比。雨过天晴，立青龙山远眺东北，一座卧观音法像跃入眼帘。山巅自成的法像轮廓，清晰雄浑，卧苍空白云间，虚实缥缈，与这法像遥遥相望的葱龙湖心岛，此刻变成一朵盛开的莲花。

报恩寺主体建筑分四进，在山门后，是二层楼的天王殿，一楼为流通处，二楼为天王殿主殿。天王殿两旁有楼梯，通往大雄宝殿。最后是法堂和藏经楼、方丈室。大雄宝殿右边百米处，是卧佛殿。附属建筑中有位于天王殿两边的两栋三层楼的寮房、听涛阁、钟鼓楼等。整个建筑临水迎山，梯次而上，落差数十米，形成一个气势恢弘、蔚为大观的佛教建筑群体。报恩禅寺山清水秀，地阔天高，云气氤氲，具有天然生成的凝重、秀美、祥和的佛地景象。

寺内珍藏《龙藏》一部，为人所重。乾隆版《大藏经》为清代官刻汉文大藏经，亦称《清藏》，又因经页边栏饰以龙纹名《龙藏》。《龙藏经》编刊工程浩大，历时五年完成。自宋至清，木刻汉文大藏各代频出，唯有清代《龙藏》经版保存至今，是我国历代官刻大藏经极为重要的一部。续刷印100多部，颁赐各大寺院入藏。相传能够亲眼看见《龙藏经》之人，将可得七世福报，极言其华贵而法喜充满。

“报恩”一词为佛家语，“上报四重恩、下济三途苦”是佛教报恩文化的重要组成部分。本焕长老秉持报恩之心要“存于中，形于外”，不能只说不做，而是重在实践。慈者离苦，悲者得乐。2010年9月28日，中国·武汉（新洲）首届报恩文化旅游节在新洲道观河风景区开幕，以弘扬感恩社会、知恩图报的报恩思想。

报恩禅寺

除报恩寺外，2008年，103岁的本焕大师又计划兴建另一宏大工程——“万佛宝塔”。

报恩禅寺禅博馆

宝塔设计11层，高81米，底座径围60米，塔内将供奉包括释迦牟尼在内的1万尊贴金佛像，并设夹墙上下观光电梯直通塔顶。周围建有菩萨殿，塔后建方丈楼。其高度和规模，均为华中地区佛塔之最。

报恩禅寺

万佛宝塔坐落于报恩寺东南侧，呈南方清式风格。它继承和发展了宋代建筑技术和造型风格，采用钢筋混凝土框架结构，可防震、防雷、防火、防倾斜。塔外形为八方斗拱翘角，每层有平台栏杆，裾檐黄色琉璃瓦，远看挺拔秀丽，气势雄伟：近看古朴玲珑，庄重华美。塔身有夹墙上下楼梯，可供游客登高览胜，近看道观湖水，远看新洲锦绣山河。

2. 问津书院

（1）概况

问津书院，又名孔庙，位于今湖北省武汉市新洲区东部的旧街镇黄林乡的孔子河畔，因孔子“使子路问津”于此而得名。

孔子河发源于大别山东南支的五云山，是一条绵长十多公里的山间小河。周边山岗林立，林茂竹密，松涛阵阵，鸟语声声，田垄纵横，村庄聚落。她流经清沙河、举水，汇入万里长江，奔向无涯大海。千百万年来，流水潺潺，不舍昼夜，从上古流过春秋，又从春秋流到如今。她因为曾留下孔子的足迹，因孔子发出过千年一叹，而更加令人神奇向往，而承载着更加深厚的文化底蕴。

从西汉起，历代州县均在此立庙祭祀孔夫子；南宋末湖广儒学提举龙仁夫于此设院讲学，取名问津。至明清，几经修葺扩建，规模日渐扩大，有大成殿、仲子祠、隐士祠、文公祠、诸儒祠、讲堂、理事斋、酬庸馆、文昌阁、魁星楼等数十间屋宇，一时文风鼎盛、名儒辈出。院周围还有孔子山、孔子河、颜子港、长沮冲、桀溺畈、回车埠、孔叹桥、问津碑、讲经台、晒书场、墨池、砚石等诸多胜迹。正殿依存，古风犹在，区政府将其为古建筑文物保护，供人观瞻。

（2）发展历程

书院始建于西汉年间，距今已有两千多年的历史，风雨无碍，是孕育元、明、清三朝鄂东文人的摇篮，被称为中国最古老“大学”。在历史上曾与岳麓书院、东林书院、白鹿洞书院等齐名，自宋至清，书院共产生进士387名，因其在我国教育史、文化学术史上的重大影响而被载入《中国书院志》。而书院本身也注重院志的编修，曾四度编修院志，现仅存光绪三十一年版《问津院志》。问津书院2002年被授予湖北省文物保护单位，是湖北省唯一的孔子遗迹，也是武汉市乃至湖北省保存得最完好的古代书院之一。2010年，问津书院与道观河进行大规模修缮和开发。

问津书院大约建于公元前164年至公元前122年间，由西汉淮南王刘安修建。东晋咸康二年（公元336年），时任豫州刺史毛宝守邾城，孔庙进行了首次修复。唐武宗会昌二年（公元842年），黄州刺史杜牧对孔庙又进行了改建，命名为“文宣庙”，并在此“兴学教士，立庙先圣”，“一时家循孔教，人诵儒书”，这是问津书院最早阶段的建设发展。

问津书院（董宏伟 摄）

南宋末年龙仁夫在此首创书院，传播儒学文化。元末由于战火，书院被毁，书院发展一度处于沉寂状态。由于地方官员的重视，书院开始逐渐复兴。至隆庆年间，黄冈太守孙光祖等修复书院，并延请地方名士至书院讲学，问津书院日渐兴盛。在地方官员的支持、历任山长尤其是萧继忠的苦心经营下，问津书院至明中期达到极盛。明清易代之际，书院大半被毁，只存正殿三间。到清顺治年间，有潜江训导王士垅管理书院，书院得以重新开课。此后，书院虽几经战火和岁月的侵蚀，但一直有地方士绅和官员前仆后继地对书院进行管理和维护。由于地方人士的薪火相传，有清一代，问津书院也成为地方上重要的文教兴盛之地。

问津书院自古备受官方的重视和民间的推崇，在弘扬儒学、传播知识方面取得过辉煌成就。书院讲学活动自宋至清，出现了文人萃聚、文风迭起的局面，硕学鸿儒登坛授业。唐代杜牧，宋代孟珙、朱熹，元代龙仁夫、吴澄，明代王阳明等诸位大儒都亲临书院，讲学布道。历朝出自问津书院的举人、进士、名儒、要吏，不计其数。明清两朝的中叶，讲学活动达到了巅峰。明万历年间还在河南的商城建有问津书院分院。清康熙、嘉庆皇帝曾分别御赐“万世师表”和“圣集大成”匾额。清末民初著名书法家、曾任孙中山总统府秘书张翼轸先生也为书院题写了“问津书院”四个古朴苍劲的大字牌匾。

问津书院由于历任管理者和地方官员、士绅薪火相传、弦歌不辍的建设，使其成为历史上著名书院之一。清人王封溯赞问津书院曰：“问津与岳麓、濂溪皆在楚服，鼎峙而三”，他认为问津书院是楚地三大书院之一，可与岳麓书院、濂溪书院相媲美。另有人称问津可与“白鹿洞、鹅湖、东林、首善、岳麓诸书院相颃颉”。清代学者曹翰在《问津书院赋》中赞道：“不独‘岳麓’‘嵩阳’不可及，亦非‘鹅湖’‘鹿洞’所能级”。这其中虽不乏溢美之词，但亦可看出问津书院发展之盛。问津书院持续不断的发展，对地方文化产生了深远的影响。

（3）文化传承

“大足以容众，德足以怀远。”一直以来，在问津书院讲学的先生不仅来自不同地域，而且也来自不同阶层。书院设坛讲学论道者，不问其身份地位，只要有真才实学，都可在此讲学。上至朝廷大臣，下至地方郡守、知县、教谕，还有各方游士、地方隐士，甚至普通布衣都可在此讲学。如明朝河南商城的盛朝衮，就是没有功名的普通布衣，但由于其“问道四方”，曾求学于多位名家，颇有见解，也曾在书院讲学论道。

问津书院在学术上也兼容并包，各派学者均可在此讲学。其中有王阳明创立的“以致良知为主”的“姚江学派”，湛若水等创立的“以随处体验天理为宗”的“甘泉学派”，以顾宪成、高攀龙为代表的“笃信程朱、力辟姚江之非”的“东林学派”。

由于这样一种开放的态度，各种文化在此交流、碰撞，在一定程度上给本地文化注入了新的活力。近现代以来，鄂东地区人才辈出，如熊十力、闻一多、徐复观、李四光等，应同问津书院历史上的文化辐射有着一定关系。

“独领风骚”在书院管理者、讲学者孜孜不倦的努力和学规的约束下，问津书院在培养人才方面，卓有成效。据资料统计，“新洲万氏自康熙二十九年（1690年）至光绪三十一年（1905年），共有贡生35 名，举人39 名，进士11 名（其中翰林4 名），秀才约205 名，他们均出自问津书院。”，而在靠近书院的黄州、麻城、红安、蕲春等地，书院培养出来的人才也不在少数。

问津书院在明中后期成为地方的教育中心，清湖广提学使蒋永修在《书院碑序》中写道：“惟楚有才，雄长天下，独黄为之冠。”乾隆陈诗云：“惟楚有材，黄郡实当其半。”问津书院至清朝，更成为地方文教之地，“国朝定鼎以来，覃敷文教，每当春秋会课士子橐笔而至者多至千数百人，翘材辈出，雄长鄂中，其亦先儒之流风余韵，有以渐被于无暨乎”。

“移风崇教”问津书院在一定意义上承担着促进一方社会风气的改进，教化当地民众的功能。这除了与各名学大儒以身作则、潜移默化的教导有关，也与书院采取的诸多措施有着密切联系。书院对生徒进行人品、德行方面的教育，希望他们在生活中具体实践，将受到的教育向民间社会传播、渗透，进而影响整个社会风气，使地方争讼减少，乡间邻里能和睦安宁。以问津书院为核心，通过对生徒的教育，将其价值观念辐射到乡间民众，最终使整个社会风俗也得到了改善。

书院的讲学者们，把讲学与现实相结合，将圣学通俗化、平民化，使圣贤学问变成平常日用之事，达到了教化普通民众的目的。

问津书院之名号来自于孔夫子，因此在此举行的关于孔子的祭祀活动也是非常盛大，“问津书院岁时罢，群诸缙绅及弟子切磋于斯，甚盛举也”。每次祭祀，都是一次隆重的活动，书院师生与民间人士参与其中，使每次祭祀都成为一次广泛的社会教化活动，更是对于地方风气的改善起到了积极的作用。

（4）旅游风光

问津书院的突出特色就在于包含了大量的儒家经典文化。文化观光是游客来此的主要目的。游客可以参观古老的问津书院及其相关遗址，欣赏孔庙的建筑结构和遗留下来的珍贵文献资料和儒学文化，了解历史的同时体味儒学的魅力。重要景点有孔子坐石、孔叹桥、晒书场、讲经台、墨池和砚石、烟墩脑等。

而同时，此地的自然观光则表现在问津书院周边的山水良田，孔子河、孔子山、颜子巷等。可以沿着书院南面的孔子河漫步，欣赏优美乡风，寻找先圣当年游学于此的足迹；逆流而上，孔子河的源头是孔子河水库，水资源丰富，水面开阔，水质清澈，游船于水面上，置身于山水间，或欣赏美景或吟诗作赋或感慨“天地合而万物生”，修身养性。

3. 钵子山

位于道观河风景区汉子山脚下水库之滨。一座山丘远望过去像是覆盖着的巨钵，因为周围没有其他的山丘岩石映衬，倒显得独立突兀；懒懒地依偎在水库边，与库水相辉映，仿佛安然的弥勒笑卧于水边，别有一番情趣。当地传说，在很久很久以前，道观河地区出现了一个鼠头蛇身的妖魔，日日兴风作浪，以吞噬过往行人为乐趣，甚至引水淹没人们的房屋庄稼，累得百姓苦不堪言。太上老君听闻此事，乃降世施法，用镇妖钵将那鼠头蛇妖盖在钵内，压在此处，还当地百姓以安宁。后来，镇妖钵在此地化为山丘，百姓称之为钵子山，视为保护当地生活平安的象征。

4. 天子坳

位于道观河水库溢流坝附近，山峰耸立，雄伟秀丽，山形独特，状似龙心。相传此处是“龙心地”，乃龙气郁郁之地，有帝王之相。唐代贞观年间，李世民从长安出发，沿黄河一带南下巡视，进入黄州府，过大别山，来到天子坳处。见天子坳地势不凡，风水极好。唐太宗李世民本信道教，对堪舆之术深信不疑，急招方士察看，方士说此地山环水抱，明中带秀，有龙气聚藏，且千山一水会于龙心案堂。当地官员称此地一直怪异不凡，山上葬了石、罗、高、刘四家大姓，家族中皆因此出了异人。方士劝说李世民说此地状如龙心，风水甚佳，墓葬龙心地，后世会出皇帝，风水虽好却不利于大唐江山，最好是破坏掉此处龙心地，以免无穷后患。李世民听了有理，便传令将士摧毁龙心地上的大松和修竹，将山脉中间切断挖空，并埋下一柄镇山宝剑。多年以后，人们在修道观河水库时，在天子坳挖出了一柄宝剑，经年过后依旧锋利无比，可惜流落民间。

5. 螺丝咀

汉子山下水库之滨处矗立了一座山丘，状似螺丝，名为螺丝咀。当地流传着这样一个故事：相传在很久以前，一位靠在道观河捕鱼为生的穷苦渔民在一次风大浪急的捕鱼中毫无收获，却意外捞到了一个螺丝壳。他看到这个螺丝壳很大，就拿回家用来装米。可是奇怪的事发生了，用这个螺丝装的米怎么也吃不完，每天变少的米都会又满回来。渔民非常善良。他想着村里和他一样的百姓都靠吃野菜度日，人人面黄肌瘦，便将螺丝壳的秘密告诉了村民。从此以后，这个村的村民每日都来他家领取粮食，人人都过上了温饱的日子。这一消

道观河风景

息传到了官府，县官听说有此等宝物心起贪念，命人将渔民抓来逼其交出螺丝壳。渔民却将这全村的救民宝物藏了起来，任县官严刑拷打也不松口。县官只好将其关入大牢。后来，渔民费尽千辛万苦终于逃出了大牢。为了摆脱县官的追捕，他最终逃到了道观河畔，悲壮地跳入了河中。不久后，道观河畔升起了一座状似螺丝壳的山丘，人们为了纪念渔民的奉献精神，常在螺丝咀烧香膜拜。

6. 石牛

位于油麻岭村石牛岗。这个石牛有一个和佛教有关的传说。相传很久以前，道观河当地荒芜贫瘠，百姓温饱不保。于是救苦救难的观世音菩萨发慈悲遣神牛下凡帮助农民耕种，希望改变民间现状。但是神牛下凡后私自违背菩萨的意愿，不但不帮助百姓耕种，还到处兴风作乱，为害庄稼，结果被菩萨发现，化其为石牛以示惩罚。后清代乾隆帝巡视到此地，听闻这个传说，作诗曰："赫赫石牛在黄洲，江南来此几千秋；狂风阵阵无毛动，细雨蒙蒙有汗流。青草成堆难下口，金鞭敲断不回头；山河永固君常在，镇守河山万古留。"

7. 紫霞寺

位于道观河大桥附近，始建于唐代。在道观河风景区内，有一座山叫虎头山，形状像一只昂头伸爪的老虎。虎头山左侧不远处，有一条千余米的山冈，像一条长龙，叫龙头山。有一条河流，四季清流激湍、曲曲幽幽，从虎头山和龙头山下流过，因虎头和龙尾临水，故形成了"龙上山、虎下河"之势，不仅奇特，而且诡异。

隋末唐初，当地有一个大户叫李永富。李永富共有兄弟八人，家族大，家产也有很多。一天，李永富召集兄弟们商议，说："我李氏家族，多年来财丁两旺，但有富而无贵。现在，我有一个愿望，那就是在我们家族中，有人能做学问，进取功名，而谋得一官半职，来光耀门庭，也不辜负先辈们对我辈的殷殷希望。现在看来，只有指望我们下一代了。"兄弟们一听，哥哥所言极是，都不禁悟然点头。李氏的兄弟中，也无人能识得几个大字，所以，纵然富有，却称不上读书人家、书香门第，祖辈们脸上也不光彩。大家都静静地听着李永富讲话。李永富又说："为了让家族更加兴旺，后世能出凤子龙孙，我想选定虎头山为宅基，在那里建屋居住，借其虎威，富贵万年，永兴不替。"李永富的提议，得到了全家人的支持。他们很快在虎头山上修建了几栋很大的平房，全家人都搬至居住起来。搬迁新屋后，一家人在李永富的带动下，都勤俭持家，认真生活，但灾难接踵而来，致使一家人不得安宁，痛苦不堪。当时有一个风水先生从虎头山前走过，惊骇地说："这个地方就像一只饥饿的老虎，怎么能够住人呢？"第二年，李永富正在家里为渐损的家财和失去的亲人悲哀时，又一个风水先生叩门而入。风水先生神色严峻，进门的第一句话就问："你家能够喂饱一只饿虎吗？"李永富听风水先生这么一问，不禁大哭起来，就将家中的遭遇，以实相告。原来，搬进新屋居住已有一年多时间，从来没有太平过，家中的人不是生病就是遭遇到灾难，至今，弟兄已相继去世了六人，全集遭遇不幸的，共有二十人。李永富哭诉完，并请风水先生予以指点和化解。风水先生说："次地形如饿虎，大凶，千万不可继续居住，如果将它腾出来，做成寺庙，倒能镇住虎威，化凶为吉。"李永富听风水先生说得有道理，连忙道谢，并依言全家迁出，将房屋修缮，改为寺庙。第一个住进的和尚法号姓释，名安仪。安仪和尚诵佛念经，诚贡香火，寺庙虽小，佛事倒也旺盛。

唐贞观三年，李世民南下，经黄州府，过天子坳处，到虎头山侧宿营。第二天，李世民见虎头山风光秀丽，有青松翠柏，沙河流水，爱其风景，遂登上虎头山，并在一棵大树下闲憩。当时天气甚好，阳光明媚，风和日丽，引得李世民兴致很高，不禁和群臣指点起江山来。突然，李世民一仰头，奇怪，只见虎头山的上空，盘踞着一簇紫色的云霞。李世民仰望好一会，见其久久还无散去之意，不禁微笑不已，向身边文武道："孤王一到，自有祥云瑞气相随。"一旁文武官员也都点头称是。李世民再一看，见自己站在一个小庙旁边，庙虽不大，但也收拾整齐。而那天上的云霞，经阳光一照，俯射在这小庙之上，笼罩成一片紫色的光芒。李世民心里一动，即命备上文房四宝，蘸上香墨，挥毫写下"唐敕紫霞禅院"六个大字，随后命令一旁官员："将此赐予庙主"。并亲自到小庙躬身三拜，以敬神灵。一旁的徐茂公进言道："皇上，此处天上虽有瑞气。然地却不祥，只恐正不压邪，而生出事端。"皇上道："依你所见，此地如何？"徐茂公道："此地左有青龙，右有白虎，观其气势，是龙在上山，虎在下河，如此倒行逆施，恐非吉兆。"李世民一听，其言之有理，即命随行大将军尉迟恭将此处地理破废。尉迟恭召集附近的乡民，开始破土，分别在虎头山的虎口处和龙头山的七寸处，各挖了一口池塘，用以降龙伏虎。在虎口处挖掘时，刚挖到一米处，就听到一种金属的撞击之声。乡民们非常害怕，不敢再继续挖下去。尉迟恭听说有此奇事，即命继续挖掘。当挖到底层时，才发觉是一口金钟。四个村民用了很大的力气，才颤抖抖地将它抬了起来。李世民一听在寺前挖出金钟，觉得纯属天意，即命令将金钟抬入寺内，将原来的那口小钟换掉。圣上亲自赐封，并破龙灾虎祸，且挖得金钟一口，此事非同小可，一下子惊动了方圆数百里。一时间，四面八方的僧侣和绅士，以及地方官员，都齐集虎头山。大家共同商议并一致认为，应该在虎头山上建一座大寺，以谢圣上之恩泽，保一地之灵气。于是，在众人的策划和筹资下，一座三高六矮、气势恢弘的寺院落成在虎头山上。去旧庙之狭隘，迎新寺之壮观。并在寺门上嵌一汉白玉石，请高手模仿御书，雕刻上"唐敕紫霞"四个金光闪闪的大字。因为院庵是对小庙的称呼，故删掉了圣上亲封的"禅院"二字。紫霞寺一时声振遐迩，香火鼎盛，成为鄂东之大寺、之名寺。还有那悬于钟鼓楼上的金钟，音质特好，清脆而悠扬，每逢撞击之时，方圆百里之内皆无不闻。而紫霞寺位于三地交界之处，故钟如寺名，声振鄂、豫与皖。

8. 将军山与将军洞

作为武汉地区山峦最高点的将军山海拔675米，初名金盆寨。相传唐时，盛行一种娱乐，叫斗鸡。上至皇亲国戚、公子王孙，下至庶民百姓，无不以斗鸡为乐。当时的皇上也非常喜爱斗鸡，有一只通晓人意，浑身五彩缤纷的斗鸡。谁料，在一次盛大的斗鸡大会上，这只不甘寂寞的鸡一拍翅膀，猛地一下跳飞起来，就飞到宫外。皇上见心爱的金鸡飞跑了，非常焦急，随即命令一位姓沈的将军跟踪追捕。沈将军沿路策马，紧追不舍。沈将军赶至金盆寨时，见斗鸡落入了一个山坳中的水塘溺水而亡。沈将军自觉无颜回京向皇上复命，不禁踌躇不已，便在山中石洞隐居起来，一年后，在郁郁中死去。后人为了纪念这位姓沈的将军，将淹死金鸡的地方叫金鸡坳，将沈将军居住的山洞叫将军洞，将这座大山叫将军山。千百年来，将军洞依然巍然。它由四块特大的山石倚山借势嵌顿而成，形成一个面积约十平方米的山洞，幽雅而又超然。随着流年的变迁，朝代的更迭，到了二十世纪三十年代后，这里以其险峻的地势、良好的地理条件和环境，成为一个我工农红军、新四军从事革命战争的活动驻点和掩护地。李先念、方毅、张体学、刘西尧、赵辛初等老一辈无产阶级革命家曾在这里战斗生活过。烽火岁月，红色遗址，是对青少年进行革命红色教育基地。

9. 保安寨

位于石家寨村，青龙山的山尾，地处鄂豫赣交界处。当地山高林密，悬崖深谷，关山险隘，一夫当关，万夫莫开，易守难攻，自古就是战略要地。保安寨始建于明末。到了清代，由于其优越的地理环境条件和重要的战略地理位置，保安寨逐渐发展成为了一个可以屯兵的楼寨。到了1851年，轰轰烈烈的太平天国运动爆发。太平军西路军从天京出发，沿途攻克湖口和武昌等城镇，但在武昌遭到了以曾国藩为首的湘军的反攻，而保安寨正是湘军军事反攻的重点对象，却因易守难攻，寨中水源充足，防御体系完善，久攻不下，是农民战争的重要堡垒。

道观河风景区内的独特魅力点还有很多，等待着有缘之人去发现去观赏。

● 道观河风景区的文化产业建设

道观河作为近些年新开发的风景区，融入了许多先进的开发理念和人文关怀。在明确自身旅游文化发展的定位的基础上，从道观河自身的本土文化出发，发展出具有道观河地区特色的旅游文化，打造属于道观河自己的文化产业开发区。

1. 文化多元交流

从“倒灌河”到“报恩禅寺”，从“孔子河”到“道观河”，我们可以看到道观河在其发展史上多元的文化交流。儒、释、道三教的文化，加上民间传说之类的民俗文化、作为堡垒和掩护体反抗外敌的红色文化，各类文化融合发展，在经过数百年的磨合后，形成了现在呈现在我们眼前的道观河。这样的多元文化的融合决定了道观河风景区丰富的文化内涵和旅游路线中的精彩纷呈。当我们徜徉于此，此时还在领略着佛门之地的清净梵音，感悟报恩禅寺的慈悲为怀、普度众生的建寺故事；彼时却可在保安寨体会百年前风云突变的乱世纷争，缅怀那些为了和平和理想挥洒热血与激情的先辈烈士；与此同时，还可以聆听那些有趣的民间传说故事。这种跨越历史长河的多元文化体验给道观河旅程增添了几分相映成趣的厚重与趣味，让人逸趣横生，放松心情。

2. 自然与人文的和谐

道观河的风景不用说雄伟耸立的将军山，不用说晨钟暮鼓的报恩寺，更不用说关隘险要的保安寨，单是道观河本身的风景就令人心旷神怡。站在秀丽雄伟的将军山上放眼望去，道观河静静地流淌着，无声地陪伴着这青山古寺，目睹着战火或和平，激情或安详，用她多情的胸怀拥抱着这片土地。即使是百姓建造的保安寨、寺庙等景象，依旧默默地将其融入这片固有的自然景观之中。报恩寺与紫霞寺的梵音经语穿梭在山林之中，沐浴这固执的山、这静默的水；保安寨的垒壁依山势攀附，依然安静的炮筒诉说着那段激情燃烧的岁月。游人置身于其中，游览山水建筑，却感受不到建筑的突兀。这种自然景观与人文风情的交融和谐，凸显了道观河的独特风韵。

3. 保护与开发相结合

道观河风景区在原有的自然风光和人文建筑的基础上保护性地建设了一些

旅游设施。保护植被与建筑，因地制宜地建造了一些如玫瑰园、牧草区、禅文化产业区等旅游度假区。每年举办龙舟赛、报恩寺新年祈福等活动，都在开发的同时，传承着具有本土特色的多元文化，营造自然与人文和谐、开发与保护并重的良好氛围。

（陈筱雯 张若雨）

23 解放公园：从屈辱见证到现代园林

【解放公园大事记】

1905年，英国商人以每平方丈一两串钱的价格，在汉口东北部买下800多亩土地，建立西商赛马会。

1949年5月16日，武汉解放，“西商跑马场”亦归于新政权所有，中南局、部队、公安、学校等5单位进驻此地。

1951年，中南局、中南军区、中南军政委员会等单位召开座谈会，决定将原西商跑马场的外场部分改建为公园。

1952年，“武汉第一苗圃”建成，并开建公园。

1955年5月16日，武汉解放六周年之际，解放公园建成开放。

1956年，15位在武汉保卫战中牺牲的苏联空军志愿队烈士的遗骸，由万国公墓迁到解放公园立碑安葬。

1972年，开挖了八角回廊水系，布局逐渐由西方规则式布局，转向中式园林“师法自然”的风格。

2004年10月21日起，解放公园免费向公众开放。

2005年11月，解放公园开始封闭改造，建立生态湿地，用生物方式净化被污染的湖水。

2006年3月22日，解放公园改造工程正式开工。

2006年9月28日，改造一新的解放公园开园迎客。

解放公园是武汉的大型公园之一，位于武汉市汉口东北隅，南界解放公园路，西邻市委机关大院。公园占地面积为46万平方米，其中水面7.6万平方米，仅次于马鞍山森林公园和武汉动物园，拥有植物种类410余种，绿地率高达85%。解放公园的历史悠久，可以追溯到100多年前；风景如画，是市民、游客游玩的好去处。

●解放公园的前世今生

解放公园始建于1952年，其前身是英、法、俄、德、日、比六国洋商跑马场，俗称西商跑马场。

1861年，英帝国主义依仗中英《天津条约》派代表来到汉口，霸占临江地段为英租界，后来德、俄、法、日也相继来汉，建立起了“国中之国”。他们以租界为依托，大肆掠夺中国人民的财富，在租界建起高楼大厦，兴办花园、舞厅、俱乐部。列强们尽情吃喝玩乐，但仍感到精神空虚，于是又搞起户外运动。英国人首先在英租界外滩地未经中国官方许可便擅自开辟马道子、球场，

西商跑马场看台遗址

后因法租界扩界，马道子正在扩界范围之内，于是英国人又从汉口地皮大王刘歆生手中以低价购得汉口西郊的水荒地800余亩，于1905年正式辟为西商跑马场。由于有英、法、俄、德、日、比六国商人参加，又被称为六国洋商跑马场。

西商跑马场占地大门在今中山大道六合路口，二道门在今武汉歌舞剧院附近。二道门起筑有3米高的水泥围墙，沿东墙至今永清路口，再折回惠济路，沿西墙绕解放公园路至现在的市委大院正门，其位置以现在的解放公园为中心，但面积却比解放公园大50%以上。

西商跑马场建有外球场、跑马圈道、大型看台、写字间、酒吧、舞厅。外球场上建有18个穴的高尔夫球场；看台（位于今中国人民解放军国防信息学院）为阶梯式，能容纳万名观众；跑马圈道宽30米，长1600米，马道中心的旷地用作马球场和橄榄球场。

西商跑马场实行严格的会员制度，入会审查严格，一般没有声望、地位低下的外侨无资格参加，对华人更是实施种种限制和歧视。该会会员多为驻汉各国领事馆官员和高级职员，由外国人把持的海关税务司、邮局邮务司、盐局盐务司等的负责人，外国银行行长，各洋行大班及副班和外侨富商。因此，西商跑马场既是在汉洋人的娱乐会所，也是在汉列强高级官员、资本家等上流社会的社交场所。跑马场实际上成为了洋人租界外的又一租界。

1949年5月16日，中国人民解放军占领武汉，“西商跑马场”也归于人民政府所有，中南局、部队、公安学校等5单位进驻此地。1952年解放公园正式开建，1955年5月15日，武汉解放六周年之际，解放公园建成开放。

●中苏友谊的见证

位于解放公园内的苏联空军志愿队烈士墓是抗日战争时期为支援中国人民而英勇献身的苏联空军志愿队15位国际主义战士的坟墓，是湖北省文物保护单位。

1937年，日本已自行生产了1500多架军用飞机，包括各种型号的战斗机、侦察机和轰炸机，而弱小的中国空军根本无法与日军抗衡。在国家危亡之际，苏联对中国抗战正面战场的援助正式展开。

苏联空军志愿队英勇善战，他们几乎出现在所有的正面战场，主动出击数倍于自己的敌人。1938–1941年间，苏联空军志愿队帮助中国空军掌握了战场制空权，有力地打击了日本空军的嚣张气焰。日军损失飞机986架、战舰100多艘，包括一艘航空母舰和一艘巡洋舰，日军王牌飞行员中的“四大天王”三个

苏联空军志愿队烈士墓（正面）

苏联空军志愿队烈士墓碑（背面）

被击落。

1938年的武汉空战，苏联空军志愿队牺牲的100多名战士被掩埋在中山大道陈怀民路的万国公墓。由于时局混乱，万国公墓里埋葬的都是战争中的死者，其中有战士也有平民，甚至还有日本人。直到1956年，15位苏军烈士的遗骸从万国公墓里分辨出来，迁到解放公园内立碑安葬，即是现在的苏联空军志愿队烈士墓。

左倚朝梅岭，右靠夕桂山，苏联空军志愿队烈士墓墓地面积17000多平方米。墓台用花岗石砌成，高3米，宽23米，正面嵌15位烈士墓表，左右置记事碑，分别用中文和俄文字镌刻。高12米的四方锥形纪念碑在墓前广场巍然屹立，碑身正面镌刻“苏联空军志愿队烈士墓”，背面刻有“永垂不朽”。碑前有宽阔的墓道，墓道两旁松柏成行，繁花似锦，使得陵园景色愈加庄严肃穆。

苏联空军志愿队烈士墓的墓志铭全文如下：

1938年，当中国人民正遭到日本法西斯疯狂侵略的时候，苏联人民无私地派遣了自己的优秀儿女——苏联空军志愿队来到中国，援助了中国人民反抗日本法西斯侵略的伟大的正义的斗争。

苏联空军志愿队与中国人民一道在反击日本法西斯的斗争中创立了无数的英雄战绩。他们以武汉为基地，曾远征台北，猛烈地轰击过长江中的敌舰，并顽强地参加了保卫武汉的斗争，严重地打击了日寇的疯狂气焰，鼓舞了中国人民的战斗意志。

在激烈的战斗中有许多名志愿队员献出了自己的生命。其中有重轰炸机大队长库里申科和战斗机大队长拉赫曼诺夫。为了中国人民的解放事业，苏联空军志愿队的烈士们的鲜血和中国人民的鲜血溶结在一起了。他们将永远活在中国人民的心里。

让这种属于工人阶级的高贵的国际主义精神永远发展，以巩固中苏两国人民兄弟般的牢不可破的友谊。

烈士们永垂不朽!

●现代园林的典范

解放公园整体风格属于现代园林，最早的风格是西方规则式布局，由园林设计师余树勋设计，后来逐渐转向中式园林“师法自然”的风格。

园内主要景点有梅花山、桂花岭、樱花坡、盆景园、中华名塔园等。2005年11月，解放公园开始封闭改造，对水体的改造是重点之一。解放公园采纳了加拿大园林专家文森特·艾思林的设计，建立生态湿地，用生物方式净化被污染的湖水，整体湖水1年可循环3次。园内环湖像一条翠带环绕整个公园，形成以湖水为特征的园林绿化中心。

公园东部景区从入口起建有主轴干道，沿道两侧依次有瓶形花坛、万人绿茵广场、盆景园、荷花池、睡莲塘、中心花坛、露天剧场、水杉林、朝梅岭、苏联空军志愿军烈士墓。

公园西部景区是占地约13公顷的柳林区，种有杨柳、箭杆杨、毛白杨等乔木千余株。林间建有曲径、晓春轩、露华台、依亭、寿石亭、石桌、石凳、条椅等；林南有自龟山迁来的灵芝石；林西建有猴山，环以观众厅、休息廊、品种笼、花径、园亭等小品建筑。

中华名塔园位于解放公园中心岛，四面环水，树木葱茏，环境幽静，面积占地20亩。中华名塔园于1991年11月动工，次年建成“步月塔”。此塔仿清风格，七层八角，高26米，内有旋转楼梯，可登高眺望。步月塔周围仿有按比例缩小的50座各地名塔袖珍版。塔园沿岛回廊，长300余米，与塔前后相辉映的

中华名塔园（董宏伟 摄）

拥翠桥、水榭增添了现代园林的古朴。

解放公园也是武汉著名的赏樱之地，全园樱花约有400余株，每年樱花烂漫时，映衬着小桥流水，美不胜收。公园里最集中的赏樱处，当数一号门从樱花坡延伸至八匹马、湿地大湖的这片区域。以湿地为中心，圆弧的小土坡边和兰展附近的区域种植有成片樱花林。沿卵石小径走过，阳光从树间泻下，光瀑如缕；清风从枝间穿过，落花如雨。梅花山距离樱花坡很近，挨在樱花旁边的有宫粉、绿萼以及芳香四溢的腊梅。此外，解放公园管理处的涵秋桥道路两旁，栽种的是日本晚樱，穿插在池杉树中。待到开花时节，扬风吹起粉色花瓣，小路便会形成樱花长廊。

（王康璐）

24 汉口江滩公园：十里园林，十里画廊

【汉口江滩公园大事记】

1954年5月1日，汉口滨江公园正式对外开放。

1996年，武汉市政府正式启动了汉口江滩工程的规划研究。

2000年，汉口江滩项目启动。

2001年，沿江大道综合治理工程完工，沿线28座历史建筑得以恢复原貌并投入使用，形成了集金融、办公、游憩为一体的滨江景观地段。

2002年10月，江汉关至粤汉码头的江滩一期工程实施完工，全长1.04千米。

2003年1月，汉口沿江大道龙王庙至江汉关段改造完工，形成沿江景观路。

2004年1月，江滩二期工程粤汉码头至长江二桥实施完工，全长2.33千米。

2006年1月，江滩三期工程长江二桥至后湖船厂建成开放，全长2.76千米。

汉口江滩公园全景俯瞰

武汉城中有山，山中有水，是一个以水为灵的“山水城市”，景观资源相当丰富。汉口沿江地区拥有宽阔的滨水滩地和长达9.8千米的滨水岸线，交通便利、商贸繁荣、旅游资源丰富，汉口江滩公园便坐落于此。汉口江滩公园面积160万平方米，是一个集旅游、休闲、健身、绿化、娱乐为一体的大型文化公园，被称为“亚洲第一大江滩”。它与沿江大道景观相邻，与龙王庙景点相连，与江汉路步行街相接，与“天下江山第一楼”——黄鹤楼景区隔江相望，与长江的百舸争流相映，是武汉市中心区独具魅力的景观中心，因此享有

“金外滩”的美名。公园自开放以来，每年都接待数千万的中外游客，是武汉市著名的风景游览胜地。

● 汉口江滩的前世今生：从滨江公园到江滩公园

汉口江滩公园的前身是汉口滨江公园。

汉口滨江公园始建于1954年，位于沿江大道武汉市人民政府前的防洪堤外，因濒临长江而得名。园内有各种园亭花棚，沿江装设有栏杆，茶亭、果皮箱和路灯等基础设施，一应俱全。公园内栽植各种落叶、常绿乔木、灌木40种，有花坛12个，植物茂盛，呈现了一幅草长莺飞、生机勃勃的美丽画卷。此外，公园的东南部辟有花园，还附设温室和荫棚，生产各种草本花卉，既可以用于各种花卉展览，又可以为园内和街道花坛使用。

毛泽东多次亲临武汉并畅游长江，写下《水调歌头·游泳》一词，此后，武汉市每年7月16日都要举行全市横渡长江的活动，上岸地点就设在滨江公园内。1969年兴建的“防汛纪念碑”是汉口滨江公园的重要标志，碑身正面镶嵌乳白色大理石，上有毛泽东亲笔题词：“庆祝武汉人民战胜了一九五四年的洪水，还要准备战胜今后可能发生的同样严重的洪水。”题词上部红瓷砖上还嵌有毛泽东头像，基座正面镌刻毛泽东词《水调歌头·游泳》，左右侧面为武汉人民抗洪抢险大型浮雕，造型生动，气势雄伟。1979年在靠粤汉码头边修建一座有2800个座位的露天电影院，第二年又在公园南侧修建了一座露天剧场，为丰富群众文化生活创造了条件。另有茶社、小卖部、木靠椅等，是群众清晨早锻炼、盛夏纳凉的好场所。

然而，汉口滨江滩地附近散布着诸多码头、仓库、栈桥，各类阻水建筑林立，生产、生活设施杂乱无章，市容环境脏乱差，治安混乱，严重影响到城市防洪安全和形象。此外，新中国成立后，因为历史和地理的原因，在市区江边建起了3多米高程的钢筋混凝土防洪堤，比道路还高出3~4米，造成了武汉市“江城不见江”，市民“临水不见水”的局面。为了兼顾防洪与娱乐休闲，经过水利专家论证，武汉市对汉口江滩地区进行了防洪及环境的综合整治，综合治理了沿江大道，沿线众多历史建筑得以很好的保护和利用，还使滨江公园融为汉口新江滩公园的一部分，以新的姿态迎接八方来客。

长江二桥与芦苇滩相掩映（董宏伟 摄）

● 防洪与美景并存：从防洪设施到靓丽风景

汉口江滩公园极力凸显长江之滨的恢弘气势，力求整体、亲水、生态，在确保防汛安全的前提下，突出江阔天高的滨江景观特色、树茂荫浓的生态绿化特色和开敞舒适的亲水休闲特色，把汉口江滩这条绿色滨江长廊建设成为具有现代文化艺术风貌、满足公共休闲活动、充满人文关怀的绚丽彩虹。

在防洪设施方面，将武汉客运港至粤汉码头原有的10座闸口整治后封闭了5座，雨水也大部分采用地面径流的方式直排入江。同时，依据不同季节的水位，建起了三级亲水平台：一级平台高20米高程，宽10米，是武汉长江的常年水位高度，每年被淹没约九个月，平台上规划了大量流线型生态戏水梯台，在靠近长江二桥段，则保留大量原生态湿地；二级平台高25米高程，宽30米至50米，是长江武汉段防洪设防水位，平均每年被淹的时间约为3个月，种植了柳树等耐水乔木；三级平台高28.8米高程，宽10米，能抵御武汉市20年一遇的洪水，规划了大量的绿化休闲空间，设计了8‾15米的观江步道，成为较为永久的绿化景观活动区域。三级亲水平台使江滩更加整洁，也使市民和游客无论在

江滩风光（董宏伟 摄）

旱季还是在汛期，都能享受滨江城市特有的美景。拾级而下，人们可以和江水靠得更近、更亲密。

在园景规划方面，汉口江滩公园分三期建成，形成了“三区三带”的总体布局。三区是指：观光游览区、中心广场区和休闲活动区。从天津路口广场至露天剧场为观江游览区；把黎黄陂路闸口拓宽30米，形成贯通的大广场为中心广场区；从中心广场至粤汉码头为休闲活动区。三带是指：滨江特色带、游憩林荫带、堤防观景带。滨江特色带以滨江步道为主体，二级、三级平台及护坡均在此范围，满足游人观江、亲水、观景和旅游的需要。车道与滨江步道之间为休憩林荫带，在与长江平行、宽40米的空间内，植木成林，满足市民游憩、休闲活动的需要。沿江大道与江滩车道之间为堤防观景带，结合长江防洪堤改造，将高架观景廊、市政交通、公共服务设施、休憩场所等融为一体。

汉口江滩公园最著名的景色便是美丽又独具风味的江滩十景，人们可以在观江台，临水，望大江滚滚奔东流，享一江浩然气；可以在枯山石品味干枯的鹅卵石思雨盼雨的绵绵愁绪，思入云水深处；可以在烟柳逐波的翠柳林欣赏嫩于金色软于丝的摇曳柳丝；可以在四时换新装的群芳园感受大自然的五彩缤纷；可以在映日不是荷，却似风荷举的碧荷轩休憩乘凉；可以在池光天影共涟漪的百泉池观百泉流泻，溅珠迸玉；可以在卵石溪观如镜之水，枕溪而眠听天籁；可以在芦荻滩聆听簌簌响清音，尤其是秋天，江天高远，芦花飞絮，多少游人，一见倾心；可以在藤树牵花、曲径通幽的伊甸苑享熏风细细，是谈情说爱温馨浪漫之地；可以在茵梦园观满眼佳木，郁郁苍苍，置身其中，恍若梦境。这里名木挺立，芳草茵茵。阳春草木吐新，满园绿意；盛夏绿荫夹道，江风习习；金秋群花吐艳，枫叶显媚；寒冬玉树银装，江天一色。好一个绿滩与清水构成的生态乐园。

● 市民和游人的乐园：从长江横渡到闲庭信步

武汉江滩有着“金外滩”的美名。据不完全统计，武汉江滩自开放以来，平均每年接待中外游客1000多万，成为武汉市著名的旅游品牌，也是游人们的乐园。

汉口江滩有着举行体育活动的传统。在休闲健身区有机地布置休闲晨练等活动场所，结合绿化在三级平台上规划了大量的体育娱乐设施，汉口江滩还建有健身长廊8万平方米，网球场、滑冰场、健身步道、游泳池等健身场地一应俱全，营造出活泼的滨江活动氛围。清晨，这里是喜欢锻炼的人们的好去处。黄昏，漫步江滩，倾听长江和汉江滔滔的流水，感受那浓重的武汉韵味。

汉口江滩有着浓厚的艺术氛围。长江水生物化石浮雕艺术护坡向游客展示了长江流域已经灭绝的古生物化石，为人们敲响了保护长江生态的警钟。滨江市民广场西侧有1954年毛泽东同志为武汉市战胜特大洪水题词的防洪纪念碑，东侧为具有后现代园林风格的树阵水池及观景台，中心铺装为武汉市的市花重瓣梅花，成为重点体现武汉特色的空间场所。粤汉码头规划了一座码头文化广场，由浮雕园、水手广场、科普长廊和游船码头构成，展示了近代老汉口的滨江文化。公园还设计了19个滨水特色的趣味性雕塑小品，如虾兵蟹将、起航、跳绳、轻舞飞扬、龟蛇锁大江等，形成谐趣、轻松的休闲氛围。此外，玻璃广场晶莹剔透，渐变的五彩光带与水雾形成迷人的亮化效果，造型独特的索膜构筑物不断变化着艳丽的色彩，中央广场的感应喷泉与音乐和着节拍“翩翩起

江滩十景之一：茵梦园

舞”。置身公园，仿佛处于艺术的殿堂之中，流连忘返。

整个公园花木密集，栽植有银杏、紫薇等乔灌木100多种，绿化率达70%。风和日丽的时光，宽广的江滩鲜花碧树，绿荫夹道，芳草茵茵，一路与壮阔的江水相随。江滩公园往下游延伸，途经武汉长江二桥和二七长江大桥，沿途滩涂芦苇丛生，杆高叶翠，秋后更是芦花摇曳，气象壮观，与滚滚江水汇集成一道特有的风景线，并由此派生出一年一度的江岸芦花节，引来许多游客。

每当清晨东方吐白之时，这里就成了健身强体的场所，银发者舞动着红绸寒剑，英俊少年随着音乐节奏跳着刚劲有力的健美操。休闲之时，遛鸟的，下棋的，嬉戏的，随处可见。如果你是一位戏曲迷，遇到票友还可一唱为快。“两江四堤八林带，火树银花不夜天”，这是一位诗人对武汉江滩美景的赞颂。在武汉三镇的水景中，汉口江滩可谓是这座滨江城市中一道最美丽的风景。三三两两的市民或游人悠闲地走在绿树繁花之中，穿行于鹅卵石铺成的小径，享受着忙碌生活中难得的闲适。

（王立君）

25 龙王庙公园：见证历史的翻天巨变

【龙王庙公园大事记】

武汉龙王庙始建于明朝洪武年间，是长江“三大庙”之一。

1739年，始建龙王庙码头。

1930年，国民政府为修路，将龙王庙及其牌坊全部拆除。

1954年，武汉市文化局建江汉俱乐部。

1955年，在江汉俱乐部基础上，修建江汉公园，1957年对外开放。

2005年，对江汉公园进行改造，在此基础上重建龙王庙公园。

2015年，武汉市将着重打造5A级江汉朝宗景区。

龙王庙

龙王庙

●龙王庙的历史沿革

武汉龙王庙位于汉江与长江的交汇处的左岸，它设立于9米高的观江平台

龙王庙

之上，以便俯瞰汉水、长江交汇之胜景，现在的龙王庙公园是在原江汉公园的基础上扩建而成。公园的建设仿唐代建筑风格，其面积相较于1930年拆掉的旧龙王庙已经扩大了十几倍。

龙王庙自古就是汉口防洪的关键，因市民常年在这一带修庙祭神祈福而得名。它始建于明洪武年间，是“长江三大庙”之一。公园占地面积达1.52万平方米，其中主体景观为高6.8米，分上下两层的观江平台，这也是武汉市的滨江公园。同时龙王庙公园也是武汉唯一的龙文化主题公园。园内设有“万龙壁”“汉口文化墙”“八龙献瑞”“汉口源点”等景点，更成为华夏五千年龙文化的集中展示中心。

龙王庙公园内有一块镌刻着汉口源点来历的石碑，“龙王庙是汉水入江之口，乃武汉之地标，汉口之源点，汉正街之大门。”“汉口者，汉水入江之口也。明代成化之初，连年大水，汉水自郭茨口下改道，于龙王庙与南岸嘴间形成唯一入江之河口，即汉口。”

在龙王庙的打扣码头矗立着一块打扣巷码头古今碑。其碑高155厘米、宽

龙王庙公园

45厘米、厚15厘米，刻有“古迹”两字的古碑，其下来镌刻“龙王庙打扣码头”，右上方雕刻着“民国十一年岁次壬戌年小阳月建立”，左下边是“水土果自治宁平永济三会募化重修”的文字。这块古碑是1999年中央和地方政府重修龙王庙这一汉口重要的防洪工程时，从地下挖掘出来的。古碑出土后，江汉区档案馆对它进行了修复、保存。打扣巷码头古今碑后镌刻有古今碑铭文等字样。

龙王庙的主建筑群，分布在高出龙池水面约80米的台地上，面对碧波万顷的龙池，池宽鱼龙跃；背靠耸入云霄的高山，山阴草木香。在浩大的空间容量中，精巧地构建了由庙门、祈雨台、正殿和配殿组成的龙王高庙建筑群。其整体布局、建筑色彩和雕塑形象，以及数的观念，构成一种圣感的空间，创造了一个“天人合一”的境界。这种人、建筑、环境三者之间的完美协调，给人一种幽静深沉的契合感。把传统文化龙的世界、龙的文化闪烁出迷人的光斑，造就一个具有独特民族风格的神奇龙宫，让旅游者感受到大自然的原始野趣和古老文化的迷人风采。

站在龙王庙公园已建成的武汉市规模最大的观景平台上，不仅可观两江交汇的世界奇景，更是纵览武汉三镇的最佳观赏地。它与龙王庙国际礼品饰品城三楼紧密相连，将餐饮和景观完美结合，让人在享受美味的同时，更能欣赏到两江交汇的世界奇景。

●武汉九八抗洪图

“武汉1998抗洪图”于2001年10月建成，由洪水压境、军民抗洪、严防死守、顽强拼搏、八方支援、科技神力、力锁龙王、欢庆胜利八组浮雕组成。

武汉1998抗洪图

武汉1998年抗洪图

1998年全国遭受百年一遇的洪涝灾害，当时坚守在武汉龙王庙防汛抗洪的共产党员感到责任重大，他们在龙王庙险段闸口，竖起“党员生死牌”，在黄底木板上用红字醒目地写着“誓与大堤共存亡”的誓词，有16名来自区防汛办、区公安分局和市、区政府机关守闸党员的签名。此事一经传出，在当地引起强烈反响。在长达2500米的大堤上，25个闸口和10多个守险哨棚临时党支部、党小组纷纷效仿，相继挂出“生死牌”，形成一股强大的震撼力和凝聚力。如今，这块“生死牌”已经由中国革命博物馆收藏。

紧靠“武汉1998抗洪图”壁画旁边辟有“武汉市爱国主义教育基地宣传专栏”，栏内是党和国家领导人在不同时期视察龙王庙的新闻图片，悬挂着孙中山和毛泽东、周恩来、邓小平、胡锦涛、江泽民、吴邦国、温家宝、李鹏、朱镕基等党和国家领导人的巨幅画像，江泽民的题词“龙王庙”。这里被定为青少年爱国主义教育基地。

●“大水冲了龙王庙”

传说4000多年前，在长江和汉水的交汇处有一条恶龙，经常兴风作浪吞噬过往船只，所有船家均视这一带为鬼门关，经过此地时都要摆香案叩头，并向江中扔鸡鸭猪羊等牺牲品，以求平安。到大禹治水时，白果老仙被派去降龙，经过108回合大战，终将孽龙捉住，并将一颗四方金印压在孽龙身上，使其永睡不醒。为了永记大禹功德，武汉先民在汉口江边修建了一座庙，并在庙的神龛上供禹王，神龛下供龙王，后人即称此庙为龙王庙。龙王庙一直香火鼎盛至清代。1930年，国民政府修路，龙王庙及其牌坊全部被拆，结果1931年发大水，汉口城整整被淹了两个月，死亡33600人。据说，歇后语“大水冲了龙王庙”即源于此。

江汉公园

江汉公园位于汉口东南角，临长江与汉水之汇合处，大兴路一路、二路绕园之北半周，面积1.8公顷，1954年3月17日，市文化局在此建江汉俱乐部，1955年经市人民委员会批准，在此建设公园。建成之初的江汉公园与武汉著名防汛险段龙王庙隔路相望，公园是一座以植物景观为主的小型休闲公园。

1956年公园开始筹建，由东湖风景区设计室设计，以俱乐部为主体，长江为背景，以整齐干道为中轴线，采取自然式的庭园手法设计。其长廊、亭、榭均用竹子、杉树或树皮，仿古典式样建成，并有象、马、滑梯、摇船、花坛等儿童游乐设施。1957年开放，门票5分，年平均游客人数达80万人次。

为了适应公园花卉生产发展的需要，于1963年和1979年先后建成100平方米和40平方米的温室2座，1979年建剧院一座，面积500平方米，可同时容纳1200人，以演出楚剧为主。

公园植物布置，以主干道法桐为主，两旁植以腊梅、桂花，沿围墙栽植法国冬青，小道配植棕榈，中心花坛3棵大雪松拔地而起，周围蜜柑环抱。其他点缀有榕柏、女贞等40种，花坛内花草按季更换，鲜花不断。

2005年开始对江汉公园进行改造，并于当年竣工开放。改造后的江汉公园与龙王庙遥相呼应，既有汇集展示五千年龙文化的龙街、万龙壁，又有展示中国四大名镇发源地历史的汉口文化墙，还有武汉最大的观江平台，成为江城唯一的龙文化主题公园。

江汉公园的改造共斥资约1.2亿元，改造后的公园面积较以前扩大了约三分之二。改造后的江汉公园名牌成为历史，公园更名为龙王庙公园。

江汉朝宗

●江汉朝宗的由来

所谓“江汉朝宗”是指长江水浩浩荡荡而下，冲决巴蜀群峰，汇合潇湘云水，在龟蛇二山夹持间与汉江相交，因而造就了武汉隔两江而三镇互峙的伟岸雄姿，这也造就了世界第三大河及其最大支流相融东去之雄浑壮丽景观。因此自古“江河淮汉”盘绕神州，唯武汉独居其二，并独有江汉朝宗之壮景。

据传，上古时代治水英雄大禹为引汉江之水入长江以解决水患问题，曾到过武汉。今汉阳龟山东麓长江大桥下原有临江石矶，名叫禹功矶，据说就是大禹曾经疏导汉水入江之处。武汉也因此成为人们祭祀大禹的重要之地。

“江汉朝宗”最早出自《尚书·禹贡》：“江汉朝宗于海”，意即江汉汇流，朝宗归海，犹如各路诸侯去朝见天子一样。在最早最完整记载了古代中国治国典制的《周礼》中即有对“朝宗”的解释：“以宾礼亲邦国，春见曰朝，夏见曰宗。”由此可见，“江汉朝宗”更在深层次承载着我先祖圣贤为国家治理和发展做宏远规划的一片苦心，标志着古代中国人对一种相对成熟的政治形态与文明秩序的想象和期待，寄托着历代中国人“九州一体”、“周国五服”的政治共同体愿望。

龟蛇之巅是观“江汉朝宗”壮景的最佳地，也正因为“龟山锁大江”使得“江汉朝宗”显得更加雄浑壮阔。龟山，位于汉阳，东起长江边，西至月湖畔，其最早名为翼际山，翼为星宿名，古人依天上星座辨地上方位，谓之“分野”，故有此名，之后很长时间内又被称为大别山，《禹贡》中即用此名，据说是因为江汉两江在此交汇，水色大别，因而得名；蛇山，地处武昌，西起于长江南岸，东延至大东门，原名甚多，有江夏山、黄鹄山、石城山、棋盘山等。两山真正得名“龟蛇”，这是因明成祖而起。

江汉朝宗

明太祖朱元璋死后，长孙朱允炆即位，也就是建文帝，朱元璋第四子燕王朱棣因不满建文帝采取的削藩政策，以“清君侧”为名，兴“靖难之师”，一举夺得天下。为安抚民心，强化君权神授，朱棣自称得到真武大帝的相助，而玄武之象普遍被人们视作龟蛇合体，为迎合朱棣，加之龟山形状确若巨龟浮水上、蛇山形状实如长蛇伏地面，两山之名也就从此而改、延续至今。后来人们加以想象，就有了大禹治水到此遇到水妖，灵龟灵蛇携手助阵，之后分别化身镇守于此的传说。这无疑使得“江汉朝宗”之壮景也兼有了“龟蛇锁大江”之灵韵。

两江交汇创造了“江汉朝宗”的壮丽奇观，同时也孕育出丰富的人文内涵。明朝开国皇帝朱元璋将汉阳府东城门命名为朝宗门。明嘉靖年间，朱衣编纂的《汉阳府志》特将“江汉朝宗”列为汉阳十景之一。公元1863年，清同治皇帝在汉建起了朝宗亭，亭中便绘有江汉朝宗图。清代武汉地区沿江、沿河之税赋关隘亦以“江汉朝宗”四字排列：武昌白沙洲为“江关”，汉口下茶庵为“汉关”，汉阳鹦鹉洲为“朝关”，汉西上茶庵为“宗关”。可惜，如今仅剩“宗关”一处。到了近代，1924年1月21日落成的海关大厦即取名为“江汉关”，上书“江汉关”三字即为书法大家宗彝所题，气势恢宏，极为壮观，至今仍是武汉著名地标。

●江汉朝宗的新发展

近年来，江汉朝宗逐渐被建设成为全国首个以长江游览为主题的国家5A级景区，其景点包括江滩、科技馆、晴川阁、龙王庙、武汉关博物馆，并结合两江游船打造“水陆一体化”旅游线路。此外，未来还将利用激光秀、光影秀等现代技术手段打造主题亮化景观，预计到2016年“江汉朝宗”的核心景区年接待游客将达1000万人次。

我市将以两江流域为轴线，以游船游览视角为主体，在两江四岸现有亮化基础上，提升桥梁、趸船、码头、江滩、山体和沿江临街建筑，二线、三线高层建筑景观亮化水平，营造由低到高的沿江“梯级”立体亮化格局，形成层次丰富、山水如画、活力动感的核心景观亮化区域。

江汉交融之自然亲和，可见这座城市的和谐；江汉朝宗之雄浑壮丽，可见这座城市的气质。相信以如此壮丽自然景观为代表的武汉在将来会越发精彩动人。

（郑文路）

26 汉阳公园：王府到公园的嬗变

【汉阳公园大事记】

元末时期，是天完政权领袖徐寿辉的王府。
清康熙年间，江繁建“江园”。
道光年间，改为“同善堂”。
民国初年，改建为“春茂花园”。
1957年，汉阳公园修建完成。
1962年，评为“红旗单位”。
1994年，建日照娱乐城。

汉阳公园

汉阳公园位于武汉汉阳区汉阳大道74号，占地约2.8公顷，北与龟山公园相对，南与凤凰山相邻，东望莲花湖，西接钟家村。

曾经的王府

汉阳公园所在地，在元末明初的农民大起义中，曾经是农民起义领袖徐寿辉的天王王府。清同治年间出版的《续辑汉阳县志》记载，“徐寿辉天完

汉阳公园

国都在汉阳城西北隅，今栖山下王府岭是其遗迹也。”“王府岭”在今凤凰山北汉阳大道段，“城西北隅”即是今汉阳公园一带，汉阳公园现在仍有红巾轩、红巾湖等。下面，我们来简单了解一下徐寿辉的故事。

徐寿辉，本是罗田多云乡上五堡（今天堂九资河）人，原是贩卖土布的小商贩，他体格魁伟，相貌非凡，为人正直，见义勇为，在群众中享有很高威信。

元至正十一年（1351年）五月，北方白莲教会的韩山童、刘福通等人在大别山北面发动几万黄河民工起义，直打到大别山脚下的光山县。对元朝统治早就不满的徐寿辉，见时机已到，便与麻城铁匠邹普胜、江西宜春县和尚彭莹玉等人到一起，在鄂东一带宣传“天下大乱，弥勒佛就要降生”的思想，并于同年八月，在大别山主峰所在地的多云山庄即天堂寨中发动起义，徐寿辉被拥戴为首领。起义军头裹红巾，故称为红巾军或红军，同时他们都信奉弥勒佛，烧香集众，亦又称“香军”。

徐率领的红巾军，一举攻取了罗田县城。九月，打败了元朝的威顺王宽撤不花，攻占了圻州（今蕲春）和黄州，并在水陆要冲之地圻水（今浠水）建都，国号“天完”（“大”上加“一”为“天”，“元”上加“宀”是“完，“天完”表示压倒“大元”），定年号为“治平”，设置统军元帅府、中书省、枢密院以及中央六部（吏、户、礼、兵、刑、工）等军政机构，任命邹普胜为太师，倪文俊为领军元帅，陈友谅为元帅簿书椽。铸有铜印，发行钱币。徐亦在圻水县城附近的清泉寺太殿上称皇帝即位。

徐创建政权后，提出了“摧富益贫”的口号，得到了广大贫苦农民的拥护，红巾军很快发展到几十万人，徐以现今黄冈市为中心根据地，派出两路大军向江西、湖南挺进。红巾军纪律严明，不淫不杀，每攻克一地，只把归附的人登名于户籍，余无所扰，因而深得人心，队伍迅速扩展到百万人，纵横驰骋于长江南北，控制了湖北、湖南、江南、浙江以及福建等广大地区。当时有首民谣说：“满城都是火，官府到处躲；城里无一人，红军府上坐”。

元至正十三年（1353年），元统治者调集几省军队，对红巾军根据地进行围剿，天完政权的重要领导者彭莹玉战死，国都圻水县城也被攻破，“莲台省”将士四百余人壮烈牺牲。徐率领部队先后退到黄梅县挪步园一带和沔阳县的滨湖地区坚持战斗，同时对军队也进行整顿。第三年春天，红巾军大举反攻，重新攻取江西、湖南，控制了四川盆地和陕西的一部分地区。并于汉阳县城重新建都，改年号为太平，天完王府，也就是在这个时期建立的，并且一度成为天完政权最高权力中枢所在地。随后，随着天完政权的崩塌以及战争因素的影响，天完王府也随之而衰落。

● 私家园林的修建

清朝康熙时期，汉阳人江繁科举入仕，在外地为官，担任副宪，年岁已高，告老还乡，返归故里，居住在凤栖山（今凤凰山），在山南和山北各私自修建一私园，其中，山北之园为江园，也就是现在汉阳公园的所辖之地。道光年间，江园易主，改建为同善堂，院内有明代文人李渔（号笠翁）的“灵芝峰”假山石。《续汉口丛谈》中描绘道：“砌石嵌空，耸秀灵巧，号灵芝峰，今犹在同善堂中，先是宋氏购园于江氏，得之，因而有之。相传来至吴门，李笠翁物也。”民国出钱，此处又改建为春茂花园。汉阳公园建园前，为保存文物，将李笠翁之灵芝石迁往汉口解放公园。

● 石榴花塔

中国建塔理由千奇百怪，有的是宣扬佛法，有的是振兴文运，有的是镇妖降魔。纪念冤案的古塔倒是头一次碰到。

先说说这起冤案吧。据塔碑和志书记载，宋时汉阳一孝妇杀鸡奉姑，姑食而死，姑女诉于官，妇坐罪无以自明，临刑乃折石榴花一枝，插于石罅祝曰：妾若毒姑，花即枯悴；若属诬罔，花当复生。其后花果秀茂，时人哀之，遂立塔花侧，并名之，以表其事。这个传说的故事情节堪比窦娥冤。因此石榴花塔并非佛教的佛塔，为了纪念这起冤案，借用了佛教的一种形式。这起冤案在正史上没有详细的记载，民间流传最多的版本源于《宋史·五行记》。古时法制不健全，尚能知错必改，并建塔以警后人，令当世众人汗颜。

汉阳公园石榴花塔

石榴花塔坐落在龟山南麓汉阳公园内。石榴花塔始建于南宋绍兴年间（1131-1162年），明清两代曾重修，1918年又修。原址在添福巷，1964年移此复建。2010年9月14日，我来到了汉阳公园拜访石榴花塔。从公园的大门进入，一直向北到文汇堂门前进入左侧的小路，就远远地看见石榴花塔坐落在一个石台上。石台由条石堆砌，两侧有人字形石阶以供登台。石台正中镶嵌着武汉市文物保护碑。石榴花塔屹立石台中央，面西背东，三级六面，塔内实心，青石砌建，逐层收分，高约4米，底径约1米，石刻浅檐微翘。顶层正面镌刻“石榴花塔”四字，第二层正面刻碑文，记录了建塔的原因和冤案的详情，西北面附“迁移小志”，皆为楷书。通体稳健挺拔，玲珑娟秀。

石榴花塔周围簇拥着四排数十株石榴树，繁密苍翠，花开时，一片火红，恰与明代赵弼所作“孝意翻成逆意终，芳容屈死恨无穷。至今塔畔榴花放，朵朵浑如血泪红”的诗意相应，颇耐人品味。

● 苏式园林风格

1956年，武汉政府在“天完王府”的遗址上修建汉阳公园，在修建汉阳公园的过程中，有意识地全部采用旧料，以增强历史感。院内建有红巾亭、红巾湖，皆为纪念天完政权。院内还建有进步桥、凤翼亭等，养有鹦鹉、黄鹂、画眉等鸟类与猴、蛇等动物。1960年建“语香楼”，1962年，被评为“红旗单位”，国家领导人董必武等曾经到该园参观游览。“文革”中园中部分建筑遭到损毁，“文革”后修复一批景点。

汉阳公园是一座借苏州园林风格、结合地方特点而建造的园林。在园林的建造过程中，楼、堂、台、榭、亭、桥、廊、架等，都借鉴了中国古典建筑的风格传统；“醒狮图”花坛、“小瀛洲”水石大盆景、牡丹园、蔷薇园等，在充分利用地方材料的基础上，结合叠石理水的手法，仿造了江南格局，颇有楚地风貌。在景区组织上，中部地段以辅线对称的风格，同时又注意自然曲折的园林特征，可谓匠心独运。除此之外，建筑者还大量采用了借景、障景、衬景诸多方法，将园林布置得小巧玲珑，曲折幽静。

在造园上亦注意文化艺术的应用，如纳石榴花塔入园内供人凭吊欣赏，文汇堂、语香楼、文苑等处经常举办文化艺术活动，如灯会，书画、工艺展览等。园内还收藏有明清时期到近代的名人字画，邀请市文化艺术名人吟诗作对，留下不少的书画作品。

● 花展

改革开放以后，随着市民对精神生活的需要，武汉汉阳公园从1980年以后，除举办“灯会”外，还会举办大型菊花展览、盆景展览、科普展览、观赏鱼类展览，同时，也会根据四季花卉的时序长期举办时花展览。据综合统计，汉阳公园每年花展等展览的次数会达十二次到十五次之多。1983年至1985年，连续三年除了举办花展和画展23次之外，每年还举办了汉阳地区灯会和菊花展，深受广大游客的好评。

汉阳公园花展

在举办各种展览的基础上，汉阳公园还注重对园内绿化，尤其是花卉方面的建设。花卉已经为该园最大之特色，现有牡丹、芍药、杜鹃、月季等数百种名贵花卉。园内各种风景林木密茂，游人既游园又观花，情趣无穷。据不完全统计，20多年来，汉阳公园坚持不断驯化、引进新的花卉品种，目前已经拥有牡丹品种100多个，月季品种500多个，竹子40多种，已初步形成了竹林、牡丹园、蔷薇园、盆景园、群芳圃等在内的8个植物观赏园、展室、花圃。

1985年，汉阳公园的管理者结合园林特点，开始着重发展了第三产业，为儿童增添了微型摩托车，开设了桌球、音乐茶座等活动，同时举办火柴贴画、摄影艺术、国际货币、热带鱼展等展览，这些展览深受武汉人民的欢迎。汉阳公园的管理者通过加强对第三产业的发展，实现了改善人民群众的文化娱乐生活、提高经济收入、提升园林事业活力的三大目标。

（王小杰）

27 古琴台：高山流水遇知音

【古琴台大事记】

始建于北宋，《皇宋书录》有相关记载。

清嘉庆初年（1796年），湖广总督毕沅主持重建古琴台。

咸丰二年（1852年），再度毁于太平天国兵燹。

光绪八年（1882年），知县龙艮生复建琴台。

光绪十年（1884年），杨守敬主持并亲自书丹，将《琴台之铭并序》《伯牙事考》《重修汉阳琴台记》重镌于琴台碑廊之中，并书“古琴台”三字刻于大门门楣。

光绪二十年（1894年），知县李观涛又重修古琴台并作序。

1953年，武汉市总工会以古琴台景点为址，兴建了琴台工人文化宫。

1957年，拨款对伯牙台进行了全面修葺，增设了许多景点。

1992年12月16日，被列为湖北省重点文物保护单位。

古琴台正门

相传，春秋时期楚国琴师俞伯牙在龟山脚下鼓琴抒怀，樵夫子期能识其音律，知其志在高山流水，伯牙便视子期为知己。几年后，伯牙又路过龟山，得知子期已经病故，悲痛不已的他即破琴绝弦，终身不复鼓琴。后人感其情谊深厚，特在此筑台以纪念。

琴台方碑（董宏伟 摄）

● 古琴台兴废始末

古琴台，又名伯牙台，位于湖北省武汉市汉阳龟山西脚下美丽的月湖之滨，连接长江大桥和汉江大桥。它与黄鹤楼，晴川阁并称为武汉的三大名胜。据《皇宋书录》中记载，琴台在北宋已有之，但是那个时期的园址及园貌皆无从考据。因为自宋朝至今年代久远，嗣后兴废便不见记载。历经乱世天灾，原构早以荡然无存。直至清朝嘉庆年间，湖广总督毕沅主持重建古琴台，请汪中代笔撰《琴台之铭并序》和《伯牙事考》，并刻于琴台碑廊。文辞典雅，传送一时，为琴台增色不少，遂成汉阳知名古迹。清朝咸丰二年（1852年），古琴台再度毁于太平天国兵燹，成为一片荒址。光绪八年（1882年），知县龙艮生复建琴台。光绪十年（1884年）黄彭年撰《重修汉阳琴台记》。光绪十六年（1890年），杨守敬主持并亲自书丹，将《琴台之铭并序》《伯牙事考》《重修汉阳琴台记》重镌立于琴台碑廊之中，并书“古琴台”三字刻于大门门楣。光绪二十年（1894年），知县李观涛又重修古琴台并作记。1911年武昌起义，古琴台再遭重创。1914年多次加修。而抗日战争期间，大半毁于战争。

现在的古琴台园貌是20世纪50年代，在民国古琴台旧址基础之上，于其周边拓展地基，平丘填壑，修建工人文化宫，将旧有亭台亦予修葺，碑记石刻等足资历史考证者也为之整饰一新。现存古琴台与清朝嘉庆时重修的形制风貌较为相似，保有历代文人留下的手迹碑刻。1992年12月16日，被列为湖北省重点文物保护单位。

● 古琴台建筑

古琴台建筑群占地约1平方公里，由前门、通廊、照壁、琴台、琴堂及庭院、林园、花坛、茶室等组成，规模虽不大，但层次分明、布局精巧，碧瓦白墙、色彩秀丽，玲珑剔透，幽静雅致。

古琴台大门建筑为一高两低三大间，当中一间比两边高起1.5米，三间均

“高山流水”水榭长廊（董宏伟 摄）

印心石屋（董宏伟 摄）

为双坡琉璃瓦顶，共四道烽火山墙；烽火山墙为圆拱式墙顶。正门作磨砖砖刻纹样五层、挂落砖雕一层；四个墀头亦作砖雕，均覆筒瓦。正门为石库门；门上横匾红底，书“古琴台”三个大字。大门两尽间均有方形透花漏窗。大门建筑各墙壁均粉刷白灰，十分清爽、雅致。门前铺十四步大石台阶，相当于五间大门的宽度，上、下台阶十分方便。

进大门后，有清道光皇帝御书“印心石屋”照壁，依壁有边亭一座。迎面一块石碑上刻着清光绪皇帝十一年（1885年）题写的“印心石壁”四个大字，意指子期、俞伯牙二人心心相印。照壁东侧有一道由磨石门闸构成的门楼，门额“琴台”二字，清秀有力；据传出自北宋著名鄂籍书法家米芾之手。往前行为“琴台碑廊”，曲折轻巧，别具一格。廊里镌有历代石刻及重修琴台碑记。其中，有刻于清光绪十五年（1889年）秋由孙玉堂集《文选》句而写成的《琴台记》，光绪十六年（1890年）黄彭年撰写的《重修汉阳琴台记》、汪容甫（即汪中）撰写的《汉上琴台之铭并序》和《伯牙事考》等石碑。书者系清末著名书法家、湖北宜都人杨守敬；杨有“鄂学灵光”之美称，字写得十分秀雅、有力。镌刻者为黄冈人李子琪，刀工精确，气韵连贯。琴台碑廊里最为珍贵的要数清道光六年（1826年）正月岭南书法家宋湘（广东惠州人）束竹叶蘸墨汁书写的《琴台题壁诗》，其文辞、书法、镌刻均为上乘，可谓“一碑三绝”。其诗曰：“噫嘻呼，伯牙之琴，何以忽在高山之高，忽在流水之深，不传此曲愁人心。噫嘻乎，子期知音，何以知在高山之高，知在流水之深。古无文字直至今。是耶？非耶？相逢在此，万古高山，千秋流水，壁上题诗，吾去矣。”其书法苍劲洒脱，十分精彩。董必武、叶剑英等领导人观后十分喜爱。

碑廊的西侧是一处花木扶疏的庭院。与碑廊对称的西端翼然特立的乃一个六角亭，相传是在古浪亭遗址上补建的。登亭可饱览月湖风光：梅子山与龟山倒映湖中，水光潋滟，山色空蒙，鸟飞鱼跃，一派生机。

在碑廊与六角亭之间，耸立着形制宏奇、富丽堂皇的单檐歇山式殿堂，这就是古琴台的主体建筑——琴堂。琴堂，平面五大间做外廊，外廊两梢间或尽间各做石栏杆；当中三间及两尽间外廊柱头施跨空枋，均做木制隔扇及玻璃窗。前廊又后退0.5米。两尽间墙壁涂白灰，下为直棂窗，上为圆窗。堂顶为歇山顶，上铺蓝色琉璃瓦。堂面阔五间、进深三间，总面积为306.28平方米。堂前有抱厦，四周有回廊，飞檐翘角，金碧辉煌，颇具民族特色。当中一间的廊柱向上伸出又另起一檐，做小型歇山顶，两檐角向上挑起。檐上起牌楼，挂“高山流水”木匾。匾上的“高山流水”四字是清宋湘题壁诗而摹刻的；匾上还有一个横枋，绘制彩画。总之，这是一个由整体堂顶中前部突然拔起的门楼顶，这种做法易于突出大门的主题。整体来看，琴堂造型为南方建筑风格，十分别致。

琴堂前侧立有用汉白玉砌成的伯牙抚琴遗址——琴台。台的四周是石栏，下有石基座；栏板上及栏檐头刻有“伯牙摔琴谢知音”故事的浮雕。石台中央立起一块平顶方碑。碑高1.75米，一面刻有“琴台”二字，一面刻有1957年《重修琴台记》。这是中国古建筑中碑的一种形式，非常别致。

琴台一侧的空地上矗立一大型“知音”故事雕塑：琴童抱琴一旁，伯牙微躬拱手向子期致意，表现他遇到知音的欣喜之情；这座雕塑系1980年湖北美术学院刘政德教授所作。知音塑像背景为波光粼粼的月湖，岸边林木葱茏，是游人留影的一处上佳景点。

● 古琴台的文化内涵

汉阳古琴台是一座具有象征意义的纪念性古建筑。它所纪念的，是发生在两千多年前的春秋时期、被称为中华民族“千古韵事”的“知音”故事。这个故事在先秦诸子著作中，先后由《吕氏春秋》和《列子》分别予以记载。故事中的两位音乐家，伯牙与子期也分别在先秦思想家的著作《荀子》和《韩非子》中得到过赞扬。因此，这个由一批中国文化元典所记载的故事，具有中华民族元典文化的意义;而这个故事发生和记载的年代，是处在公元前8至2世纪之间这一被称作人类历史“轴心期”的时代，在这个中国、印度与西方文化鼎立而三的轴心时代所产生的精神活动和文化创造，本身就具有世界性的普遍意义。这个故事体现了中华民族独特的审美理想和伦理价值，体现了中国文化的特质和魅力，它所创造的“知音”这一高远和珍罕的友谊典故，两千多年来，反复不衰地跃动在历代文人的诗文之中，对中国的文学、艺术和美学思想产生了深远的影响;同时也积淀在炎黄子孙的心理文化中，成为中国人精神生活中的一种至高境界的期盼。

琴台题壁诗

琴台知音雕塑石像（董宏伟 摄）

汉阳古琴台，就是

在这个故事的发生地保存下来的纪念性古建筑，是这个故事现存的唯一物质载体。古琴台虽久有毁坏，然则历代维系，流传至今，其中一个很重要的原因是知音主题与人心灵相通。从人与人的心心相印到国与国的友好交流，从人与山水的殷殷相和到艺术与自然的浑融共寄，从人与自然的天人合一到万物与自然的天地泰行，无不在古琴台的造园立意中有所蕴含。所以，正是因为古琴台的主题含义顺和民心天意，才使得无论建造之初还是发扬之中，民间都自发自愿地维护古琴台，延续古琴台。比古琴台富丽堂皇者众多，而劳民伤财，穷奢极侈，君不见一抔黄土早已湮灭。比古琴台巍震天下者众多，而怀璧其罪不容于世，君不见荒草蔓生势衰迹没。武汉古琴台亦经历了兴衰存亡，续沿千年而不绝，正好像贤人真言，经得起时间的考验，耐得住毁誉的淘淀。

琴台内处处可见碑刻楹联，倍添丰厚的文化底蕴。“动水花连影，听琴月堕光。”“意伴高山，台上青天协韵；心随流水，琴边明月知音。”“清风明月本无价，流水高山自多情。”这些与“高山流水”暗暗相谐的句子，给这幽静的园林更添几分诗情，成为当地市民和外来游客最喜爱的旅游胜地之一。

（赵丹丹）

28 晴川阁：晴川历历汉阳树，芳草萋萋鹦鹉洲

【晴川阁大事记】

明嘉靖年间（1522–1566年），汉阳太守范之箴在修葺禹稷行宫时增建。
1983年，按清光绪年间式样重建晴川阁。
1986年10月1日，晴川阁正式对外开放。
1992年，禹稷行宫、晴川阁被湖北省政府公布为省级文物保护单位。
1995年，被命名为武汉市爱国主义教育基地。
1999年，荣获“湖北省十佳文博单位”。
2002年，被国家旅游局评定为“3A级景区”。
2008年3月，对外免费开放。
2013年，被国务院列入第七批全国重点文物保护单位名单。

晴川阁正门

“昔人已乘黄鹤去，此地空余黄鹤楼。黄鹤一去不复返，白云千载空悠悠。晴川历历汉阳树，芳草萋萋鹦鹉洲。日暮乡关何处是，烟波江上使人愁。”唐代崔颢的诗使得黄鹤楼更加有名，多年后也使得晴川阁得以诞生。

● 晴川阁兴废始末

晴川阁位于汉阳龟山东麓临江的禹功矶上，与黄鹄矶上的黄鹤楼隔江相对。明末公安派文豪袁宏道曾誉之为“楚四名楼”（指黄鹤楼、岳阳楼、晴川阁和荆州仲宣楼）之一。晴川阁始建于明嘉靖年间（1522–1566年），据清代许汝器《晴川阁序》云：“晴川阁为前明（汉阳）太守范之箴在修葺禹楼行宫时所增建。”“晴川”之名取自唐代崔颢《黄鹤楼》名句“晴川历历汉阳树”，晴川阁与黄鹤楼互为对景，又因此诗而相互联系得更加紧密，与龟蛇锁江的形胜浑然一体地构成一组“天下绝景”。文因景成，景借文传，古时晴川阁四季游人如织，夏之晨，秋之夕，迎风望月，春以观花，冬以赏雪。曾无一日之寂寥，文人骚客过往必登临赋诗。自始建以来，历经兴废近十次之多，历代重修时均保持“飞甍绮疏，层轩曲楣”的风貌。历史上的晴川阁，最后一次重建是清朝同治三年（1864年）。1911年辛亥起义时又受到严重破坏，1934年毁于风灾，只留下废墟残垣任人凭吊。现在复建的设计方案是工作人员参考照片资料基本上按同治型制复原，因平面布局和建筑构造无翔实资料可循，故复原设计需要工作人员结合历史背景有一些创作。

古晴川阁（董宏伟 摄）

重建工程于1983年底动工，1986年10月1日向游人正式开放，历时两年零九个月，修旧补废，治园造庭，曾请文献学大家张舜徽作《晴川阁修复记》予以纪念。开放17年以来，先后接待了方毅、郝建秀、肖克、胡克实等党政军领导人和中外游客350余万人次。1992年禹稷行宫、晴川阁被湖北省政府公布为省级文物保护单位。1995年被命名为武汉市爱国主义教育基地。1999年荣获“湖北省十佳文博单位”。2002年被国家旅游局评定为“3A级景区”。2008年3月对外免费开放。

● 晴川阁建筑群

晴川阁景区整个占地约一万平方米，平面呈三角形，由晴川阁、禹稷行宫、铁门关三大主体建筑和禹碑亭、朝宗亭、楚波亭、荆楚雄风碑、敦本堂碑以及牌楼、临江驳岸、曲径回廊等十几处附属建筑组成。

禹稷行宫又名禹王宫，本名大禹庙，是武汉地区现存不多的具有代表性的清代木构建筑。禹指治水英雄大禹，稷指后稷，是大禹的助手。相传大禹治水，救民于水火，稷则教民种植五谷杂粮，救民于饥寒，由此禹稷得以并称。禹王宫由司农少卿张体仁于南宋绍兴（1131–1162年）年间创建，后成为武汉历代祭祀大禹之地。元大德八年（1304年）重修；明天启年间（1621–1627年）改大禹庙为“禹稷行宫”，在原祭祀大禹的基础上，又加祀后稷、伯益、八元、八恺等先贤。现存建筑为清同治二年（1863年）重建，1984年按“保持现状，恢复原状”的原则进行修缮。

铁门关

铁门关，始建于三国时期。“吴魏相争，设关于此。”从三国时期到唐初的数百年间，铁门关一直是武汉的军事要塞，曾历经多次攻守激战。唐武德四年（公元621年），汉阳建砖城后，铁门关军事作用日渐削弱，成为文化、经贸交流的一条重要通道。明代末年，铁门关被毁，仅剩土基墙座，清初在残存的土基上建关帝庙，民国初年因战乱，铁门关遗迹连同庙宇一起成为废墟。1990年12月，铁门关复建。复建后的铁门关，占地面积为800平方米，通高为26米。关体墙面由红沙石砌成，城墙内部结构为钢筋水泥，关上城楼翘戗飞檐，翼角升腾，表现出浓郁的民族风格。

楚波亭，始建于明代，为纪念大禹治水而建。重建于1986年，为平面呈扇形的暖亭。朝宗亭：相传大禹治水成功于此。《尚书·禹贡》中有大禹治水“江汉朝宗于海”的说法。清末在武汉境内分别设立“江”“汉”“朝”“宗”四关，管理长江、汉水水上交通运输，即渊源于此。朝宗亭“荆楚雄风”碑：此碑刻于清乾隆三十五年（1770年），为荆南观察使李拔所书。碑文意为赞扬荆楚民众与洪灾水患顽强拼搏的精神。禹碑：相传大禹治水成功后刻石纪念。碑文77字，奇特难识。意为禹治水，使百姓安居乐业。碑亭东面的禹碑为清乾隆三十五年（1770年）所刻。

建筑特色

楚波亭

晴川阁内的抱柱、槛框、格扇木窗、轩顶月梁、靠座罩龛、撑拱肩替、主层匾联、藻井天花等均采用木制。阁中的彩绘雕饰，都是聘请民间木雕匠师，采用传统技艺，设计绘制，如“福禄双全”“龙凤呈祥”“四物八宝”等都是充分体现了地方民俗风情的图案。晴川阁四周的台明、附阶、踏步及外廊地坪均采用湖南汨罗花岗石铺砌，沿阶条石四周用大冶铁山青石做条磴和坐栏，阁内梯道及二层楼面用湖北通山青石满铺。晴川阁屋面举折，屋面平面是四角向外伸出的曲线，即“出翘”，它使得屋顶出檐深远、曲线优美，不仅有南北建筑造型之特点，而且颇有实用价值。尤其雨多时，可使屋面积水迅速排走，避免雨水直冲刷墙壁，同时阳光可直射入阁，保证了良好的采光效果。晴川阁正脊两端微微升起，形成凹曲的正脊线，颇有轻盈飘逸之感，具有楚建筑特色。阁楼屋面饰盖灰筒瓦，屋脊吻兽使用的是鱼龙吻，与北方多用的鸱吻不同，它除有避邪之意外，还表现出南国水乡泽国的特点。晴川阁采用了平身科、单昂单翘五彩斗拱，用撑拱代替鱼科和柱头科斗拱，有很浓的装饰意义。门楼上檐廊使用如意斗拱，颇具晚清南方建筑风格。晴川阁一楼大厅天棚彩绘藻井，色彩华丽高雅，照壁后左右双楼梯通往阁上，二楼回廊贯通四周，设置的美人靠

晴川阁

可供游人小憩，也可凭栏远眺水天一色之旖旎风光。

晴川阁古建筑群依山傍水，掩映在翠林之中，美轮美奂。一是美在造型艺术与结构技术的统一。所有建筑无论它是歇山顶、硬山顶，还是攒尖顶、卷棚顶、层面均以凹曲线为主题，形成展翅欲飞的空间动感。这种出檐深，起翘高的屋顶艺术造型，使人们从不同角度去欣赏那形如鸟翼的优美曲线，从力学上看它能保持屋面平衡，加强梁柱稳定，对房屋结构非常有利。二是美在色彩运用得恰到好处。晴川阁古建筑群均采用黑色瓦面，因为这里既不是皇宫，不宜用黄色，又不是王府，不宜用绿色，作为文人墨客和达官显贵消遣闲情逸致的地方，用杂色瓦是比较适宜的。这样既增添了古朴气氛，也符合清代《工程做法则例》，从总体色彩效果来看，红墙朱柱的晴川阁相对华丽，白灰粉墙的禹稷行宫朴素淡雅，两者通过黑色瓦面的共同联系，和谐自然、各领风骚。三是美在布局均衡、开合有度。晴川阁各个景点布置得灵活自由，其布局隐含着两条主轴线，一条是连接一山门、二山门、晴川阁、禹稷行宫、禹碑亭、铁门关。另一条连接一山门、楚波亭、朝宗亭、招月洞、晴川阁、禹稷行宫、禹碑亭、铁门关。两条轴线巧妙地将整个建筑群的重心定位在禹功矶的制高点上，使其获得稳定的建筑空间。总之，晴川阁古建筑群以南方建筑风格为主，融合南北建筑风格之长，使楼阁的雄奇，行宫的古朴，园林的秀美浑为一体，具有浓郁的楚文化特色。

● 文化内涵

数百年来晴川阁成为游客流连息游，文人荟萃的胜地，当然也是文人墨客赋诗作画之绝好场所。明清两代，晴川阁一直为文人所看重，明代著名文人袁宏道、袁中道、萧良有、李维桢等，清代著名文人施闰章、吴正治、熊伯龙、顾景星、屈大均、查慎行、熊赐履、宋湘等均游历过晴川阁，并且留下了气势恢弘的诗文、楹联等作品。这些作品无不蕴含着作者的情怀壮志，无不体现了明清时代晴川阁的壮美。明万历时期文学家袁宏道曾称晴川阁与黄鹤楼、岳阳楼、仲宣楼为楚四名楼。明晚期文人萧良有登上晴川阁后有一番绝妙的形容：“万顷波涛帘外度，千帆烟雨坐中收。” 清初文人刘献廷游历晴川阁后在他的著作《广阳杂记》中赞美道，晴川阁“临江东向，轩豁开爽，远胜黄鹤（指

文人翰墨

黄鹤楼）”“后来居上”。清代荆宜施道陈大文在《重建晴川阁记》中写道：“启朱棂，凭绣栏。天连吴蜀，地控荆襄。接洞庭之混茫，吞云梦之空阔。人烟城廓，夹岸回环。沙鸟风帆，与波上下。”“偶一登临，云影波光，一碧万顷，不觉慨然。”曾赞叹晴川阁为“三楚胜地”“千古钜观”。清初文人程封的“登晴川阁”的诗句“凭阑高倚半江秋，楚国晴川第一楼”成为明清两代文人称颂晴川阁的绝句。同时代文人褚唐俊《登晴川阁》诗句“晴川阁下浪飞寒，江上风帆欲住难。暮鸟带云还浦际，淡烟和月起林端。文通赋就花生笔，摩诘图成树染丹。忽听箫声惊客耳，玉人何处倚阑干。”作者当年站在轩楹高爽的楼阁上，凭阑邀景，直抒胸怀，深情赞颂的景象跃然纸上。历史上有关晴川阁的诗文可以说是佳作如林，如入山荫道上应接不暇。赞颂之词比比皆是，不胜枚举。

如今的晴川阁文化底蕴依然深厚，阁底照壁正中间挂仿明末“江汉三镇阁”名画，画上方为清毛令建手书“山高水长”匾，左右为张之洞撰由当代书法家张成之书的对联“洪水龙蛇循轨道，青春鹦鹉起楼台”。厅内还有宫灯、花儿、木刻题记、字画点缀，文化韵味很浓。晴川阁二楼牌楼正中的巨匾“晴川阁”是中国佛协著名书法家赵朴初先生所书。两旁楹柱上有联：“灵渎走双龙，夹岸直疑银汉落；仙踪杳孤鹤，隔江但有白云来。”“隔岸眺仙踪，问楼头黄鹤，天际白云，可被大江留住？绕栏寻胜迹，看树外烟波，洲边芳草，都凭杰阁收来。”“栋宇逼层霄，忆几番仙人解佩，词客题襟，风日最佳时，坐倒金樽，却喜青山排闼至；川原揽全省，看不尽鄂渚烟光，汉阳树色，楼台如画里，卧吹玉笛，还随明月过江来。”

无论是历史上文人墨客留给晴川阁的赞诗，还是如今晴川阁里的绝妙匾联，都是晴川阁文化内涵的体现，使得这一景区成为当地市民和外来游客喜爱的胜地。

（刘换云）

29 武汉动物园：百兽千禽隔网窥，双栖适应自相嬉

【武汉动物园大事记】

1975—1984年，是武汉动物园新址筹建开拓阶段。

1982年2月，武汉动物园建设被列入市“六五”规划，并定为武汉的10件大事之一。

1984—1985年，国家投资600万元扩建武汉动物园。

1985年2月20日，武汉动物园正式对外开放。

1985年3—7月，动物园首次赴日本犬山市“世界猿猴中心”举办金丝猴展出，轰动日本，掀起一股金丝猴热。

1987年7月，经国家建设部考察，武汉动物园被列入全国八大动物园之一。

1991年，建成了百鸟乐园。

武汉动物园黑天鹅岛

传说五代十国时期，昭明太子完成《昭明文选》后，在湖内洗笔而将湖水染黑，故后人称其为墨水湖。位于汉阳归元寺以西，汉阳大道以南，它由龙阳湖、太子湖等十几座大小湖泊汇集而成。墨水湖湖面宽广，湖岸曲折，有大小湖十几个，在水位深度为20米时，面积可达30平方公里，生产淡水鱼。还有伯牙访友、刘备藏兵、李白赋诗、岳飞牧马等传说。

全国八大动物园之一的武汉动物园就坐落在这墨水湖畔，三面环湖，形成半岛，具有湖光十色、鸟语花香的自然景观。

● 武汉动物园概观

武汉动物园是融野生动物移地饲养与繁殖、保护与研究、收容与救护、

武汉动物园萌萌的温带企鹅

科普教育、演展娱乐为一体的综合性动物园，有动物展出馆舍群、园林野生动物园、盆景园、百鸟乐园、陆生动物表演馆、海洋动物表演馆（水族苑）、鳄鱼表演馆、驯鸟表演园等核心展演馆，常年开展鸟类、海洋动物，狮、虎、象等精彩表演。建有鸟馆、鹤岛、中型猛兽馆、熊猫馆、河马馆、金丝猴馆、大象馆、狮虎山、鹿苑等五大展区20个动物馆舍，面积24123平方米。还建有兽医院、饲料房、热电中心等后勤设施，面积7081平方米。拓有“郢趣园”“湖光轩”“樟树林”“九孔桥”等25处园林景点，还有“水上世界”“镜天楼”“儿童游乐动物园”等22个商业游乐设施，面积18281平方米。

园内以观赏动物为基础，以发展灵长类尤其是以神农架亚种金丝猴为特色。同时，是世界上唯一拥有神农架白熊展出的动物园。该园珍稀动物年繁殖10种200头（只）以上。先后被确定为“湖北省青少年科普教育基地”“全国科普教育基地”。

武汉动物园与国内、国外动物园有着广泛的交往，先后与日本犬山动物园、美国俄亥俄州克里夫兰动物园、德国杜伊斯堡动物园结成友好动物园，并进行多次动物交换。1986年，克里夫兰动物园赠送黑猩猩、环尾狐猴、金刚鹦

武汉动物园的火烈鸟

鹉、浣熊等4种8只动物，1990年赠送金刚鹦鹉、松鼠猴、白头绒猴、黄猩猩等4种10只动物，1989年杜伊斯堡动物园赠送斑马1对，河马1只，1994年赠送长颈鹿2只。这些友好使者来该园落户，提高了该园动物展览的质量。

● 武汉动物园区导游

武汉动物园内湖面开阔，地势起伏，林木茂密，是一个较理想的野生动物栖息地。全园建设的布局分为前、中、后三区。前区以儿童游乐设施为主，其中有建筑面积达2.4万平方米的“水上世界”，是“火炉城”的青少年消夏纳凉的最佳去处。在宽阔的湖面上，有电动船出租，可以自己操作，简便安全舒适，每逢节假日，总有不少年轻情侣或三口之家来此游乐，充分享受爱情的甜蜜或亲情的温馨。

中区以展览野生动物为主，顺着蜿蜒曲折的林荫道向纵深漫步，沿途可

武汉动物园犀牛

武汉动物园慵懒的黑熊

看见熊山、金丝猴馆、狮虎山、大熊猫馆、猛兽馆、小熊猫馆、袋鼠馆、斑马馆、大象馆、犬科馆、河马馆、黑猩猩馆、鹿苑、鹤岛、两栖爬虫馆以及白鸟乐园等10余处分散式的动物展区。园内饲养和展览的动物有金丝猴、大小熊猫、神农架白化熊、河马、猩猩、丹顶鹤等珍禽异兽千余只。徜徉其间，使久居都市的人们远离尘嚣，抛却烦恼，复归自然，获得一种难得的闲适与安宁；众多天真的稚儿，面对动作敏捷的白眉长臂猿，憨态可掬的大熊猫，粗壮高大的亚洲象……更是欢呼雀跃，忘乎所以，久久不忍离去。

不可不去百鸟乐园，这真是一个神奇的所在。在占地3286平米的范围内，腾空升起一张悬索大网，形成一个硕大无朋的大鸟笼，鸟笼砌有小桥，凿有水潭，植有林木，建有鸟舍，俨然一个缩微的自然界。大鸟笼内放

武汉动物园“大长腿”丹顶鹤

养着70多种鸟类达千余只，于是，笼顶有鸟飞，枝头有鸟立，林中有鸟鸣，地上有鸟行，水中有鸟游，形声兼备，五色俱全，好一个鸟类生活的自由王国！游客入得网来，观赏枝头栖息的画眉，蜷作一团，半日不动，竟误以为是朵朵含苞待放的蓓蕾；许多顽童欲与灰雀比赛“金鸡独立”的耐力，但是他们10个人就会有10个败下阵来；也有一些傻小子企图撩拨孔雀、蓝孔雀或白孔雀开屏，但如果不在春天繁殖期，它们一般不会轻易张开那张漂亮的尾羽的。人与鸟在这里融为一体，共生共荣，将大千世界装点得格外祥和欢乐，充满生机。

后区待开发建设，拟建一个用现代化设备武装起来的自然牧场和一个多功能科学普及中心，宣传爱护野生动物、保护生态平衡的科学常识，开展人工饲养与繁殖珍稀动物的科学实验，提高全民族的科学文化素质。我们热切地期待着这一诱人的蓝图能早日变成生活中的现实。

● 武汉动物园动物之最

武汉动物园有动物展览舍30多座，饲养展览有鱼类、两栖爬行类、鸟类和兽类动物158种1400余头（只）。先后繁殖成功金丝猴、狒狒、平顶猴、黑天鹅、丹顶鹤等国家重点保护动物和国外礼品动物，并形成稳定的种群。

武汉动物园黑天鹅一家亲

原产于澳大利亚的黑天鹅从1995年引进的6只发展到目前的600多只，并能四季繁殖，成为全国最大的黑天鹅繁殖基地。1991年，建设部和武汉市政府共同投资，在该园建立全国第一个金丝猴人工繁殖基地。老龄大熊猫“都都”在饲养人员的精心养护下，创造了人工饲养寿命37岁的世界纪录，得到上海大世界吉尼斯总部颁发的“圈养大熊猫寿命之最”世界吉尼斯纪录证书。

武汉动物园园林建筑

从1981年到1987年，武汉动物园陆续建造中型猛兽馆、河马馆、鹤岛、鸳鸯湖、金丝猴馆、大象馆、狮虎山、犬科馆、斑马馆、袋鼠馆、熊山、两栖馆等动物馆舍。

1998年建成猩猩馆，主要用于饲养与国外动物园交换的动物，如黑猩猩、环尾狐猴、松鼠猴等。1991年建成全国第一个金丝猴人工繁殖基地，以供发展种群、进行科学研究之用。1991年到2000年底，先后修建“百鸟乐园”、长颈鹿馆、品种猴馆、陆生动物表演馆、熊猫馆、园林野生动物园等。

除了基本的各种动物馆舍外，为改善动物园环境，增加可观赏性，1986年建成了“郢趣园”，该园为武汉市赠送给友好城市德国杜伊斯堡市的“中国园”的样本园。园内的每一处亭、桥、轩、榭、溪、山、路及植物都具有浓郁的中国园林文化内涵。1997年建成占地3700平米的盆景园，该园是以盆景、根雕、奇石展览为主的古典式园林展馆。同时，还建有“湖光树林”“畔翠轩”“樟树林”“九孔桥”，墨水湖防洪景墙、犀牛群雕、大熊猫群雕、儿童游乐城堡等十多处园林景点。

总的来说，园内浓荫覆盖，小径通幽，人行其间，有如回归到神奇的大自然，令人心旷神怡，流连忘返。到武汉动物园来，一切都会激起你的情趣，一定会给你无限的智力的启迪、勇敢拼搏精神的培养，会陶冶性情，会使你趣味盎然。

（时翔坤）

30 金银不换金银湖：国家级城市湿地公园

【金银湖湿地公园大事记】

2001年，金银湖湿地公园动工。

2004年，金银湖湿地公园建成向市民免费开放。

2007年，金银湖湿地公园被评为“国家城市湿地公园”。

2013年，金银湖湿地公园微整形一期工程动工，迎接武汉园博会。

金银湖湿地公园

大江大湖大武汉，地处汉水长江交汇之地，武汉地区自古便湖网交织，在全国大城市中湖泊密度和人均湖泊面积位居前例，从卫星地图上来看，武汉几乎是一座浮在水面上的城市。汉口金银湖就是武汉市众多湖泊中熠熠生光的一颗明珠。自2001年起，武汉市投入资金和力量将其建设成为城市湿地公园以来，古老的金银湖焕发出了崭新的活力。2004年，其作为大型城市湿地公园面向市民开放，2007年，被评为“国家城市湿地公园”，而使得武汉成为省会城市中首个入选该名单的国家湿地公园所在城市。2013年起，为了迎接武汉园博会，金银湖改造一期工程开始动工，将景色秀美的金银湖打造成为更具有人文气息的园林文化区，使得湖区向着多元性目标综合发展。

●古云梦泽之钟萃

据学者的研究，金银湖是古代两湖地区的超大型湖泊云梦泽绵延至今的孑遗湖泊，是汉口地区面积最大、生态最好的城中湖。湖区周围的自然条件相当之优越。武汉金银湖位于东经114° 07'，北纬30° 38'¯30° 37'，有12000亩水域面积，并有东流港、黄狮海、潇湘海、径河四条水道纵横贯通，湖岸线达42000米，沿岸有金岛、银岛、卧龙岛等九个半岛深入湖盆，大气候属亚热带大陆性季风气候，气候温和，降水丰沛，雨热同季，四季分明，日照充足，无霜期长。同时作为大型的水域，还有特有的湖区气候特征：昼夜温差小，“低湖效应”明显，冷气沉积，气温较市区低。

整个金银湖湖区水质达到国家二级标准，生态环境良好，大量的湖汊和湿地的存在，使得湖区原有的生态得到最大限度的保护，成为各种珍稀动植物生息繁衍的天堂。仅以金银湖湿地公园内的数据为例，公园共有植物品种188种，其中陆生植物153种，水生植物35种，常见品种有香蒲、菖蒲、荷花、睡莲、芡实、伞草、芦苇、千屈等。得益于优越的自然环境，武汉市园林科研所将其作为水生植物引种和栽植的试验基地。此外，湖区大量生态环境良好的沼泽地吸引了各类珍稀鸟儿安家于此，常见的有大山雀、斑鸠、野鸭、白鹭、麻雀等。每年春夏，可看见成群的白鹭、红嘴鸥、野鸭在湖面飞翔、潜泳，嬉戏或者捕食。湖区有着多种鱼类出产，纯野生，成长周期长，品质好，肉质鲜美。湖区特产刁子鱼更是武汉美食一绝。

●大汉口之绿肾

城市发展往往伴随着各种各样的城市病：光污染、噪声污染、空气污染、热岛效应。长久以往，会对市民的身心健康造成难以抑制的侵害，影响人民的生活品质，不利于整个城市的健康发展。面对这些城市病，城市必须积极打造大型的公共园林，以供市民锻炼身体、陶冶心情，如此城市才能可持续发展。武汉市目前有为数不少的陆地园林和水上公园，而对城市环境起到至关重要作用的湿地公园却寥寥无几。

城市湿地是城市发展进程中不可复制的环境资源，只可遇不可求，其珍贵性难以言表。据环境学专家的研究，湿地具有强大的生态净化作用，被称为“地球之肾”。城市中的湿地在城市的水循环系统中发挥着关键性作用，湿地的存在和良好生态运转有助于缓解水体富营养化，大大提高城市水体的水质；同时大量的水生陆生植物在湿地的滋养下吸收城市中严重过剩的二氧化碳和其他杂质，释放新鲜的氧气，改善当地空气质量；同时湿地本身的气候调蓄作用还能调节微气候，减弱城市热岛效应，调节城市温度。

除了环境意义之外，城市湿地的存在能够减少能源消耗，促进节能减排，推进资源节约型、环境友好型城市的创建工作，具有强烈的社会意义。将城市湿地建设为湿地公园对市民免费开放，有利于市民亲近自然、释放压力、陶冶心情，心理意义十分显著。

金银湖湿地公园地处金银湖水域西岸，占地面积1155亩，其中半岛型陆地255亩，湖面900亩，湿地面积占公园91%，是一座自然生态郊野型湿地公园。依托整个金银湖，其在汉口的城市生态圈中发挥着关键性的作用。首先大型的金银湖区可以有效地调节汉口的城市小气候，同时金银湖湿地公园为广大市民提供了一处零距离感受自然之美的绝佳去处。金银湖湿地公园面积广大，自然环境优美，物种丰富，能够满足多种多样的休闲娱乐需求。金银湖湿地公园交通非常便利，地铁二号线直达公园，同时有公交线路经过，辐射江城三镇的人口十分可观。另外，该公园本身为免费性公园，对市民的吸引力大，同时借助于武汉园博会，不断升级其内部设施，打造新的景观，丰富其人文体验，对市民造成多重的吸引力。目前，该公园的年接待量已经突破10万人次，相信不久的将来将成为越来越多的武汉市民休闲度假的好去处。

●公园的景观和功能

公园按景观和功能分为四大区域：即大门广场景观区、水生植物观赏区、生态垂钓休闲区、水上活动娱乐区。主要以植物造景为主，并辅以亭、廊、桥、榭等园林小品建设。在注重保护原有植物的基础上，广泛栽植各类不同用途的植物，目前已经形成了视觉上的多重景观，包括绿草如织、佳木成荫、曲径通幽、小桥流水、栈桥蜿蜒、花明楼阁、百草争芳、万亩风荷等等。在建设方面，运用先进的生态理念作指导，以最环保的设计和最科学的施工保证在建

金银湖湿地公园

设过程中对原有生态环境带来的破坏降低到最小值。公园在建设之初就确定了公园的建设和发展方向，即以湿地科普展示为核心，进一步加强湿地的保护和修复，培育和引进乡土动植物，让老百姓充分享受湿地公园所带来的生态成果。依照公园的发展规划，未来公园将成为具备如下功能的综合娱乐休闲湿地公园。

湿地园林景区：结合金银湖独有的湿地环境，充分发掘其动植物资源，形成独具特色的城市湿地园林景区。

市民休闲胜地：以优美的金银湖自然风光为依托，适度添加人文景观设施，满足市民观景、健身、垂钓、水上娱乐等需要，成为武汉三镇市民日常休闲的首选目的地之一。

城市观光要地：将金银湖湿地公园作为武汉市的城市名片推介给庞大的游客群体，增加武汉市自然类景观的吸引力，丰富城市旅游的体验。

植物科普园区：和科研机构合作，针对广大学生群体和市民，打造出新颖的植物科普路线，满足访客的求知欲，同时增加自身园区的特色。

金银湖湿地公园

●金银不换金银湖

相传金银湖名称的由来是因为湖中两段半岛分别以金岛、银岛命名，各取其一而合称整个湖区为金银湖。一方面反映了湖区人民对金银湖物产丰饶的朴素认识，一方面也给金银湖的未来发展之路提供了再深刻不过的启示。

金银湖作为城市湿地的首要价值便是其卓越的生态价值。金银湖的生态价值表现在：第一，对城市的整体促进功效。如前文所述，城市湿地是城市发展可遇不可求的顶级珍稀资源，对大城市来说更为珍稀，城市湿地对城市功能的调整和重新定位有举足轻重的影响。金银湖是汉口乃至整个武汉日后发展必须依赖的生态资源。第二，其作为城市湿地样本的珍稀性。金银湖作为超大型古湖泊的遗迹，科学价值突出，同时又兼为华中地区最大的城市湿地样本，具有不可复制性和不可重建性，因而在样本特例上有极高的珍稀性。第三，动植物资源的丰富性和生态系统的健康性。金银湖湿地湖区面积广，湖盆系半岛地形构造，湖岸线绵长，湿地面积广阔，孕育了该地区丰富的动植物资源。同时，该湿地生态环境状况良好，没有发生大的不可修复的生态灾害，在水生生物系统中十分难得。正是由于以上原因，金银湖湿地公园在2007年申报“国家级城市湿地公园”时，一举获批，作为首个省会城市的城市湿地公园入选该名录，直接肯定了金银湖湿地公园的生态价值。

因此在湖区未来的发展中，生态仍是第一位的，在商业活动的开发中，要尽可能地避免对湖区及湿地生态环境的损害。“这是城中难得找到的安宁。”正如金银湖公园管理处主任王爱民说，“这里不需要什么热门景点，随便走走，随意观赏，将心放归大自然，怡情养性。”金银不换金银湖，在这里有了新的含义。

（关晓武）

31 从张公堤到武汉园博园：百年老堤的华丽蜕变

【张公堤和武汉园博园大事记】

1901年，张之洞派人开始着手筹备修筑后湖长堤事宜。

1904年，后湖长堤开始修建。

1905年，后湖长堤修成，即原张公堤。

1941至1942年，张仁蠡改建增修长丰旧垸而成“小张公堤”，与原张公堤相连接后，统称张公堤。

1958年，东西湖大堤的建成后，张公堤退居屏护汉口的第二道防洪线。

1986年，张公堤堤顶道路铺设了混凝土路面。

1998年，武汉遭受特大洪水后，张公堤与长江和汉江堤防一起被列入国家基本建设项目，进行综合整治。

2012年，武汉市政府开始全面打造张公堤森林公园和武汉园博园，并将其规划为第十届中国（武汉）国际园林博览会的主会场。

2015年，武汉园博园建成，同年9月25日第十届中国（武汉）国际园林博览会开幕，武汉园博园正式对外开放。

张公堤，即张之洞督鄂时于1904–1905年在武汉所筹建的后湖官堤，百姓因感念其德，故有此称。后湖官堤从牛湖广佛寺前（今堤角）至禁口，然后又经禁口至皇经堂（今硚口区汉水桥和汉宜路附近），全长约17公里。如今的张公堤东起现在的堤角，中经禁口，西至现在的舵落口，全长23.764公里。其中堤角至禁口段是原来张之洞所督修，禁口至舵落口段是1941–1942年伪汉口市长——张之洞之子张仁蠡所主持改建的，此段当时也称小张公堤。其后，人们依然把在禁口相连后的大小张公堤统称为张公堤，也就是如今我们见到的张公堤了。经过之后多次的修复加高培厚，如今的张公堤堤顶身高6米，堤顶宽8米，高程31.67–32.20米。历史上张公堤为抵御后湖的水患，为大汉口的城区建设和汉口发展作出了重要贡献。

●汉口始形成 饱受水患扰

明朝中叶前，武汉一直是武昌、汉阳双城并峙的空间格局，而且是历史上的军事重镇。今天我们所熟悉的大汉口当时还是一片与汉阳相连的河滩，汛期汪洋一片，汛后漫滩芦荻，禽兽栖息，鲜见人迹。据传，明太祖朱元璋征讨陈理时曾在此留下“马渡沙头苜蓿香”的诗句。至天顺年间(1457年–1464

早期的张公堤

年)始零星有居民迁入，择墩台、高地筑室定居。

以前汉水入江处不止一处河道，至明成化年间因旧有的河道淤塞和水文变迁等原因导致汉水改道形成单一河道由郭茨口沿龟山北麓汇人长江。于是，汉阳城外的这片广阔的荒滩遂被汉水一分为二，南岸仍与汉阳相连，成为如今的汉阳，北岸地域被称为汉口。

汉口地当江河交汇之冲，经汉水冲刷后，港深水阔，既占水道之便，又擅舟楫之利，水运条件优于武昌、汉阳港区。四乡居户陆续移居两岸修房设铺，族聚而居，人烟渐至密集。长江沿线的往来商船，为避江上险风恶浪，纷纷移泊于此。沿汉水而下的商贾船家，也乐于在沿岸装卸、贸易。水运的繁荣带动了商业的兴旺，汉口逐渐开始形成市镇。

汉口因水而兴，因商而盛，但水也带来了无尽烦恼。汉口地势低洼，极易受水淹。堤防因水患应运而生。汉口的第一座堤防修筑于明崇祯八年(1635年)，由汉阳县通判袁焻负责修建，西起硚口，东至堤口江边（今江汉区王家巷附近），环绕镇北，全长约5公里，人称袁公堤。因为筑堤取土，堤外挖出二丈宽沿堤壕沟，取名玉带河，引汉水而入，从堤口流人长江。春夏之际涨水时，河中可通舟船，沿岸架有石桥、木桥30多座，可以通达后湖黄花地。在

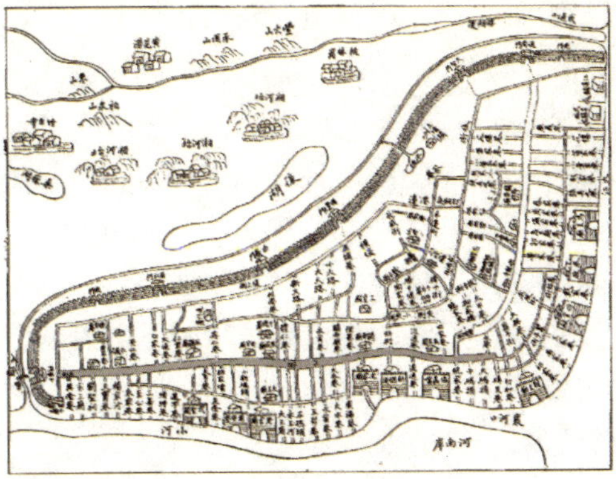

清代汉口城堡及后湖一带示意图

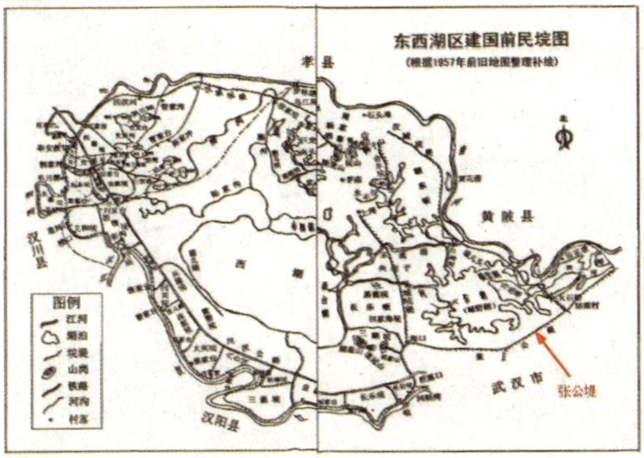

东西湖区新中国以前民垸

连接汉水引入玉带河入口处，其第一座桥即名为“桥口（今硚口）”。袁公堤的修筑一定程度上抵挡了后湖水患，提高了汉口防御洪水的能力，同时又改善了水运环境，极大促进了汉口的商贸发展。正如道光初学者范锴在《汉口丛谈》中所述：“汉镇之发展，初以长堤(即袁公堤)是赖也。”至清道光年间，汉口已成为中国四大名镇之一，位于朱仙镇、景德镇、佛山镇之首，并与北京、苏州、佛山并称为“天下四聚”，成为全国的四大商业中心之一。

袁公堤的修建尽管对汉口的发展发挥了很大作用，但随着汉口的发展扩大，一遇大水，有的地方还是易被水淹。清道光年间学者叶调元的《汉口竹枝词》对此做了记述：“黄花地上没遮拦，池港沟渠积水宽。墩子人家分种地，只愁大水不愁干。”加之后来太平军和捻军不断来扰，给汉口的商民造成了很大的威胁。为了解决这些问题，1864年，汉阳知府钟谦钧向商人筹集捐银20余万两修建了从硚口到沙包（今一元路）的汉口城墙，又称汉口堡、后城。城堡呈弯月形，其实只是半个城堡，它与对面的长江、汉水一起构成了对汉口的防御，并兼有防洪的作用。其长约11华里，辟有玉带、居仁、由义、循礼、大智、通济、便门此七门以及一个水门。并在其上建有炮台，城外还开了一条很深的护城河。汉口堡在袁公堤的外围，其覆盖的范围比袁公堤要大得多。如此一来,汉口城墙取代了袁公堤的防洪作用,护城河取代了玉带河,而玉带河逐渐淤塞干涸。后来在袁公长堤边建屋居住的居民越来越多而成为街市，演变成今天的长堤街。汉口市区向后扩展到今中山大道六渡桥一带。

有了汉口城堡的庇护，城内的水患得以解除，城内居民安居乐业，商业更加繁荣，街区不断扩大。自1861年汉口开埠通商以来，各国纷纷在汉口城堡以外辟建租界、设置领事、建立工厂、设立银行、通航通商。很多居民也开始在城外居住经商。自1889年张之洞来汉后，就正式开始修建卢汉铁路，其汉口段在汉口堡之外。汉口从封闭的城区逐渐向外发展。随着不断发展，城内愈发显得狭小拥挤，起初对汉口城区的发展起保护作用的汉口城墙，到后来却阻碍了城区的发展扩大和对外交流。

汉口城堡的修建使城内得免水灾，但到了汛期，城堡外(今中山大道以北)就“江汉盛涨,动遭漫溢”,长江、汉水和后湖之水的四面围困，使汉口城外常成为泽国。城外的租界区和新居民区以及铁路仍受到洪水威胁。汉口城墙护城河以外,从南到北,全为湖沼,名曰“后湖”。后湖本是汉水（即襄河）故道,后来逐渐淤塞。形成一处长形湖泊。据故宫珍藏的《舆地图·后湖图》的说明记载:“后湖对径约三十里,夏令深丈余,冬令干涸。”清人叶廷琯说:“汉口后湖，一名潇湘湖。冬春水涸，遍种菜花,故名黄花地。梅雨涨发,则汪洋巨浸矣。”还他写了一首《后湖竹枝词》道:“烟波浩渺似潇湘,谁识春来菜陌黄?欲与麻姑话尘劫。一年一度小沧桑。”记录了当时汉口一年一度的水患。

●建立张公堤 守卫大汉口

为了防止后湖水患,扩大汉口城区面积，湖广总督张之洞倡修后湖长堤。“该处邻近铁路,若筑长堤以御水患,则堤内保全之地,即为商务繁盛之区”。有鉴于此,张之洞于光绪二十七年(1901年)已派员前往后湖勘丈绘图,“饬议筹款兴筑”。但是后湖堤修筑之事,当时由于“款绌不果”，修堤之事就暂被搁置。后来德国商人德和包工局想承包后湖堤工，该局工程师费孝兰绘出了两份图纸，一份总图,一份堤工剖面图。

光绪二十九年(1903年)五月，德国驻汉口领事馆出面照会张之洞，并递交了德和包工局所绘的两份图纸和一份说明书（《造堤工程节略书》），德商愿意承包后湖堤工，并愿将修堤所需的大约100万两银款借与湖北督府。同

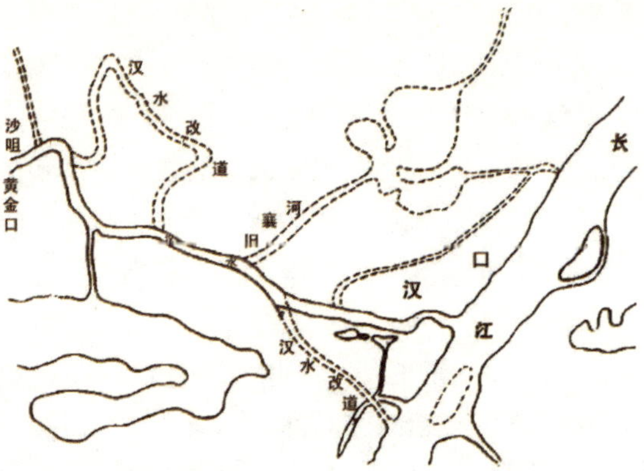

汉口入江口改道示意图

时还声明如果不用德商包工修堤，就不能采用该局的设计方案。张之洞知照后,将该公司的图纸和说明书收下了,并且“发交江汉关道,体察情形,就近妥商办理”。当德国领事于光绪三十年(1904年)六月初七日照会催促张之洞明确回复是否要德商承包堤工时,张之洞却回复德方“查此项堤工,极关紧要,湖北当自行营办,毋庸由德商干预”。

同时,张之洞饬令江汉关道详细勘测后湖堤工,估算工程费用后,听候核定,并计划1904年秋,江水下落后兴工。至于经费,“准将新筹赈粮粜米捐,移缓就急,尽数拨充工用,将来堤内获益田地分平摊还”。其后,江汉关道等向张之洞禀覆了勘定堤线的情况:“现勘筑堤基址,拟请自铁路第一号地方皇经堂之裕丰垸旧堤起,计长三百三十一丈五尺,接筑新堤四百四十一丈五尺,至长丰旧堤。复从长丰垸旧堤增高加修至该堤闸口止,即长一千一百丈。由闸口循东北而上,自杜家湾,经宝莲庵至观音寺止,即长一千一百丈……由观音寺至戚家墩前,计长八百二十丈……由戚家墩历小金潭、大金潭斜接戴家山西头，长一千二百九十丈……戴家山头……不需筑堤。从该山东尾起,过龙骨沟、藤子冈前,循王家嘴,直抵铁路一百五十号,计长七百二十丈……以上共约工程六千二百余丈,约三十四里零。”

张之洞同意了这个方案,他认为:“所拟堤工经由地段,均择地势较高之处,工程较省,既不开通汉水,亦不挑引府河……” 于是下令设置后湖堤工局,特派江汉关道桑宝为总办,请了曾经留学日本的监利人张学溪为具体负责人。常备军第一镇统领张彪为会办,夏口厅同知冯启钧、汉口都司陈士恒负责巡查督办。工程分十段,每段各委派一人承修,分头雇夫兴筑。计划当年冬天先修土工,次年冬天再修石工,分段绘图兴工。张公堤于1904年秋冬之际开始修建。

后来德方认为张公堤窃用了他们设计的方案，“谓中国所筑之堤,系照彼所绘之图办理,中国既不包办,断不能窃效”。驻汉德国领事“屡次照会张之洞，“要求津贴德商数万金,以酬其筹划之劳”。经多次拒绝后，张之洞不胜其扰，最终才勉强允酬德方一万两银子。实事实上张公堤的设计方案和德国人的有很大不同。张之洞之所以在德方递交设计方案后就下令自己修堤，应是不想让洋人承包工程。从民族大义和维护主权方面来说，张之洞这样做无疑是明智的。

修堤的主力人员是民工，当时第八镇统帅张彪指挥驻在汉口的绿营和新军，也参加了修建工作。绿营和新军昼夜奋战在后湖大堤最艰难的地段，龙骨沟、金银潭、龙口等险段几乎全部是他们修筑的。修后湖大堤时，张之洞还请准了拆除汉口城堡。既已修建后湖堤，城堡自然失去防水功能，拆除汉口城堡做既有利于城区发展，方便城市交通，也能为修建后湖大堤提供砖石材料。后又于1907年在汉口城墙的基址上修建了上至硚口，下至歆生路的后城马路（即今中山大道）。至1905年后湖堤已经基本修成。修堤共费银80余万两,法商立兴洋行买办刘歆生捐出50万两。不过他在堤修好后，廉价购买了几乎其中四分之一的土地，他因此而暴发起来,成为当时武汉有名的“地皮大王”。

堤虽然修好了，但也存在一些问题。由于筑堤技术的欠缺，加之筑堤的过程中把关不够严格,承修人员营私舞弊,为该堤的质量问题留下了隐患，“修筑未尽合法,致屡出险。驻工竭力抢护,靡费不赀”。张之洞虽曾委托驻汉英国领事代中方向英国工程师询问“如何可以保固无虞”之法。但是堤工在大体完成之后,仍然存在不少隐患。1930年12月湖北省水利局呈称,“查汉口张公堤,前因张文襄建筑此堤之庚辛两段,即金潭、银潭立基于深潭,积淤未起,而其土质,又多杂螺壳,胶黏性少,以致连年跌矬,险象环生……每遇夏汛水阔浪狂,内脚极虚,大有扑翻之惧。每年防汛至少不下二万元,自有堤以来,糜款无算”，每至汛期，张公堤诸险段就成了抢险的重点。1931年汉口大水后，堤身进行加高培厚，堤顶高程达29.3米。

后湖大堤实际上是两道。一道长堤,一道横堤。长堤由牛湖广佛寺前（即现在的堤角，当时也称铁路一百五十号，在滠口、丹水池这一片，堤角是张公堤修成之后才有的名字）为起点,向西北越过岱家山,在此转一个90度大弯，折向西南,经姑嫂树，至禁口（在今江汉区常青立交桥附近，和勘测路线中的杜湾亦不远）接长丰垸止，共13.5公里。横堤则以皇经堂（当时也称铁路第一号，今硚口区汉水桥和汉宜路附近）为起点，由南而北,经长丰垸旧堤至禁口与长堤相连，长3.5公里。后湖长堤合长17余公里,高以铁路路基为标准,堤面宽二至三丈,堤根宽六至八丈。

张公堤筑成后，原先烟波浩渺的后湖涸出10余万亩土地，商民欢呼。至1911年时，汉口后湖地皮因河港变为田庐，“地产纠葛甚多”。清末民初竹枝词中这样写道：“后湖万顷雨如烟，放下鱼罾学种田，偶到惠民亭上望，香风渐送稻花田。”描绘了一幅泽国渔乡顿然变为稻田的沧桑景象。后湖堤岸枕江眉，田海沧桑一瞬移，他日造成新汉口，大家都要感南皮。”不仅极尽传神地描述了后湖堤建成后汉口面貌变化的神速，而且还预言了张公堤对未来汉口城市发展的深远影响。《夏口县志》载：“汉镇后湖藉铁路轨道堤垸，变泽国为沃土。”《汉口市政府建设概况》载：“堤内五十方英里之洼地，昔日每为江水泛滥之区，以有堤故，悉成膏腴……而后湖之患乃免。”

在张公堤未建成以前，汉口市区只局限于硚口起沿城堡下至通济门（即今中山大道至一元路）城区。张公堤施工后，上起舵落口、水厂、宗关至丹水池、堤角这一广大地区，具体地说现在黄浦路、赵家条、惠济路、解放公园、中山公园、武汉商场宝丰路和古田路水厂的整条解放大道及至整条航空路、新华路、球场路、西马路等繁华地区才露出水面。

后湖大堤不仅挡住了随时威胁汉口的水患，同时也将汉口的面积扩大了十数倍，为汉口城市空间的拓展、后续市政建设的展开提供了必要的条件，它将汉口

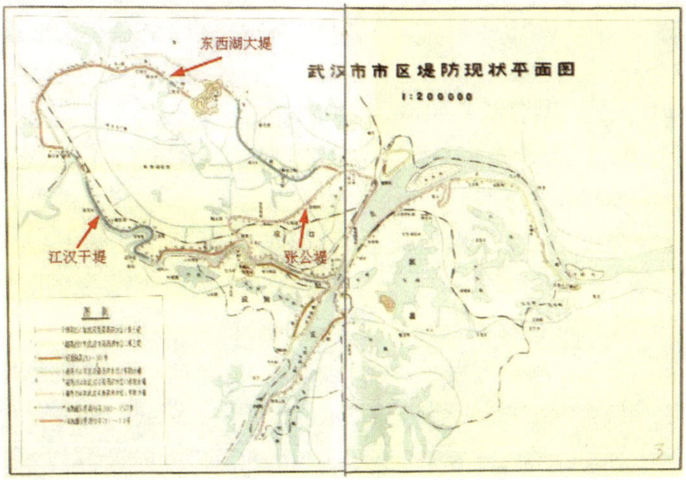

前些年的武汉市市区堤防现状平面图

真正变成了一个大汉口。后来人们为了纪念张之洞,在堤边修过一座张公祠,又将长堤称为张公堤,将横堤称为张公横堤。1931年的汉口大水将张公祠冲得无影无踪,但张公堤却一直屹立到今天,历经百年,依然守卫着汉口。

●大小张公堤 沧桑历百年

如今我们所见的张公堤，实际上是老张公堤（后湖长堤）和小张公堤的结合。老张公堤就是张之洞所督修的后湖长堤，小张公堤乃是张之洞之第十三子张仁蠡所倡筑。从禁口微向西北，经额头湾，折向东南至舵落口，内与长丰南垸相连，外与江汉干堤相连，长10.264公里，这段原为长丰北垸。长丰南、北垸本是连在一起的，它是当地士绅韩光盈、罗光富等在同治七年(公元1868年)在汉口西郊创筑的长丰民垸。据《禁口闸碑》记载：“长丰垸由东北禁口起，沿常码头南至韩家墩，再沿襄河(汉江)边至舵落口，然后绕经张家岗、韩家岗、蔡家庙、竺台寺等而接禁口，成一方形，周长约四十市里，高一丈至一丈五尺不等”。1915年，因拟建之川汉铁路路基横贯长丰垸之中，将该垸分成南、北两垸。靠近汉水的南垸由官方投资培修，北垸地处偏僻仍为民垸，荒于培修，堤身矮小单薄，1929年始由汉口市政府接管。

在日军占领武汉期间，伪市长张仁蠡于1941年和1942年重修改建长丰北垸。舵落口至蔡家庙（今硚口区长丰村北）为北垸旧堤段，将之按新标准培修加高。蔡家庙至禁口这一段，建新堤3787米，在杜湾（在今江汉区黄家大湾西边不远，北距张公堤100米）与张公堤相接。人们以张仁蠡乃张之洞之子的缘故，遂叫舵落口至禁口这段堤为小张公堤，但其质量和堤顶高程均不及张公堤。1954年大水之后，汉口工程处将它加修到完全同张公堤一样坚固，构成了一条保卫汉口市区的堤防线。小张公堤和原张公堤相连接后，人们习惯上统称为张公堤。皇经堂至禁口段的3.5公里的张公横堤也因此失去一线堤防作用。堤角至禁口再至舵落口全线共长23.764公里，是为今张公堤。

武汉解放后，曾改名为“解放大堤”，后又改回原名。1958年东西湖大堤的建成后，张公堤舵落口至三金潭段皆在东西湖大堤庇护内，张公堤成为屏护汉口城区的第二道防洪屏障。从此张公堤东在三金潭与东西湖大堤相连，西在舵落口与汉江干堤相连，三堤首尾相连构成四周合围之势，而成为东西湖蓄滞

张公堤上现存的抗战时期的碉堡

洪区，使东西湖地区结束连年水患的历史，原有生态逐渐改变。

抗日战争时期和武汉解放前，国民党军队都曾以张公堤为屏障，沿堤筑碉堡、挖战壕，堤身破坏严重。新中国成立后，武汉地方政府多次组织了对张公堤的修复和加固加高工作。此后又修建了排涝闸站、防浪墙，进行块石护坡，完善配套设施，内戗台等。1986年，张公堤堤顶道路铺设了混凝土路面，成为汉口外环线的重要组成部分。之后，又年年投资维护。1998年武汉遭受百年未遇的特大洪水后，张公堤与长江和汉江堤防一道被列入国家基本建设项目，进行了综合整治。之后，市政府又投资修建了贯通全线的水泥路面，从此防汛堤变成了交通线。

旧貌换新颜 圆梦园博园

如今，张公堤虽然失去了一线防洪作用，但张公堤并没有就此退出历史的舞台，而是以一种崭新的面貌呈现在武汉人的面前——沿张公堤全线及周边区域建立张公堤城市森林公园和园博园。自2012年起武汉市政府全面打造张公堤城市森林公园，并将其作为2015年9月底至2016年4月底举办第十届中国（武汉）国际园林博览会的主会场。立足历史，服务未来，张公堤旧貌换新颜，再次为大武汉的发展贡献力量。

随着武汉市堤防逐年加固和三峡工程的防洪效应发挥，张公堤的防洪功能已大大弱化。另外，随着城市和经济社会的持续发展，原先偏远低洼的东西湖蓄滞洪区也逐步成为开发的热土，成为武汉市重要的商业投资区。因此，一场关于“张公堤废存”和蓄滞洪区“摘帽”的争议也愈演愈烈。不仅民间“保堤派”与“废堤派”唇枪舌战，官方也颇有争议，一度上升到国家决策层面。

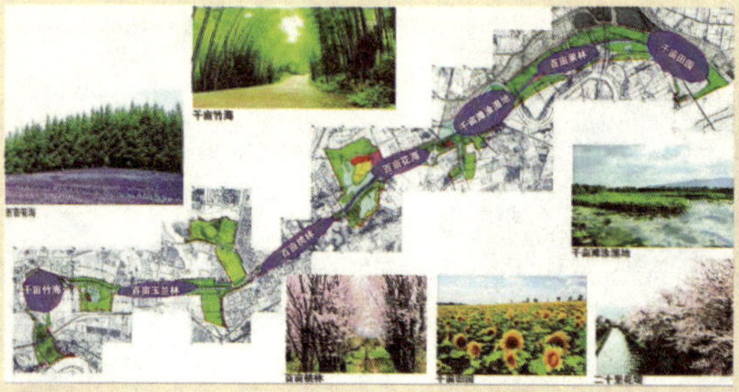

张公堤森林公园规划效果图

张公堤森林公园规划效果图

然而，作为国家从长江流域大局出发而设立的东西湖蓄滞洪区，有着其重要的战略地位。鉴于各方面的考虑，在2010年水利部长江水利委员会新修编的《长江流域综合规划》中，规划在2020年前东西湖蓄滞洪区级别将由一般蓄滞洪区调低为蓄滞洪保留区，今后张公堤运用的几率将微乎其微，这为张公堤发挥旅游休闲功能创造了条件。也正是这场激烈的争论，给张公堤的未来发展找到了一条希望之路。当时武汉市政府进行民意调查，调查是否要保留张公堤，结果大多数市民要求“形象保留”。最终，武汉市政府决定保留张公堤，并沿堤建设城市森林公园，而且还将其作为园博会活动的一部分。

张公堤城市森林公园主要沿张公堤展开，规划范围为东至长江江滩，西南至汉江江滩，跨越五区——江岸、江汉、硚口、东西湖、黄陂，成为新城、主城之间最大的绿色屏障，且保留有张之洞时期的历史遗存。公园建设将结合山、江、湖、堤等自然景观，突出张公堤历史特色，打造成一个成为集生态防护、休闲旅游、教育科普、户外拓展等功能于一身的“超级”城市森林公园，形成城市绿化品牌。

已建成的张公堤城市森林公园重点突出“生态、防洪、游憩、历史”四大主题，按照“一带”、“十园”的总体布局，“两年成带，五年成林，十年成景”。“一带”就是结合张公堤和武汉三环线，建成融山江湖堤于一体，长约30公里的欣赏城市风景、感受人文风情的绿色长廊、山水画廊，形

张公堤东西湖段现状

成“码头望竹林、绿毯缀树丛、花塘映花海、苇荡依湖岸、河滩伴湿地”的美景。“十园” 包括舵落口江滩公园、张毕湖公园、竹叶海公园、长丰公园、艺术雕塑公园、“深蓝”动感水公园、后湖公园、岱家山文化公园、府河湿地公园、江河文化公园等，囊括了沿线众多景点及历史遗存。张公堤公园内可举办帐篷节、花卉节、圣诞狂欢、户外拓展运动、灯会等许多大型活动。市民骑车或步行，可方便到达。公园内还可提供摘桃子、摘桔子、插秧等农事体验。

如今，张公堤堤顶道路如今已经禁行机动车辆，开辟了6米宽慢行道，按可承担国际自行车赛事要求建设，届时全段所有被分隔的断点堤段将被重新衔接贯通，从长江可骑自行车至汉江。以前堤顶路面，车来车往，扬起层层沙尘，如今已焕然一新。刷黑的堤顶柏油路画上了自行车道标识，堤岸种上了各种花草树木，风光美丽无限。堤上遗存的9处抗战时期的碉堡也纳入公园建设规划，进行保护和修复。张公堤已由原来汉口最大的“灰带”，变为沿三环线最大的“绿带”。

武汉园博园的主场地位于张公堤城市森林公园区域西段，由长丰地块和处理改造后的金口垃圾填埋场构成，并延伸至张公堤“一带十园”园林群，总面积相当 5 个解放公园，占地 213 公顷。武汉园博园由两大生态景区、四大主体建筑和 117 座展园构成。两大生态景区为“荆山”“楚水”。四大主体建筑包括国际园林艺术馆、长江文明馆、汉口里、汉江垮，分别展示经典园林艺术、长

园博园规划图

园博园实景

江流域文明成就、清末民初汉口城的特色建筑艺术和民俗风情、湖北民居为建筑特色。117座展园包括了城市（地区）园82个、国际园10个、创意园9个、市民园6个、大师园4个、主题园4个、湖北园1个、童趣园1个，共计117个。本届园林博览会结束后，武汉园博园将作为城市公园永久保留。

第十届园博会最大特点，就是融入“尊重自然、顺应自然、保护自然”生态理念，实施创新和转型，倡导绿色、低碳、节约园林。园林绿化作为唯一有生命、活的城市基础设施，是公益事业、民生工程，更是社会福利。特别是正在举行的园博会，将撼动汉口传统生态格局，成为武汉建设国家中心城市的绿色引擎。通过张公堤城市森林公园建设，传承张公堤百年历史和堤防文化，开发张公堤新功能，在确保防洪安全的同时，把张公堤打造成河网交织、湖堤相映的风景之堤，城市与自然共融共生的风光之堤，传统神韵与现代活力并存的风情之堤。张公堤必将为大武汉的发展注入新的活力，再铸新的辉煌。

（李任）

后记

江城以水而闻名，长江与汉水在这里交汇，境内湖泊众多，山林连绵起伏，水与山交相辉映。得天独厚的自然环境，是创建山水园林城市的基础，也是江城人民期望中如诗如画的家园。同时，大力发展园林绿化，也是加快推进武汉“两型社会”建设的重要内容，是营造良好人居环境、提升和完善城市功能的迫切需要。

武汉园林具有悠久的历史传承，并于近代发展成熟，形成了自身独特的造园风格，园林具有丰富多元的文化蕴含。从早期的聚落、军事要塞和王侯封地发展为明清时期的商业重镇，其园林也随着城市功能的演变和社会环境的变迁而逐渐由粗放的山林风景演进为类型丰富、风格显著的造园体系。晚清民国时期，随着汉口的开埠和租界区的设立，西方造园理念和手法大量传来。在近代中国传统园林变革的大趋势下，武汉近代园林经历了由私园走向公园的转型。基于多元文化的武汉园林凭借其深厚的内蕴，在这一发展历程中很好地消化吸收了外来的形式，相比同时期其他城市如上海、天津、大连等城市而言，武汉城市公园的转型显得更加从容与主动。与此同时，武汉园林中的地域特征、造园手法和理念也得以发展，使武汉园林的风格日益成熟。近现代武汉园林的整体格局、具体的造园要素和内在精神蕴含等都渗透出武汉地域独特的风格。

改革开放以来，随着社会和公众对园林的日益关注，武汉市规划建设了许多公共性园林，通过挖掘传统并结合现代表现手法提升了城市景观的文化品位，武汉园林在空间格局上有较大的突破，在形式上也更加丰富，但在全球化的影响下也逐渐失去了一部分自身的造园特色，对历史文化的表达比较单薄。

回顾武汉园林的发展历程、探究武汉园林的特征，有助人们思考园林的发展规律和影响因素，以期使当代武汉园林从迷失的困境中走出，在新的时代需求之下重塑武汉园林的精神与面貌。

武汉市是国家级历史文化名城，近年又提出建设生态文明城市的发展目标，为此，我们希望通过编辑出版《品读武汉风景园林》，对武汉风景园林作一个比较全面的介绍，具体分为以下几个部分：1.武汉历代园林发展概况。2.武汉园林具体项目介绍，包括具有一定历史地位和文化价值的武汉著名园林；武汉现存的、在武汉有较大影响的园林；武汉在建的大型园林。3.武汉园林的保护与发展的具体措施。总之，我们希望通过这本书的编写，对武汉风景园林文化资源进行一次挖掘、抢救、整理，以保护武汉文化资源中这一宝贵财富，进一步彰显城市文化底蕴，提升城市形象，丰富城市的文化记忆，为第十届中国（武汉）国际园林博览会做一点有益的工作。

本书是在武汉市政协文史学习委员会的具体领导下完成的，市政协文史学习委员会主任董宏伟、专职副主任殷小琴，长江日报报业集团新媒体办公室主任夏武全对本书的编写进行了具体的指导和审读。本书的编写还得到了武汉市园林和林业局的大力支持，特别是章勤春、夏文胜先生，董玉梅、韩玉晔女士。在编写过程中，作者们多次到武汉图书馆、华中师范大学图书馆去查找资料，在他们的支持下，获得了许多有价值的资料。武汉出版社副总编辑邹德清对本书的顺利出版给予了高度重视。本书图文并茂，内容丰富，具有较强的知识性、可读性。董宏伟主任为本书提供了大量精美的摄影作品，配合园林的介绍，使之相互映衬，相得益彰。部分图片系园林单位提供，还有部分图片系从网上下载，匆忙间难以联系到摄影者。借此机会，我们向上述单位和有关领导、老师以及网友表示衷心的感谢。同时，也由于我们的水平有限，本书还存在一定的不足之处，恳请广大读者提出宝贵意见。

姚伟钧

2015年7月8日